你的钱正在背叛你

普通人的避险投资法

柯铠◎著

電子工業出版社
Publishing House of Electronics Industry
北京 · BEIJING

图书在版编目（CIP）数据

你的钱正在背叛你 ：普通人的避险投资法 / 柯铠著 .
北京 ：电子工业出版社，2025. 6. -- ISBN 978-7-121
-50174-6

Ⅰ . F830. 59-49

中国国家版本馆 CIP 数据核字第 2025F7V106 号

责任编辑：黄　菲　　文字编辑：刘　甜　　特约编辑：刘　露
印　　刷：天津千鹤文化传播有限公司
装　　订：天津千鹤文化传播有限公司
出版发行：电子工业出版社
　　　　　北京市海淀区万寿路 173 信箱　邮编：100036
开　　本：720×1000　1/16　印张：19　字数：300 千字
版　　次：2025 年 6 月第 1 版
印　　次：2025 年 6 月第 1 次印刷
定　　价：78.00 元

凡所购买电子工业出版社图书有缺损问题，请向购买书店调换。若书店售缺，请与本社发行部联系，联系及邮购电话：（010）88254888，88258888。

质量投诉请发邮件至 zlts@phei.com.cn，盗版侵权举报请发邮件至 dbqq@phei.com.cn。

本书咨询联系方式：1024004410（QQ）。

序　言

金钱从未背叛：认知透镜下的财富宣言

我和柯铠相识于片仔癀时期。因我在金融市场摸爬滚打了几年，恰逢彼时又任公司董秘一职，所以对金融投资领域充满好奇和向往的柯铠，便尊称我一声“师傅”。我自认对他的帮助确实有限，愧对“师傅”二字，我们更像至诚相待的万年挚友。两家人也就这样真诚来往了小十年。

一天，柯铠忽然让我过目他刚写完的书，并请我作序。我一时对眼前这位坚毅的、有才华的年轻人肃然起敬——每个人对于自己的专业领域或多或少都有一些感悟。但能够整理成册、著书立说，居然被我这位“徒弟”做到了。

为了表示尊重，我从头到尾认真研读了柯铠的大作。经过一周高强度的“再学习”，此时闭卷的我才若有所思、提笔伏案，对于这本书的喜爱之情，就像清澈的山泉水一般，缓缓流淌到了稿纸上。

由于长期进行金融研究，我对于宏观数据异常敏感。2025 年第一季度，中国家庭债务收入比突破 142%，但同期公募基金规模却逆势增长 23%——我们正陷入一个诡异的悖论：越是拼命理财，财富反而加速流失。

这让我想起了厦门一位大老板，曾有这样的抱怨。他说：“我严格按照价值投资理论持有某科技股三年，结果现在的残值只剩买入价的 1/3；转头学趋势交易，又在煤炭 ETF 上错过 70% 的涨幅。钱到底该怎么投？”这种普通人投资的困惑绝非个例：数据显示，73% 的投资者认为自己“知识完备”，但实际决策正确率不足 35%。

问题究竟出在哪里？我和柯铠曾经在一个项目中，深入研究了 3000 份交易记录，发现一个惊人规律：导致亏损的往往不是“不懂”，而是“错用”。我们把巴菲特理论套用在 A 股，用美股逻辑操作大宗商品，甚至用买菜思维看待银行股——这种认知错配，才是财富叛逃的真凶。

本书将彻底打破这种困局。通过基本面及估值投资法，你会发现：

白酒的销量变化，藏着白酒 ETF 低买高卖的明确信号（第 3 章实证）；银行股投资的胜负手，竟然能够通过简简单单的 6 个指标，让你犹如查字典一般，清楚知道哪家银行能关注，哪家银行要避坑（第 4 章筛选模型）；高速公路上车来车往，在普通人眼中是车流，在作者眼中简直是妥妥的“印钞机”，通过一招，就让你在交通股上每年获得 5% 的安全回报（第 5 章案例）。

有朋友表示，此前一些专业的财经类书籍，普通人都看不懂。其实，大家完全不必担心！《你的钱正在背叛你》的行文极接地气，让我感觉就像远房亲戚和你在炕上唠家常一般。而且这不是一本教你“看图说话”的技术手册，而是一套融合行为经济学、供应链分析和市场心理学的“财富防御体系”。从债券、黄金的避险组合（第 2 章），到基建、煤炭的周期博弈（第 5 章），每个策略都经过完整牛熊周期的检验，此书的第 6 章更有独家复盘。

此刻，站在财富长河的堤岸，你终将发现：金钱从未背叛你，它如同一位沉默的盟友，始终在等你看懂它的生存法则。当最后一页的余温散去，那些曾经困扰你的 K 线起伏、账户盈亏，都将被重新解构。你会发现，投资成功的定律被作者归纳成了最简单的原则——“只买对的，不买贵的”“众利勿争，众争勿往”……

那么，什么是对的？什么是贵的？什么时候大家都在争？哪里才有被忽略的投资机会？这些问题的答案都静静地躺在《你的钱正在背叛你》的字里行间，正等待你用书中锻造出的“认知透镜”重新聚焦，最终在独属于你自己的投资旅途中践行。

出发吧，勇敢的投资者们，《你的钱正在背叛你》是你最忠诚的海图，一定能够帮助你顺利前往财富自由的彼岸！

陈金城

新财富金牌董秘

漳州市片仔癀股份有限公司原董秘

金圆集团原投资总监

前 言

我是一名正儿八经的“铲屎官”，家里养着一只大橘，一只狸花。这两位“猫主子”每天可劲儿地吃和拉，因此我家的猫粮和猫砂消耗极大。每到“6·18”或者“双十一”，我老婆都会囤积可用大半年的猫粮、猫砂。我曾经抱怨：“又不是买不起这些东西，何必一次性买那么多，占地方呢？”老婆白了我一眼，说：“明明可以半价买，你为啥要全价买呢？你可以不会过日子，但不能傻！”

是呀！猫粮、猫砂是养猫人士的必需品，他们尚且知道等到打折的时候去囤购，那么对于生活中的一些非必需品，为啥我们就不知道抢便宜货呢？有些人会暗自不屑：除非是在出人命的紧要关头，或者失去理智的时刻，我们才有可能不计成本地做一些事。凡是稍微理性一点的人，买东西都会讲究性价比，毕竟谁家的钱都不是大风刮来的！

但有这么一个领域，总在发生着大规模的非理性事件，这个领域便是金融领域。先不讨论高大上的投资理论，我们回到老百姓的视角——如果将投资炒股当作一个买卖，那么股票或者基金份额便是投资者买进卖出的“商品”。我们在掏钱进场之前，是不是应该考虑两个问题：

问题一，这东西值不值得买？

问题二，这东西贵不贵？

在一次直播中，有个粉丝提问：某某银行的股票能不能买？我反问他：为什么要买这家银行的股票？他的回答倒也干脆——因为股价便宜。我当时就告诉他：拼多多上有很多便宜的东西，你会买吗？你不会买！因为你不需要它们。回到股市，你需要这家银行的股票吗？你不需要！你需要的仅仅是价格能涨，又能稳定分红的投资选项。

这样的选择有很多：在股市中，你可以选择工商银行、中国神华或者大秦铁路；在债市中，你可以选择国债，也可以选择公司债；在房地产中，你可以拿出一大笔钱买个房子，或者拿出几千元在金融市场中投资REITs（不动产投资信托基金）。REITs的价格虽不至于疯涨，但投资门槛低，而且也会稳定地派发房租。

以上的选择，会不会比虽然价格只有一两元，但是你却不知根不知底的股票要好一些呢？我曾经在直播的时候说过：

"我们投进去一笔钱，其目的不是买一堆股票，而是挣钱！我们大概率能挣钱，就买100股；如果买1000股能保证收益，就买1000股。炒股成功的关键不在于如何选择那些几块钱甚至几毛钱的股票，而在于投资之前你一定要想清楚、弄明白——这个标的真地值得买吗？"

有人会说：我就是一个老百姓，怎样才能知道哪些投资品值得买呢？还是回到普通人的视角：如果你身处一个嘈杂且拥挤的农贸市场，你老婆让你买些菜回来，晚上好给孩子做顿好吃的。我想大部分的男同胞会茫然无措。

想象一下，这时如果你身边有一个了解你全家口味的导购员，在琳琅满目的食材中为你指路，就会使你在整个买菜过程中轻松不少。在金融市场中，这样的导购员同样存在——那就是我为你准备的这本书。

这本书不仅是你的投资指南，更是你的私人顾问。它详细介绍了金融市场上的各类金融产品，从债券到黄金，从被动指数 ETF 到其他你可能未曾了解的投资工具。书中不仅分析了这些投资品的特性，还提供了市场上相关标的物的跟踪数据，以及它们的历史表现和模拟配置。

最重要的是，这本书站在普通投资者的角度，告诉你应该关注什么，如何根据自己的情况做出选择，以及如何构建一个适合自己的投资组合。它就像你的私人顾问，帮你在金融海洋中，找到那颗最适合自己的珍珠。

这本书不仅要帮大家解决“值不值得买”的问题，更重要的是要帮大家解决“贵不贵”的问题。

想必老百姓对于投资的理解，更多停留在股票和基金的层面上。其实基金和股票是同一性质的投资品。大家接触到的大部分基金，无论股票型基金还是混合型基金，再或者是灵活型基金，它们的区别仅在于资产比例不同，但主要配置成分为股票和债券，由基金经理人主观操作。基金经理人和普通人一样，往往喜欢“只买贵的，不买对的”，最终的结果大多是“高买低卖”。

2007 年，中石油在上海证券交易所上市。这个“巨无霸”的上市给当时的市场注入了强心剂。上市当天，中石油的股价像火箭一样，从 16.7 元的发行价直接飙升到 48 元，一天几乎翻了 3 倍。大家争先恐后地抢购，仿佛这不是一只股票，而是通往财富自由的金钥匙。

但故事并没有像大家期待的那样发展。在 2008 年全球金融危机之后，中石油的股价开始了下跌之路，从 48 元的高峰一路跌落。很多曾经以 48 元买入中石油股票的投资者，可能还在等待股价回暖，但随着时间一年年过去，截至 2024 年 6 月底，它的股价依然没有回到当年（见图 0-1）。

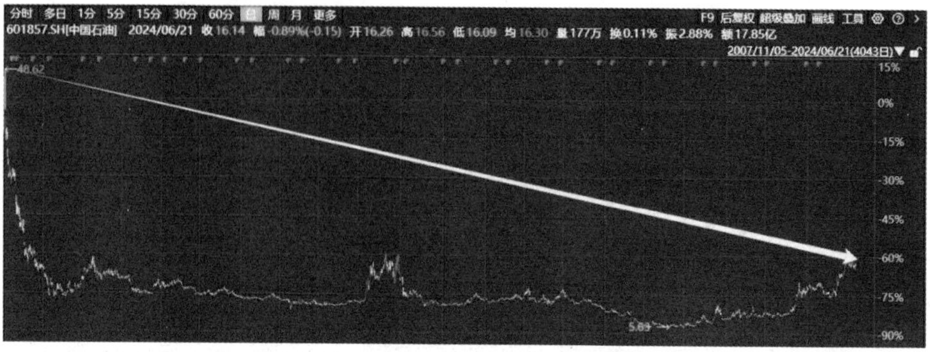

图0-1 2007年11月—2024年6月中石油的股价走势

在这个案例中，许多人可能并没有成为中石油股东的心思，他们的目标很简单：买入股票，等待股价上涨，然后卖出股票，以赚取差价。但要实现这一目标，买入时机至关重要。如果买入价过高，最终很可能不仅钱没挣着，而且每每想起还有一笔亏损的投资“躺”在那儿，不免焦躁不安，真是赔了夫人又折兵。

那么，如何判断什么时候买入中石油的股票合适呢？有些人可能会觉得，中石油作为全国性的能源巨头，拥有庞大的用户基础，其股票必然是可靠的投资标的物，只要长期拿着也就没什么可担心的！然而作为大型央企，中石油还担负着促进社会和经济发展的使命。从这个角度出发，我们也需要综合考虑。

历史数据也告诉我们，许多公司长期的股价表现并不遂人心愿。中石油自2007年11月上市以来，截至2024年6月底，其股价的最大回撤是63.29%。中石油在上市之前，整个A股拥有1375只股票，同期合计有686家公司的股价没涨过一丝一毫，亏损率为49.85%。这其中还有187家公司的股价，在过去17年里跌得比中石油还惨，亏损率高达13.6%。

因此，无论日常生活经验还是股市历史数据，都证明了盲目投资存在很大的风险。若没有专业的知识来评估股价的高低，那么老百姓在金融市场进行投资，可谓举步维艰、步步惊心。

为了帮助普通人更好地理解金融市场，我撰写了这本书，书中介绍了一种基于估值分位数的投资方法。这种方法通过比较市盈率、市净率、市销率等指标，帮助老百姓形成更加理性的投资认知，提高投资的盈利可能性。不仅如此，书中还提供了针对不同行业的投资策略，如食品饮料、银行、建筑、煤炭和铁路公路等，手把手地帮助普通人在市场的不同阶段做出明智的投资选择。通过建立基于财报数据和估值走势的综合模型，可以更加全面地评估各个上市公司的股价状况，从而做出更加专业的投资决策。

我希望这本书能够成为你的投资工具书或投资字典，能够让你在面对复杂的金融市场时，做到心中有数、头脑不慌；在遇到实际问题时，知道如何分析，如何查阅，如何行动；在保持平和愉快的投资心态基础上，最终实现安全、稳定且长期获利的投资目标。

由于个人水平有限，本书内容如有纰漏，希望大家能够多包容理解，也希望专业人士多多批评指正，不胜感激。

温馨提示：本书所提供的信息旨在促进交流与探讨，不构成任何具体投资建议。投资有风险，入市需谨慎。

目 录

第1章

投资上遇到的“傻”问题

第1节
为什么“一买就跌，一卖就涨”？

一、“一买就跌，割肉！一卖就涨，补仓！”对吗？

你是否经常听到投资股票的朋友抱怨：“为什么我买入的股票总是跌，而一旦我卖出，它就疯涨？”这不仅是你朋友的疑惑，更是无数股民的困扰。那么，“一买就跌，一卖就涨”的现象究竟为何会如此普遍呢？

让我们站在普通投资者的角度，深入剖析这一现象，并尝试探讨其发生的真正原因。当遭遇“一买就跌”的窘境时，许多人的第一反应往往是选择“割肉止损”，试图尽快抽身，以免遭受进一步的损失。这种做法看似合情合理，但在变幻莫测的股市中，这真的是最佳策略吗？

让我们来看一个具体的例子。在2022年5月28日，招商银行这只“大白马”的股价达到了当时的最高点，即51.81元（见图1-1）。

假设你在这个点买入了招商银行的股票，随后股价就开始了漫长的下跌旅程。截至当年的10月28日，股价跌至25.76元，短短5个月内跌幅高达50.27%（见图1-2）。面对这样的损失，你可能感到极度痛苦，最终忍不住“割肉止损”。

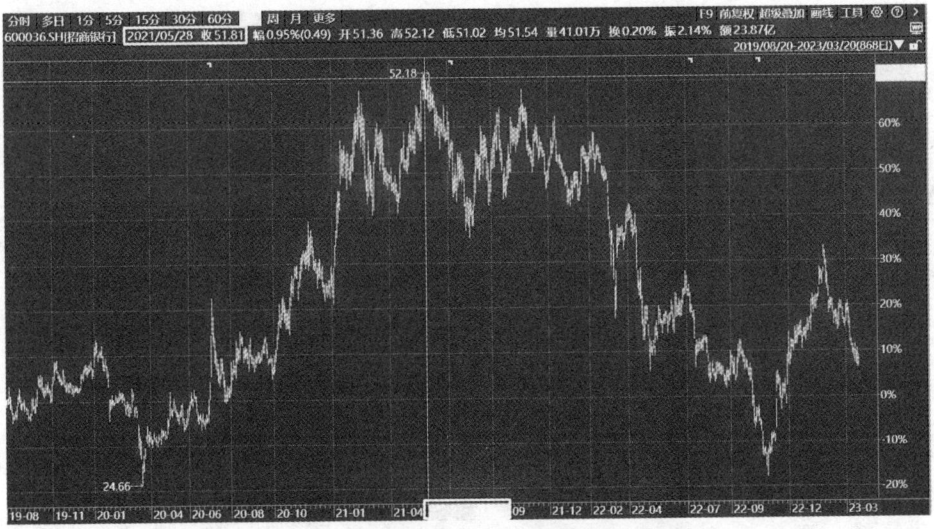

图1-1　招商银行2022年5月28日股价情况

图1-2　招商银行2022年10月28日股价情况

然而，就在 11 月 1 日，招商银行的股价却突然大涨 5.11%，收盘价升至 26.71 元。此后，股价更是一路飙升，到了 2023 年 1 月 30 日，已经涨到了 39.83 元，大大挽回了你之前的损失（见图 1-3）。

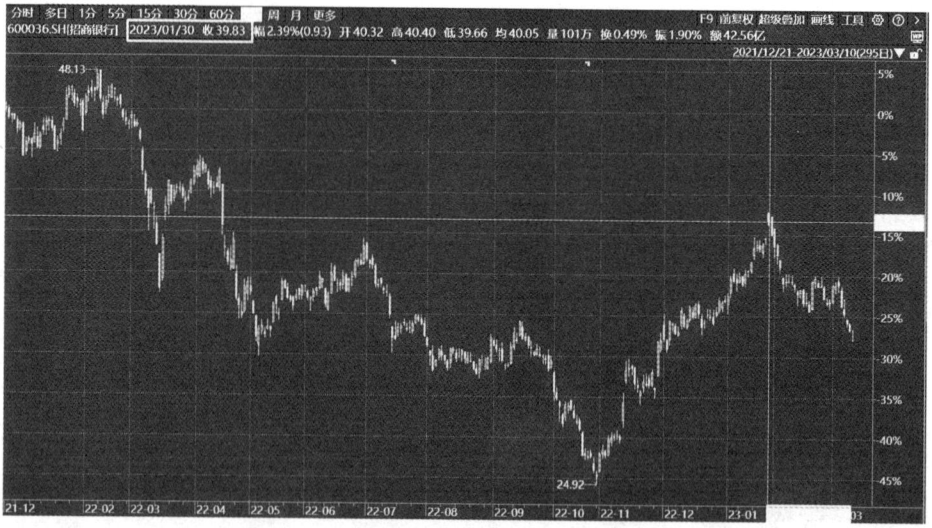

图1-3 招商银行2023年1月30日股价情况

在这3个月的股价“补血”过程中，由于你已经失去了招商银行的股票，你不会再关注一个自己不再持有的资产，因此很难从细微的技术面上准确判断何时才是最佳的低价买点。如此一来，你就无法利用后续的股价上涨来弥补之前的损失，“止损”最终变成了真正亏损。

在这个具体的投资案例中，“割肉止损”已经足够令人痛心，然而更令人难受的是，刚刚卖出股票就眼见股价迅速上涨。那种错失机会的悔恨感和纠结感，着实令人不好受。许多人会想：面对明显的单边上涨行情，就应该坚决买入，一旦盈利就应该立即卖出，不能贪心！炒股，难道真的只靠所谓的“果决”和“不贪”就能确保收益吗？

让我们来看一个2016年的实例，它告诉我们，顺势而为很可能也是死路一条。在2016年11月18日，蓝筹股万科A的开盘价为19.73元，开盘后不久便迅速涨至21.19元（见图1-4）。从技术面分析，这似乎是一个突破阻力位的绝佳买点，吸引了众多投资者大胆买入。

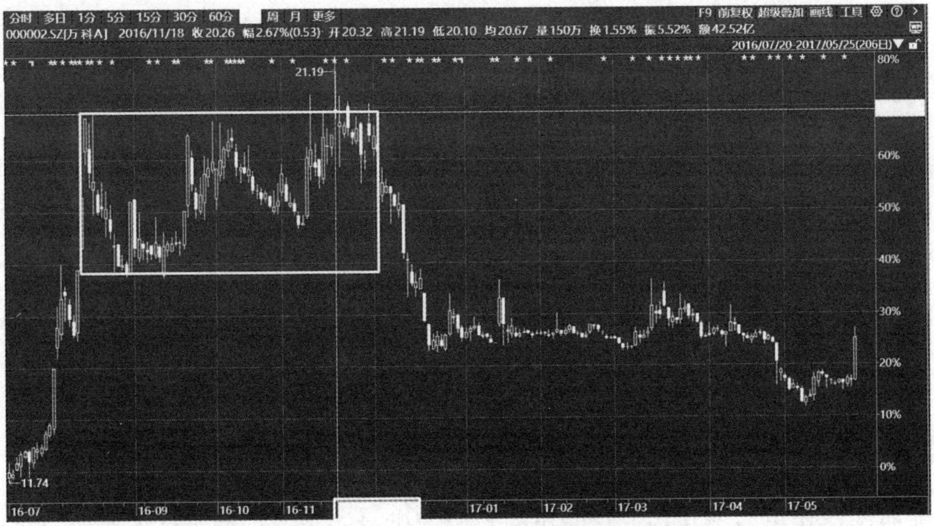

图 1-4　万科 A 2016 年 11 月 18 日股价情况

然而，就在当天下午，万科 A 的股价突然大跌，最终收盘价仅为 20.26 元。这一变化导致许多追求快速获利的投资者在一天内损失了近 4.39% 的财富。

二、“一买就跌，一卖就涨”的社会学原因——供需失衡

在股市中，类似的例子比比皆是。我们不禁要问：为什么大家总会有这种“一买就跌，一卖就涨”的感觉呢？这一现象的背后隐藏着怎样的底层逻辑呢？

我们从身边的例子出发，从生活中汲取灵感和智慧。在 iPhone 7 正式发售时，全球各地的苹果专卖店门前都排起了长队，果粉们争相抢购。这种热情使得黄牛手中的 iPhone 7 价格飙升，甚至需要加价几百美元才能买到。但实际上，iPhone 7 作为工业品并不稀缺。只要有利可图，苹果完全可以召集生产商加大产能，大量生产。随着时间的推移，iPhone 7 的价格

也慢慢回归正常。

分析这种情况，作为一个理性的人，我们一下就明白了其中的道理——供求关系一平衡，商品的价格就会下跌。但在股市中，人们却常常失去理智。如果把股票看作商品，股市中有两类买家：一类是分散的个人投资者，他们获取信息的渠道有限，容易受到市场情绪的影响；另一类是机构投资者，他们资金雄厚、信息灵通，彼此联系紧密。

个人投资者往往在市场情绪高涨时入市，这时股票供不应求，价格上涨。但此时入市，获利空间已经很小了，因此个人投资者常常成为阶段性高价的最后“接盘侠”。相反，当市场情绪低落时，个人投资者因害怕亏损而选择卖出股票止损。这时市面上股票供过于求，即便是优质股票，也只能被打折出售。

与个人投资者的情绪化操作不同，机构投资者由于涉及大额资金和多方利益，决策更加客观、理性。当股票未来的获利空间减小时，他们会选择卖出股票。这时，虽然个人投资者入市，但是相较于机构投资者的大量抛售压力，市面上的股票其实是供大于求的，所以才会导致“一买就跌”。而当优质股票打折，未来的获利空间增大时，机构投资者会逐步入市。此时个人投资者因恐慌抛售股票，不过，大量资金掌握在机构投资者手中，只要他们慢慢接手，优质股票的股价依然会上涨。因此也就容易出现个人投资者“一卖就涨”的现象。

三、“一买就跌，一卖就涨”的心理学原因——幸存者偏差

接下来，我们从心理学的角度来深入探讨“一买就跌，一卖就涨”现象背后的原因——幸存者偏差。

举个简单的例子，有些人认为读书无用，他们常常会这样佐证：村里

的张三没有好好上学，现在赚了大钱；隔壁村的李四努力学习了，毕业后却找不到工作。尽管这些例子是真实存在的，但它们并不能反映实际的整体情况。

人们普遍认为高学历者成功是理所当然的事情，所以对他们的关注度相对较低。相反，对于低学历的成功者，人们更愿意去关注。同时，由于人性中“好逸恶劳”的倾向，增强了“不读书也能成功”案例的传播性，人们在主观上忽视了绝大多数未能成功的低学历人群。

在股市中，也存在类似的幸存者偏差现象。理论上，当人们随机购买股票时，应该是有人赚钱，有人亏钱。然而，散户常常会有“我一买就亏”的错觉。

这是因为人们在股市中的信息传播受到心理因素的干扰。赚钱的人往往不愿意大肆宣扬，而亏钱的人则更倾向于宣泄自己的不满。因此，我们经常听到的是关于亏钱的故事，特别是那种“一买就跌，一卖就涨”的窘迫经历，其传播效果更佳。这就导致了一种普遍的错觉，认为炒股“一买就跌，一卖就涨”是常态。

四、如何避免“一买就跌，一卖就涨”？

在了解了“一买就跌，一卖就涨”现象的经济学和心理学原因之后，我们该如何避免这种情况呢？

答案是：借鉴生活中的智慧。就像想买沙发，人们通常会等到“双十一”或“6・18”之类的打折季再购买。因为沙发并非生活必需品，所以趁打折时下单已成为许多人的购物习惯。然而，在股市中，人们往往在股价最高时（牛市）买入，而在股价低迷时（熊市）卖出——这显然是不明智的投资行为。

聪明的人会选择“逆市”操作。例如，在 2015 年 6 月 A 股熊市初期，全球投资经理周捷安选择大举买入中国石油、万科 A 等的股票。结果，在大盘暴跌 30% 的情况下，他的投资组合仍实现了 20.1% 的增长，这在当时来说堪称奇迹。

大家要明白，股票并非生活必需品。我们为什么不运用最质朴的生活智慧，在熊市股票打折的时候买入呢？有些人可能会说，他们不知道如何判断牛市和熊市。这里有一个简单的判断方法：当大家都在讨论该买哪只股票时，那很可能就是牛市；而当大家都在抱怨炒股亏钱时，那可能就是熊市了。作为个人投资者，我们无须纠结熊市和牛市转换的确切时间。因为无论牛市还是熊市，都会持续一段时间。我们只需要在正确的时间段做出正确的决策即可。

克服幸存者偏差其实也不难。如果你觉得自己对股市的研究能力不够强，无法准确判断市场大势，那么定投宽基指数 ETF 是一个不错的选择。

定投宽基指数 ETF，简单来说，就是把手头上的资金分散投资到多只股票中。例如，投资沪深 300 ETF，就意味着你的资金会按照一定比例分散投资到中国最优秀的 300 家企业；定投双创 50 ETF，则是将资金分散投资到中国最有潜力的 50 家科技公司。这样做的好处是，你不再受限于对个别股票的偏见，通过投资中国最优秀的 300 家企业或最有潜力的 50 家科技公司，大大降低了因选错股票而导致亏损的风险。

除了投资标的物的分散和择优，定投策略在时间上也可以采取小步快跑、积少成多的方式。定期投入一定资金，确保在股市上涨时买入，下跌时更是需要我们鼓足勇气，大胆买入。这种策略能够使你的持仓成本保持在均线附近，避免因错误判断市场时机而造成损失。

如果具备一些金融投资知识，你甚至可以在市场高估时卖出，在市场低估时买入。我会在后续的章节中详细讨论此类投资方法。总的来说，定投宽基指数 ETF 无论在投资标的物选择还是在投资时间节点上，都能做到尽可能理性。这样可以有效避免因幸存者偏差而导致的错误操作，从而保护你的财富。

最后，让我们来总结一下本节的核心。

首先，我们提醒个人投资者，即使遇到“一买就跌，一卖就涨”的情况，也不要盲目操作，以免产生不必要的损失。

其次，我们探讨了“一买就跌，一卖就涨”这种错误认知背后潜藏的原因，主要是供需关系和幸存者偏差的影响。当大家争相抢购股票时，股票供不应求，股价就会上涨，但获利空间会逐渐减小，之后股价可能会下跌；相反，当大家纷纷抛售股票时，股票则会出现供过于求的情况，股价因此下跌，但获利空间会逐渐增大，之后股价很可能会上涨。在股市中，人们往往更倾向于抱怨亏损，因此“一买就跌，一卖就涨”的说法才会广为传播。久而久之，人们形成了这样一种观念，认为“一买就跌，一卖就涨”是股市的常态。

最后，我们分享了一种应对“一买就跌，一卖就涨”的方法：从经济学的角度出发，建议在熊市时进行投资；从心理学的角度进行考量，建议在投资标的物和投资时间上都要尽可能分散。因此，定投宽基指数 ETF 是一个很好的选择，它可以帮助我们实现分散投资，降低风险，并避免受到幸存者偏差的不良影响。

第2节 什么时候买？什么时候卖？

一、平时老百姓的炒股方法，对吗？

许多人将炒股视为一种特殊的买卖：在股票价格较低时买入，然后在价格上涨后卖出，通过买卖之间的差价获得利润。然而，个人投资者往往会面临两个问题：何时买入股票才能确保价格足够低？何时卖出股票才能确保获得最大利润？

让我们继续沿着这种投资逻辑回想一下，你是在什么样的情况下，产生了“买这只股票”的想法的呢？这里有一个场景：在一次家庭聚会上，你的小姨换了一个昂贵的包。你妈很好奇她是如何做到的。小姨分享道，在一次饭局上她认识了一家上市公司的高管，对方向她推荐了一只股票。结果，这只股票很快就暴涨了，小姨通过炒股赚了不少钱。她还透露，这只股票最近还有上涨消息，鼓励你妈一起投资赚钱。

在这个阶段，股市通常非常火爆，你可能还会听到邻居或朋友炒股赚钱的故事。再加上亲戚之间的天然信任，你妈很可能在聊天后不久就去证券公司开户炒股了。

有人可能会质疑：这样盲目地买入真的安全吗？虽然亲戚可能不会故意害你，但公司的内部情况谁又能说得准呢？以中国联通为例，在 2008 年的最高点，其股价达到每股 10.95 元。然而，此后中国联通的股价一路下跌，6 年内跌幅高达 80%，股价跌至每股 2.5 元。如果有人在股价最高点时买入，那么在 6 年之后，其账户的价值可能只剩下高点时的 20%（见图 1-5）。这不是危言耸听，在 2008 年的股灾中，我爸爸和亲戚一起炒股，仅在中国联通这一只股票上就损失了他半生的退休金。

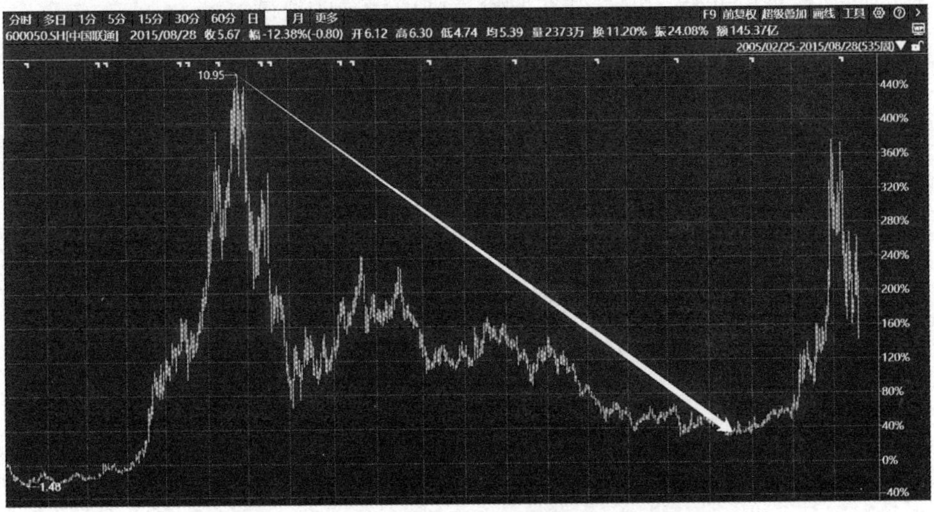

图 1-5　2008 年—2014 年中国联通股价出现大幅回撤

由此可见，仅凭熟人的建议就进行投资是不靠谱的。有人可能会说，炒股本来就有赢有输，及时止损不就行了吗？但事实真的如此简单吗？

在 1993 年，被誉为“股神”的沃伦·巴菲特注意到了胶卷行业的巨头——柯达正在进行技术转型，市场普遍预期该公司将转变为一个具有巨大潜力的新兴企业。基于这一判断，巴菲特开始大量购入柯达的股票，甚至在每股 35 美元的相对高点进行了买入，最终持有了柯达 17.8%

的股份。

到了 1993 年末，柯达的业绩开始出现下滑，收入增长放缓，股价也持续下跌。到了 1995 年，市场对柯达的预期进行了调整，导致其股价急剧下跌。面对这一局面，巴菲特不得不将手中的柯达股票全部卖出，公开承认了这次投资的失败，并承受了高达 43% 的亏损。

然而，有趣的转折发生在 1996 年，柯达的股价反弹至 17 美元，这个价格远高于巴菲特当时的平均买入成本。这一情况让外界感到惊讶：没想到即便是股神巴菲特，也难逃在股价反弹前清仓的遗憾。

巴菲特的经历告诉我们：即便是股神，在面对市场的波动性和不确定性时，也可能会做出错误的判断。普通投资者，既缺乏经验又缺乏资源，要想在股市中准确把握买卖时机，避免出现失误，无疑更加困难。

此外，许多投资者仍有一种惯性思维，认为通过频繁的低买高卖可以实现盈利。但实际上，准确判断一只股票的价格低点和高点是非常困难的事情。长期而言，依靠交易差价来盈利的策略往往难以为继。这是因为股票价格的波动受到多种因素的影响，这些因素既包括外部因素，也包括内部因素。外部因素主要包括政治、经济、社会因素和市场情绪等。

二、影响股价波动的因素

在 2018 年 10 月 11 日，当时的美国总统特朗普在社交媒体上宣布，将从 2018 年 11 月 1 日起对价值 900 亿美元的中国出口商品加征 25% 的关税。这一消息对股市产生了巨大冲击。中国 A 股市场的巨擘中国工商银行（后文简称工商银行）当日市值下跌了 2.7%（见图 1-6），另一家市值超过万亿元的巨头——贵州茅台市值下跌了 3.86%（见图 1-7）。

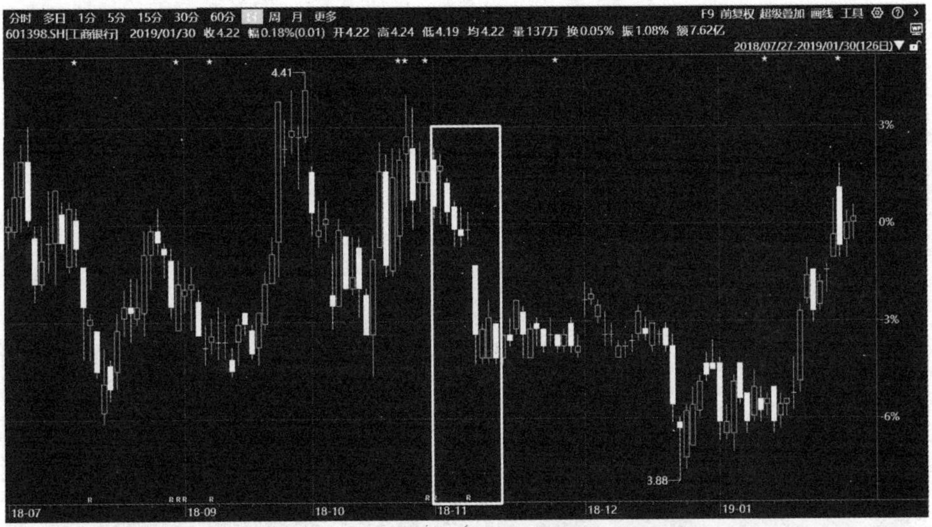

图 1-6　2018 年 11 月工商银行的股价走势

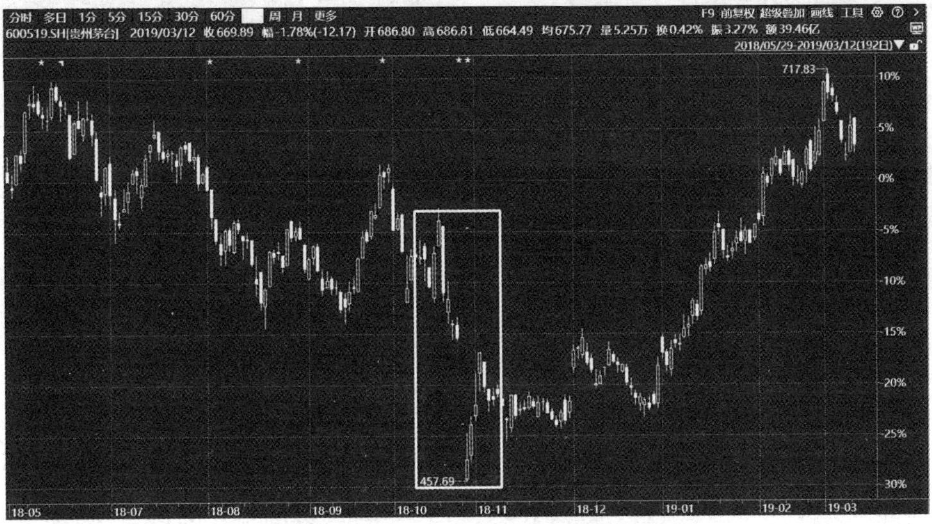

图 1-7　2018 年 11 月贵州茅台的股价走势

仅这两家公司的市值在一天之内就蒸发了 1500 亿元。这个数字意味着什么？以 A 股市场上市公司总市值排名第 50 位的中远海控为例，其市值大约 1500 亿元。换句话说，这相当于摧毁了一家中国排名前 50 的大型国有企业。

再来看市场情绪对股市的影响。2015 年 8 月 24 日，上证指数开盘于 3507 点，收盘却暴跌至 3209 点，单日下跌了 298 点，跌幅近 8.5%。更糟糕的是，从 8 月 19 日到 8 月 26 日的短短一周内，上证指数从 3794 点暴跌至 2927 点，周跌幅近 22.9%，导致数万亿元的财富瞬间消失（见图 1-8）。

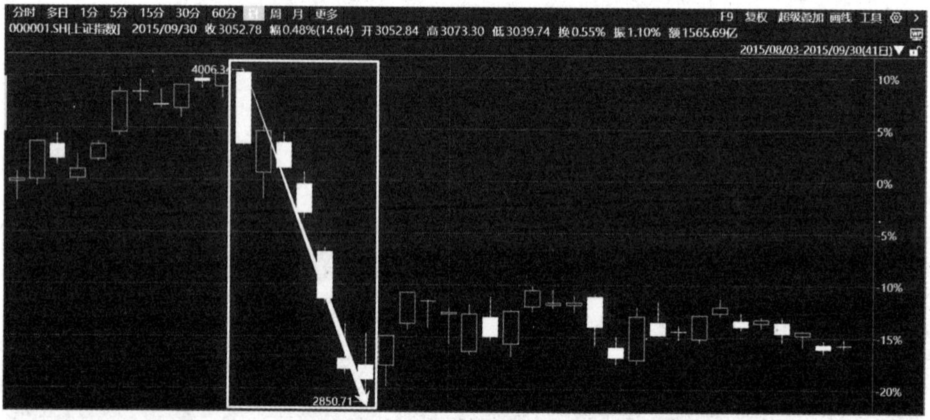

图1-8 2015年8月—2015年9月上证指数最大回撤28.85%

值得注意的是，这一周内并没有发生任何重大事件，究其暴跌的原因，最终只能归咎于市场的恐慌情绪和不理性的抛售所引发的崩盘。此外，当时量化基金刚刚引入市场，触发了一些大模型的“止损机制”，导致交易软件自动清仓，最终演变成了灾难性事件。

除了外部因素，内部因素也对股价有着重大影响。以格力为例，这家公司曾凭借其广告语“格力电器，核心科技”和董明珠的独特风格，在资本市场上取得了辉煌的成就。然而，到了 2020 年之后，家电行业和上游房地产行业遭遇发展瓶颈，格力的业绩增长不再稳定。从 2021 年到 2022 年，格力的股价下跌了 50% 以上（见图 1-9）。尽管当时董明珠依然是公司的领导者，格力的企业文化和市场地位没有变，但行业寒冬导致业绩停滞，投资者纷纷选择抛售股票，这反映出金融市场的残酷现实。

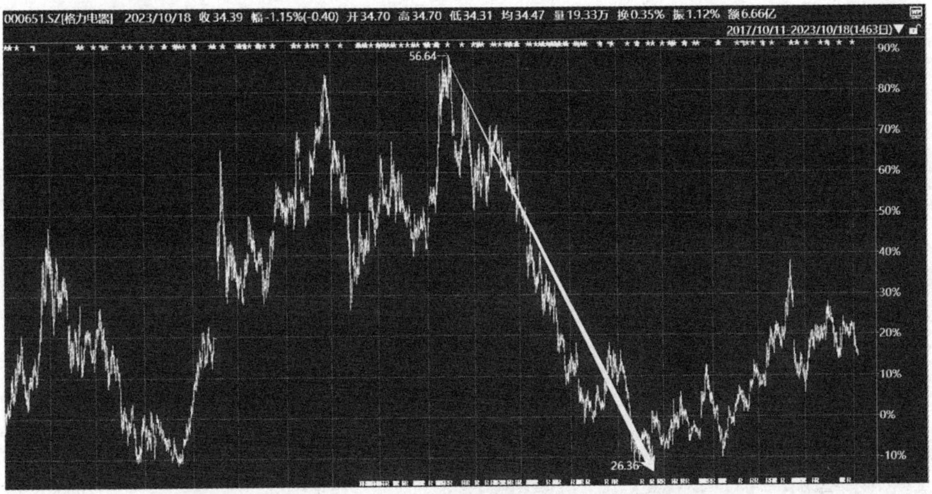

图 1-9　2021 年—2022 年格力股价的最大回撤达 53.46%

有负面的例子，当然也有正面的例子。杉杉股份就是这样一个典型例子。资深的股民可能还记得，杉杉股份原本是一家位于宁波的传统企业，其主要业务是生产衬衫。公司曾经不惜重金聘请著名影星为其产品代言，以提升品牌形象。然而，从 2013 年开始，杉杉股份进行了战略转型，大举进军新能源产业。通过技术创新和市场拓展，杉杉股份最终成为全球领先的锂电池负极材料供应商。

这一战略转型带来了显著的成效。杉杉股份的股价也随着公司业绩的大幅提升而一路上涨——从原来的 2 元每股，涨到了 42 元每股，实现了惊人增长（见图 1-10）。可以说，杉杉股份实现了质的飞跃，如同鲤鱼跳龙门一般，完成了从传统企业到高科技产业巨头的华丽转身。

通过上述例子可知，影响股价的因素非常复杂，预测股价的准确走势几乎是不可能的。尽管有人坚信用某种技术可以大概率预测股价未来的变化，但这种想法忽视了股市的复杂性。

让我们通过一个简单的几何学例子来说明这一点：一个正方形的边长如果扩大一倍，它的面积会增加多少呢？显然不是一倍，而是 3 倍。同样地，如果一个立方体的边长扩大一倍，它的体积会增加 7 倍。这个例子告诉我们，当考虑的因素每增加一个维度，问题的复杂性不是线性增长，而是指数级增长。将这个概念应用到股市中，由于影响股价的因素众多，即使是最先进的人工智能也难以准确预测股价走势，更不用说普通投资者了。

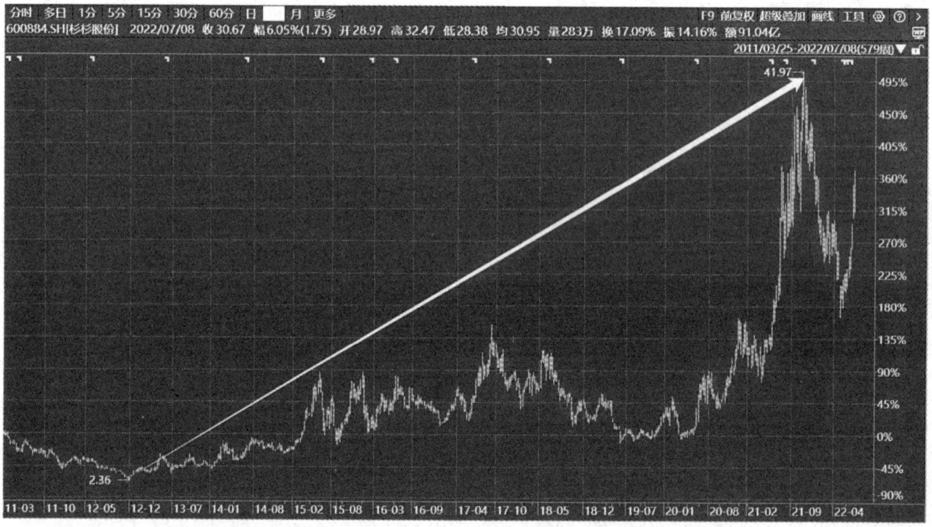

图1-10　杉杉股份9年时间股价实现将近20倍的增长

三、正确的炒股方式

那么，这是否意味着炒股完全依赖运气，没有任何技巧可言呢？并非如此。我在这里分享一个简单的方式：选择“对的”股票，而不是选择“贵的”股票。

这里涉及两个关键概念：“对的”股票指的是什么？而“贵的”股票又如何界定？一些人可能会感到困惑，因为这似乎又回到了最初的问题——如何判断股票价格的高低点？

别急，我们慢慢来探讨。首先，要弄清楚“对的”股票是什么。这个问题其实很简单。你去水果店，你会选择最新鲜、最甜的水果，而不会去购买角落里的烂水果。同样，在股市中，股票是公司所有权的一种证券化表现。当你购买股票时，你实际上是在购买公司的一部分。因此，在选择股票时，首先要考虑的是这家公司是否足够优秀。

对于如何判断一家公司是否优秀，很多人可能觉得这项工作超出了自己的能力范围。但实际上，通过一些基本的常识性问题，我们可以对公司的质量有一个初步判断。具体来说，可以问自己以下 3 个问题。

（1）我了解这家公司吗?

（2）这家公司的业务是否赚钱?

（3）这家公司是否善待其股东?

以招商银行为例，它是一家在日常生活中随处可见的银行，其营业网点遍布街道的每个角落。招商银行的员工服务态度友善，业务能力强，为客户提供了周到的服务。招商银行作为一个历史悠久的品牌，已经证明了其商业模式的盈利能力。

此外，招商银行一直为股东提供稳定的分红，股息率维持在 3% ～ 4%。随着利润的连年增长，招商银行的股价也持续上涨。因此，面对这样的公司，投资者通常不需要过分担心。

在后续的章节中，我将进一步详细讨论如何判断一家公司是否优秀。简而言之，通过常识性思考和基本分析，大多数投资者都能够对公司的基本面有一个大致了解。

一些读者可能会想到刚才说到的中国联通。中国联通不够优秀吗？确实，中国联通作为一家知名的通信服务公司，其业务能力毋庸置疑，也持续为股东分红。但有些人会想：如果分红不足以弥补股价的下跌，那么即便是分红，也难以为投资者带来真正的收益。

所以，这就涉及如何判断股票“贵”与“便宜”的问题。判断股价，不能简单地看其绝对价格。以宁德时代和中国联通为例，宁德时代的股票价格大约为 213 元一股，中国联通的股价大约为 5.17 元一股。单纯从价格上看，我们不能断言中国联通的股票就便宜，宁德时代的就贵。这里需要引入一个专业术语——市盈率，这是一个衡量股票价格是否合理的重要指标，也是投资者常说的估值指标。

四、什么时候买？什么时候卖？

市盈率是评估股票价格高低的常用工具，它通过比较公司的股价与其盈利能力来评估股票的投资价值。在评估股票的市盈率时，我会将其与公司过去的市盈率进行比较，以判断当前股价是否合理。如果在过去 10 年中，当前的市盈率较大部分时间都低，那么我认为这只股票现在是便宜的，可以考虑买入；如果当前市盈率与过去相比偏高，那么这只股票现在就是昂贵的，可能不适合买入或应考虑卖出。

此外，有一个专业术语“市盈率历史百分位”，它可以帮助我们更准确地评估股票的估值水平。我们将在后续的章节中对这个概念进行深入讨论，届时投资者将能够系统地学习并掌握这一概念。

在讨论了如何选择买入股票的时间之后，接下来我将分享如何选择股票卖出的时间。之前已经提到了通过市盈率历史百分位这个指标来判断是否应该卖出股票。具体来说，如果发现当前的估值超过了过去大部分时间的均值，且偏离度比较大，那么无论这家公司未来的发展前景如何，都应该考虑进行部分止盈操作。关于具体的操作技巧，我将在后续的章节中进行详细阐述。

当然，确定股票的卖点并不仅仅依赖这一条原则。在我看来，如果确实需要卖出，甚至清空某只股票，通常是因为触发了以下两条“卖出原则”中的至少一条。

第一条“卖出原则”是公司的基本面发生了根本性变化。这种变化可能会使你之前对公司的所有分析和判断变得不再有效。这些分析和判断原本是你买入该股票的基础逻辑。举个例子，如果贵州茅台突然宣布转型主营电动车，比亚迪决定放弃汽车业务只卖白酒，那么我会建议投资者清空这两只股票。

第二条“卖出原则”是个人资金需求。虽然这与股票交易本身无关，但在生活中我们都可能会遇到急需用钱的情况。因此，我建议大家在进行投资时使用闲钱，并且确保有足够的流动资金来应对紧急情况。

总之，选择卖出股票的时点需要综合考虑公司的估值情况和个人的资金状况。同时，投资者应该基于对公司基本面的深入分析做出决策，并为不时之需准备充足的流动资金。

我们总结一下本节的核心内容。

首先，依赖熟人的建议进行股票投资和在面临浮亏时立即止损都是错误的投资习惯。这些做法忽视了投资决策应基于深入分析，并得出理性判断的重要性。

其次，进一步阐述了影响股价的因素复杂多变，因此没有人能够准确预测股价的涨跌。这推翻了通过简单“低买高卖”的策略在股市中稳定赚取差价的观点。

最后，我分享了基础但有效的投资建议：只投资那些你了解的、能够盈利的、并对股东负责的公司的股票。在选择买入时机时，应考虑市盈率历史百分位，在估值相对较低的时机进行投资。

关于卖出股票的决策，可参考以下原则。

第一条原则是当股票的市盈率历史百分位显著高于历史平均水平时，应考虑卖出，以实现利润锁定。

第二条原则是当公司的基本面发生了根本性变化，并影响你原先的投资逻辑时，应考虑卖出股票。

第三条原则是当你急需资金时，可能需要卖出股票，以满足流动性需求。

通过这些讨论，我们希望投资者能够建立起更为理性和审慎的投资观念，避免盲目跟风和情绪化决策，从而在复杂多变的股市中做出更明智的选择。

第3节 怎么判断股票贵了

一、怎么定义股价的高低

在股市投资中，大众普遍持有一种朴素而务实的期望：通过炒股来增加家庭收入，若无法确保百分百盈利，至少应尽量避免亏损。人们通常不追求成为某家公司的长期股东，当然也不想费心劳神地频繁交易——因为在投资上过分折腾，可能会耽误工作。

尽管这种投资逻辑存在诸多问题，但是我们先不着急进行评判，而是尝试从理性和专业的角度出发，为投资者的资产安全提供保障。

许多投资者意识到，在短期内频繁买卖股票，他们不仅缺乏必要的能力和精力，而且往往会亏损。他们更倾向于寻找一种方法，尽可能实现在股价低点买入、高点卖出，即使这个过程需要较长时间，但只要最终能够获得收益，便已知足。

那么，究竟如何定义股价的低点和高点？我们将延续上一节的话题，深入探讨这些关键问题，以期为投资者提供科学、理性的指导。

基于 2023 年 2 月 28 日的数据，让我们来审视股市的两个巨头：贵州茅台和工商银行，前者的股价高达 1730.1 元每股，购买一手（即 100 股）

需支付 173010 元；工商银行的股价则显得比较亲民，仅为 4.04 元每股，购买一手需 404 元。面对这样的价格差异，我们能否简单地认为工商银行的股票比贵州茅台的便宜？

假设你当时用相同金额的资金分别投资了贵州茅台和工商银行。一年后，贵州茅台的投资回报率达到了 3.9%，工商银行却出现了 2.8% 的亏损（见图 1-11）。这种反差令人困惑：为何价格更低的股票，却导致了亏损？要解答这一疑问，我们必须先理解股价的形成机制。

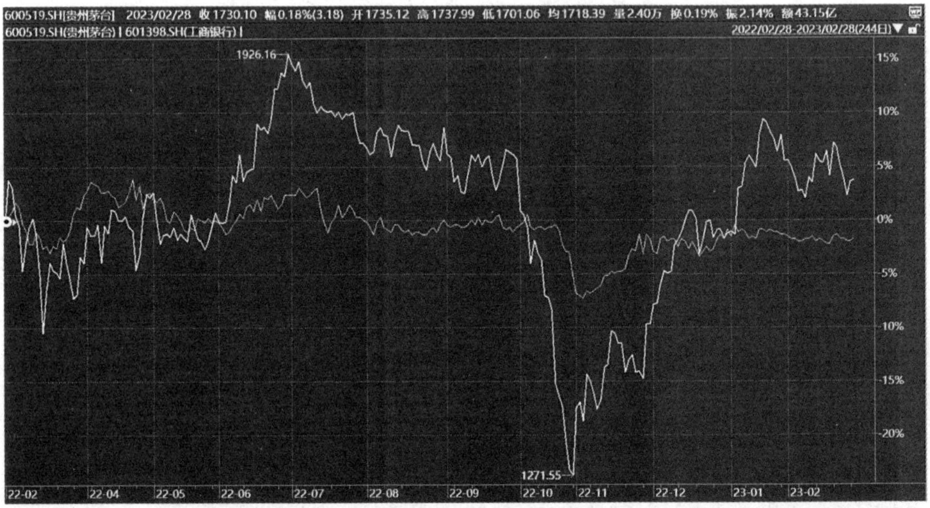

图1-11　2022年2月28日—2023年2月28日贵州茅台和工商银行股价走势对比

股票交易的本质是买卖双方的自愿交易，成交价即为当时的股价。然而，市场上为何鲜有 800 元一股的贵州茅台股票？答案在于，贵州茅台股票的内在价值远超 800 元，自然不会有人愿意低价出售。这引出了一个关键问题：到底是什么东西，在支撑着市场对一股贵州茅台的股票，喊出 1700 多元的价格呢？

在此，我们需要引入一个专业概念——折现率。举一个简单的例子：假设你的老板为了奖励你最近的努力，给你 500 元的奖金。你可能会非常高兴。但如果老板这时提出——这 500 元 3 个月后再发给你，你可能会感到非常扫兴，心想发个 500 元还得等 3 个月，真是小气。然而，如果此时老板承诺 3 个月后发给你的不是 500 元而是 2000 元，你可能又会重新兴奋——认为 3 个月的等待多换来 1500 元，值！在这个例子中，3 个月后的 2000 元与当下的 500 元产生了相同的效用，我们称这笔奖金的折现率为 300%。如果我们进行简单的线性推导，老板需要承诺一年后支付 128000 元作为奖励，才能达到立刻掏出 500 元给员工的激励效果！

回到金融世界，股价的计算公式可以简化为：股价 = 总市值 ÷ 总股本。

总股本是公司所有权分割的份额，其总额通常是固定的。那么，总市值是如何确定的呢？总市值其实等于公司未来所有现金流折现的总和。这一概念是由投资大师沃伦 • 巴菲特的导师本杰明 • 格雷厄姆在 1934 年的著作《证券分析》中提出的。

以贵州茅台为例，截至 2023 年 2 月 28 日，其总市值达到了 2.29 万亿元。这 2.29 万亿元的市值，是基于贵州茅台未来 5 年、10 年甚至更长时间创造的营业收入，折现至当时并加总得出的。不必担心这些现金流的加总会无限增长，因为随着时间的推移，未来的现金流折现至今天的价值会越来越小，以至于三四十年后的现金流对总市值的影响微乎其微。对于大多数公司而言，总市值通常只考虑未来 5 ～ 10 年的营收折现总和。

在深入探讨股价形成机制之后，自然过渡到核心议题：如何科学地评估股价是否合理。在众多衡量股票价值的方法中，估值指标扮演着至关重要的角色，包括市盈率（PE）、市净率（PB）、市现率（PCF）、市销率（PS）等。而在这些估值工具中，市盈率无疑最广为人知且被频繁使用。

市盈率，简而言之，是指投资者为获取公司每单位盈利所支付的费用。让我们来看一个实例：假设张三创建了一家公司，将其股份划分为 10 等份，每份定价为 10 万元。如果你以 10 万元购得一份股份，成为公司股东，公司年净利润为 5 万元，且假设未来每年都保持这一盈利水平。那么理论上，你需要 20 年的时间才能收回投资成本。在这种情况下，该公司的市盈率为 20 倍。

以特斯拉为例，这家电动汽车行业的领军企业，在 2020 年 7 月底的市盈率一度飙升至 750 倍以上。按照我们刚才的解释，若投资者在 2020 年年中买入特斯拉股票，仅凭公司当时的盈利能力，理论上需要 750 年才能实现投资回本。相比之下，全球汽车销量的领头羊——丰田，其股票的市盈率却不到 11 倍。这是否意味着丰田的估值比特斯拉更为合理？

然而，市场的实际表现往往出人意料。如果在 2020 年 7 月你选择投资丰田，一年后你的投资价值可能增长到原来的 1.25 倍，投资回报率为 25%；而在同样的时间内，如果你选择投资特斯拉，你的投资回报率将达到惊人的 200%（见图 1-12）。这一现象引人深思：同样一笔钱，为何投资估值更高的特斯拉，反而获得了更好的回报？

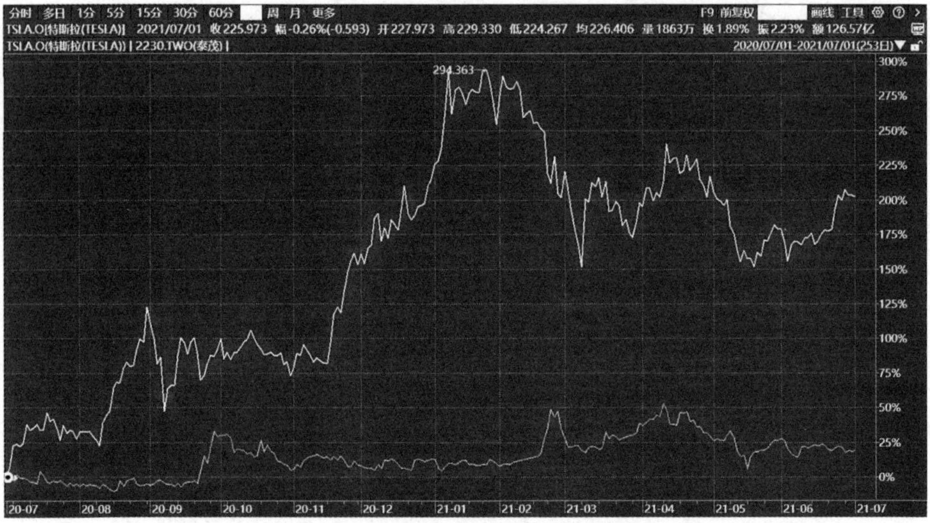

图 1-12　2020 年 7 月—2021 年 7 月特斯拉和丰田股价走势对比

这一问题的答案在于，市盈率仅仅是评估股票价值的众多工具之一，它并不能全面反映公司的增长潜力、市场预期、行业地位及未来盈利能力等因素。因此，投资者在做出投资决策时，应综合考虑各种估值指标，并结合公司基本面、行业趋势、宏观经济环境等多方面因素，做出更为理性的投资选择。

二、如何做到“只买对的，不买贵的”？

聊了那么多，我们似乎又回到了同一个难题：尽管理解了股票估值理论，但在面对实际投资决策时，比如到底是投资特斯拉还是丰田，普通投资者依然会感到困惑，所学的知识似乎并未发挥预期的作用。

这就涉及对公司未来盈利能力的深入分析，我们将在后续章节中详细讨论。目前，让我们聚焦于“如何利用市盈率来判断股价是否合理”这个问题。在这里，我将分享两种判断估值高低的方法。

方法一：直接判断法

股价反映的是公司未来现金流的现值，而市盈率则是投资者理论上的回本年限。为了判断市盈率是否合理，投资者应该结合公司历史财务数据，并通过数学模型进行推导。推导过程不在此赘述，我们可以记住这样一个简单的公式：

合理市盈率=公司未来5年净利润平均复合增速 ×2+（10 ～ 20）

公式末尾加（10 ～ 20），反映的是未来货币政策和财政政策的预测情况。简而言之，如果未来 5 年社会货币流动性充裕，我们可以选择加上区间内较高的数值；反之，若流动性紧缩，则选择加上较低的数值。

在实际应用中，预测未来宏观经济政策极具挑战性。保守起见，我通常忽略累加的数值，将公式简化为：

合理市盈率 = 公司未来5年净利润平均复合增速 ×2

我们以特斯拉为例。假设特斯拉当前的市盈率为52倍，根据上述公式，我们可以推断出——若52倍的市盈率是合理状态，那么特斯拉未来5年净利润平均复合增速应为26%。这引发了一个问题：你认为到2027年底，特斯拉的净利润能否达到2022年末的3.2倍呢？

一些投资者对此持乐观态度，认为特斯拉的新工厂相继投产和全球扩张计划将推动其净利润实现快速增长。然而，也有观点认为，电动车市场的竞争日益激烈，特斯拉要保持高速增长并不容易。

我的观点趋向于后者：长期保持稳定的净利润增长是件非常不容易的事情。哪怕是极其优秀的公司，如现在如日中天的微软，也曾面临增长瓶颈。但在2018年至2022年，微软通过开拓云业务实现了净利润的显著增长，股价也随之飙升（见图1-13）。

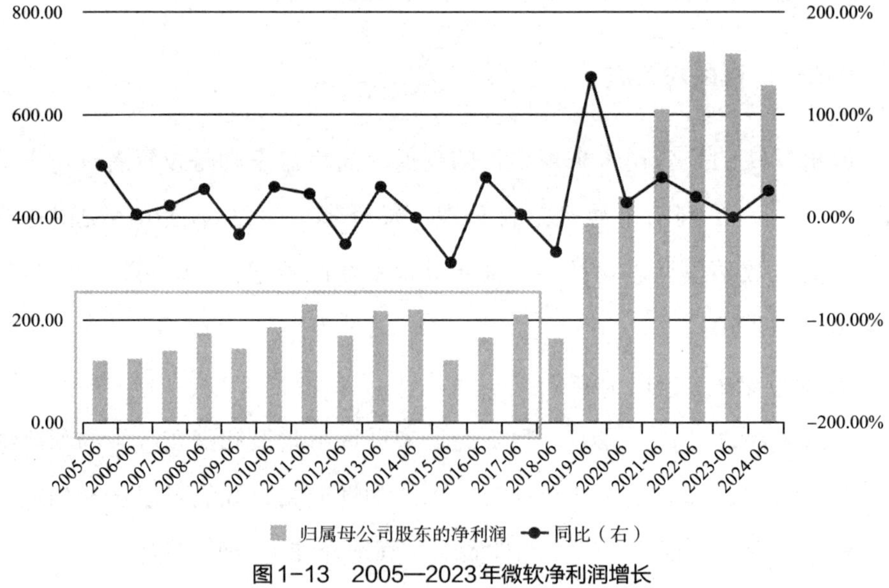

图1-13 2005—2023年微软净利润增长

由此可见，直接判断法更适用于那些业务模式稳定、历史增长趋势可预测的公司，如可口可乐、贵州茅台。在熊市中，投资者甚至可能遇到估值超跌的投资机会，如 2022 年特斯拉的市盈率降至 34 倍，这为投资者提供了一个更为安全和保守的投资预期。

方法二：历史分位数法

什么是历史分位数呢？为了理解这一概念，我们假设一只股票在过去 100 个交易日的收盘产生了 100 个不同的市盈率数据。将市盈率从小到大排列，如果第 101 天的新估值介于数列的第 15 位和第 16 位之间，那么我们就称这个新市盈率的历史分位数为 16%。这意味着在考察期内，该股票有 84% 的时间其市盈率高于当前的值。

与直接判断法相比，历史分位数法更侧重于对过去的比较，而非对未来的预测。让我们通过两个实例进一步阐释该方法运作的原理。

1. 青岛啤酒

2020 年 3 月 19 日，青岛啤酒的股价为 36.02 元，市盈率为 26.67 倍。而在过去 10 年的市盈率历史分位数中，这一市盈率仅位于 28.3% 的位置。换句话说，在过去 10 年中，有超过 70% 的时间，青岛啤酒的市盈率是高于 26.67 倍的（见图 1-14）。如果投资者在这一天选择投资青岛啤酒，一年后的投资回报率将达到 120%。

2. 伊利股份

知名企业伊利股份，2017 年 5 月 10 日的股价为 14.28 元，市盈率仅为 18.11 倍。过去 5 年，伊利股份市盈率的分位数当时低至 10.77%，处于一个低估区间。短短 8 个月后，伊利股份的股价飙升至 29.49 元，涨幅高达 206.23%（见图 1-15）。

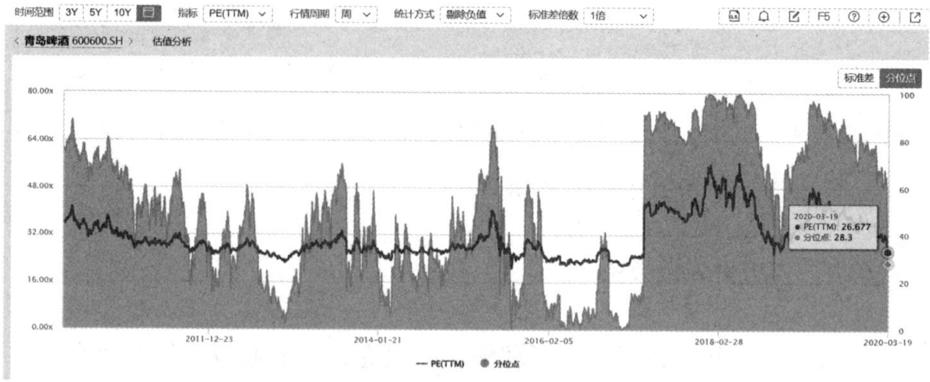

图1-14　2020年3月19日青岛啤酒过去10年市盈率分位数走势

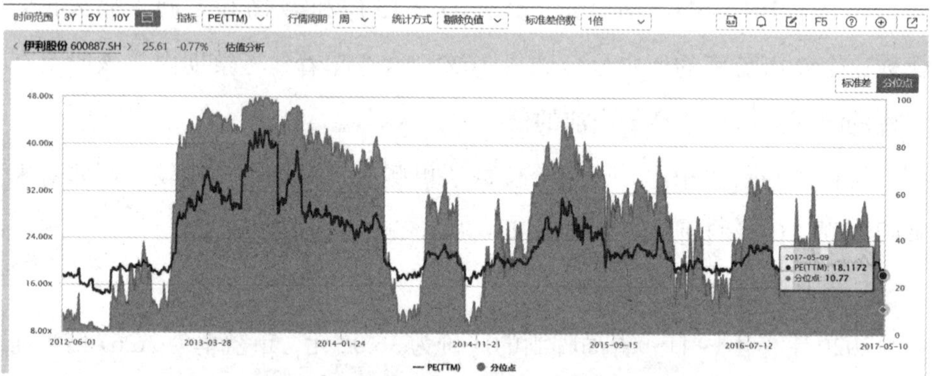

图1-15　2017年5月10日伊利股份过去5年市盈率分位数走势

尽管历史分位数法是一个有用的工具，但它并非万能的。以苹果为例，作为全球投资者的宠儿，苹果股票在过去3年中几乎翻倍增长（见图1-16）。如果投资者坚持“只买对的，不买贵的”原则，那么他们可能会错过这一增长机会。苹果的股价之所以总是居高不下，是因为全球投资者对其前景持续看好，任何股价的小幅波动都会吸引大量买家，从而推高其估值。

因此，历史分位数法更适用于那些商业模式稳定、盈利能力有保障的公司。当市场资金的轮动导致其估值出现波动时，这种判断方法能够发挥最大效用。投资者在使用历史分位数法时，应结合公司的基本面、行业趋势、宏观经济状况等多方面因素，做出更为全面的判断。

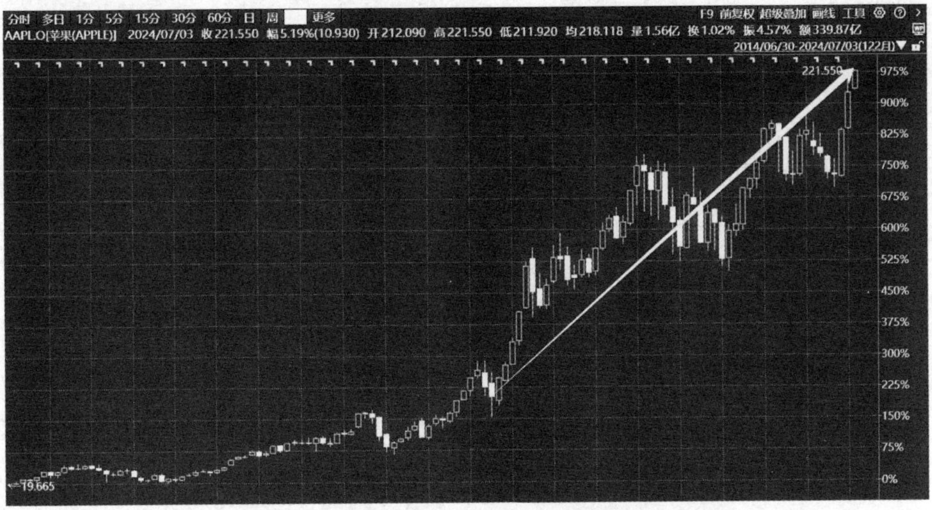

图 1-16　苹果股价过去 5 年增长趋势极其迅猛

最后总结一下，在本节中，我们梳理了股票投资的几个关键概念，旨在帮助投资者更科学地评估自己的投资行为。

股价的本质：

单纯比较股票的绝对价格来判断股价的高低是一个误区。股价实际上是公司未来所有现金流折现的总和，并除以总股本所得出的价格。

市盈率的作用：

市盈率作为衡量股价高低的重要指标，其衡量的核心是公司的盈利能力。该指标为我们提供了理论上投资回本期限的视角。

判断股价高低的两种方法：

1. 直接判断法

这种方法通过预测公司未来的盈利增长，并结合一个公式来估算合理的市盈率。我们讨论了一个简化的公式，即：

$$合理市盈率=公司未来5年净利润平均复合增速\times 2$$

这个公式能够帮助我们更好地理解市盈率与公司未来净利润增速之间的关系。

2. 历史分位数法

这种方法通过比较当前市盈率于历史样本数据中的位置来判断估值的高低。如果在历史低分位数时买入，并在市盈率上升至历史高点时卖出，投资者可能会获得不错的投资回报。

不过，这两种方法都只适用于商业模式稳定、盈利可预测的公司。对于那些快速增长或者盈利并不稳定的公司，还需要结合行业趋势和公司基本面进行更深入的分析。

第4节 可以补仓吗？可以“割肉”吗？

一、两个真实的故事

1. 关于特斯拉的投资

第一个故事，是关于我一个朋友的故事。他是一家科技公司的老板，在2019年初买了1000股特斯拉的股票，当时每股的价格大约是155美元，总共花费了15.5万美元左右。

他买入没多久，特斯拉的股价开始上涨。到2019年底，他已经赚了很多钱。但他一股特斯拉的股票都没卖，选择继续持有。然而，在2020年3月，在新冠疫情影响之下，特斯拉的股价急剧下跌，一度低至70美元。我这个朋友，由于自身就处于科技行业中，对于特斯拉这类科技公司比较看好，所以他并没有因为“股市地震”而清空股票，反而选择在特斯拉股价大跌的时候继续补仓。

2020年4月到9月，他每月分批购买1000股的特斯拉股票，买入价格在70美元到300美元不等。短短6个月，他便积累了5000股的特斯拉股票，总价值约为76.5万美元。身边的人都觉得，他炒股炒昏了头。

后面的故事大家都知道了：特斯拉的股价从2020年10月开始迅速走

高。到了 2021 年 2 月，在没有拆股的情况下，特斯拉的股票飙到 750 美元一股，我朋友的这笔投资在短短半年多的时间里，投资回报率就超过 1000%（见图 1-17）。

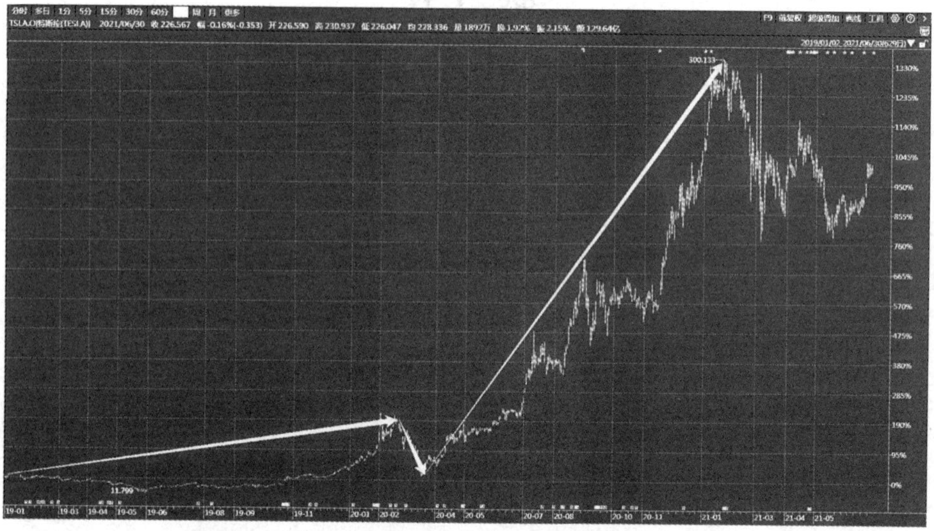

图1-17　2019年1月—2021年6月特斯拉的股价走势

2. 关于乐视网的投资

另一个故事，里面的主角不是别人，正是我的母亲。2017 年，我妈稀里糊涂地买了乐视股票。当时她觉得乐视牌子硬，而且每股 30 元也不贵。然而，乐视的经营状况后来出现了一系列问题，导致股价一路下跌（见图 1-18）。

当跌到每股 20 元的时候，我妈非常着急。因为她根本无法理解“生态化反”是什么意思，只知道自己出现了巨额亏损，而这些钱是她养老的钱。当股价跌到 15 元的时候，我妈坐立不安，家人劝她给乐视一点时间。还有就是——浮亏不是亏！如果“割肉”了，就真没翻盘机会了！但我妈最终还是受不了那种煎熬，宁愿全部卖掉，也不想每天吃不下饭、睡不着觉。

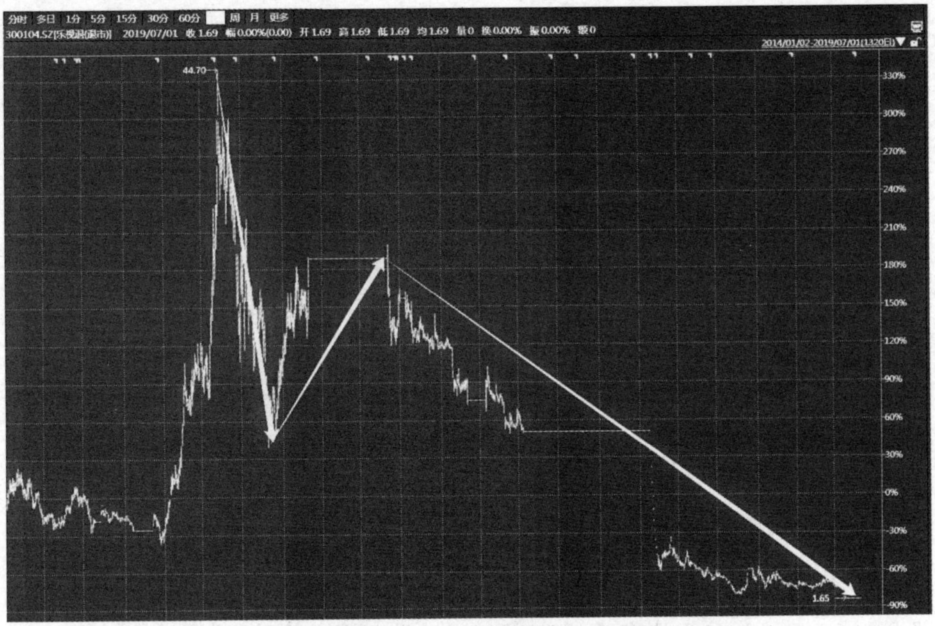

图1–18　2014年1月—2019年6月乐视的股价走势

没想到几个月后，乐视的财务危机彻底爆发，最终狼狈退市。一起买乐视股票的亲戚，亏得一分钱不剩，而我妈由于比较谨慎，最终保住了一半的本金。

这两个真实的例子告诉我们：对于表现出色的公司，投资者应当勇敢地增加投资（补仓）；而对于表现不佳的公司，则应当果断地减少投资（“割肉”）。然而，这种看似不证自明的真理，对老百姓来说，毫无用处。因为，人们往往缺乏判断公司好坏的能力，从而陷入迷茫之中。那么，何时应该补仓？何时又该“割肉”？

二、如何选出一家好公司

在此之前，不妨先思考一下，我们如何判断一个人是否值得信赖？我的判断标准可归纳为三个层次。

1. 时间的考验

我不会仅凭几次短暂的接触就轻易下结论。时间，是检验一个人品质的关键。同样，对于一家公司，我们也不能仅凭一时的表现来评价它的优劣，而应该追溯其过去三五年的经营历史，才能够得出相对中肯的评价。

2. 第一印象

初次见面的整体观感，能够给我提供初步判断的依据。这种基于经验的直觉判断，不仅快速，而且准确。观察公司和观察一个人在逻辑上异曲同工，唯一的不同点在于对人的第一印象是基于外貌，而对于公司而言，第一感觉是基于对其商业模式的理解。

3. 多维度综合评估

就像评价一个人需要考察其人品、才华、毅力和性格等多重品质一样，评估一家公司也需要从多个维度进行。这包括但不限于公司的财务状况、市场地位、管理团队及创新能力等。

在股市中，如何找到那些优秀公司？一个简单的方法是：看总市值。截至 2023 年 7 月 13 日，我国共有 5223 家上市公司，而总市值超过 300 亿元的公司仅有 501 家。如果我们将市场上的资金视为选票，那么上市公司的总市值就是投资者通过“选举”一票一票投出来的。虽然不能一概而论地说市值 300 亿元以下的公司都不好，但我们可以合理推断：在市值排名前 10% 的公司中，发现优秀投资标的的概率要远高于其他市值区间。

当我们对一家公司的业务和所在行业不是特别熟悉的时候，财务指标就成为我们判断公司好坏的重要工具。以下是我经常参考的四大财务指标。

现金收入比：市场话语权的体现

一个看似简单的公式，却能揭示公司在市场中的真实地位。其计算公式为：

现金收入比 = 销售商品、提供劳务所收到的现金 / 营业收入优秀的公司，往往拥有超过 100% 的现金收入比。这不仅意味着它们能够即时回收销售收入，还能从客户那里预收下一批货物的款项。这样的公司，在市场中拥有强大的话语权和很高的客户忠诚度。

净资产收益率：自力更生的力量

净资产收益率（ROE），是一个衡量公司自我成长能力的指标。它告诉我们，公司如何利用股东的资本来创造财富。根据我的观察，国内表现较好的公司，其 ROE 通常位于 5% ～ 15%，代表公司稳健成长。

毛利率：核心竞争力的体现

毛利率，是一个直接反映公司盈利能力的指标。它背后的含义是公司产品的市场竞争力和盈利空间。一个毛利率长期保持在 20% 以上的公司，拥有穿越经济周期的能力，而且其业务模式坚韧而有弹性。

营收（或净利润）同比增长：业绩增长的直接体现

股价的增长，源自公司业绩的持续增长。而营收或净利润的同比增长，则是这一增长的直接体现。一个值得投资的公司，其季度营收或净利润的同比增长率应连续 12 个月保持在 15% 以上。这表明，在过去 3 年中，这家公司的业务一直处于上升态势，无论内部管理还是市场表现，都充满活力。

三、“如何选出好公司”的实践操作

大家可以看到：在投资领域，数据不再是冰冷的数字，它们是通往财富之门的密码。让我们以 2023 年 7 月 13 日的数据为基准，进行一次实战演练，深入挖掘那些真正值得投资的宝藏公司。规则很简单——我们将目光聚焦在市场上总市值超过 300 亿元的上市公司。这些可都是投资者用真金白银“投票”选出的市场精英。筛选标准如下。

（1）现金收入比：现金收入比连续3年超过100%，这表明公司不仅能够即时回收销售收入，还能预收下一批货物的款项，显示出其在市场中的强势地位。

（2）净资产收益率：净资产收益率连续3年超过15%，这证明公司拥有自我成长的实力，表明公司能够有效地利用股东资本创造财富。

（3）毛利率：毛利率连续3年超过20%，这反映了公司较强的核心竞争力和盈利能力，是公司业务坚韧和能够抵御经济波动的标志。

（4）归母净利润同比增长：归母净利润同比增长情况显示，过去12个月，每个季度的同比增长率均超过15%，这无疑是公司业绩持续增长的直接证据。

在5223家上市公司的庞大数据中，经过严格筛选，我们惊喜地发现，只有一家企业——迈瑞医疗，满足了所有条件。作为国内大型医疗设备的龙头供应商，迈瑞医疗不仅在财务数据上表现出色，在市场中的地位也众望所归。

自2018年10月上市以来，迈瑞医疗的股价已经翻了4.5倍，这不仅是市场对其业绩的认可，更是对其长期价值的肯定（见图1-19）。对于那些有远见的投资者来说，迈瑞医疗的股价增长，是对他们智慧和耐心的最好奖赏。

图1-19　上市以来至2023年7月迈瑞医疗的股价走势

四、如何买入和卖出股票?

我们解决了“如何选出一家好公司”这个难题之后，再看如何补仓和“割肉”这个问题，其实这是两个小问题。

对于补仓，我的建议是：不要轻易补仓。这背后有着宏观和微观的考量。

在宏观层面，补仓的初衷通常是降低持仓成本，希望在股价反弹时能快速解套。但这里有两大矛盾。

第一，如果你追求低价，为何不在股价最低时买入?

第二，如果你确信股价会反弹，为何还要执着于降低成本?

很多人的回答是：我之所以补仓，是因为我无法判断股价在何时最低，也无法预知股价是否会反弹。但如果投资决策都建立在“不知道”的基础上，那么补仓的行为不就成了“错上加错”了吗?

在微观层面，补仓的逻辑建立在股价反弹的预期上。但如果越补越跌呢？即便是表现优异的公司，如迈瑞医疗，我们也难保证它不会退市。投资者面临的不仅是公司层面的风险，还有系统性风险，如金融危机、科技突变等。

为了避免陷入“套牢又不知所措”的境地，我们要买前深思熟虑，做好分散投资。在买入之前，你必须问自己 3 个问题：

（1）它是不是一个好的投资标的?

（2）它是否足够便宜?

（3）我应该买入多少?

想清楚这些问题后，再动手买入也不迟。此外，一个实用的投资小贴士是：对于大多数个人投资者来说，定投宽基指数 ETF 是最佳策略。

对于“割肉”，方法也大致相同。从投资逻辑上看，如果你对自己的投资标的一无所知，那么这笔财富已经暴露在风险之下了。在这种情况下，你为什么不选择退出呢？

当然，你也可以选择不补仓、不“割肉”，留着亏损的资产，等待它回本。但这同样存在风险：万一股票退市，你将血本无归。这些就是你留着亏损资产、默默等待解套的沉没成本。

后文，我们将详细探讨如何通过定投宽基指数 ETF 来实现稳健的投资回报。但在那之前，记住：在股市中，理性和谨慎是你最宝贵的资产。

总结一下本节的主要内容。我们通过特斯拉和乐视这两个经典案例，展开了对投资智慧的深入探讨。我们提出了两个核心问题：

第一，如何判断一家好公司？

第二，如何补仓？如何“割肉”？

我们先建立了一个简单的选股模型，以时间的考验为基石，以总市值作为初步筛选的门槛。接着，引入了四大财务指标——现金收入比、净资产收益率、毛利率和归母净利润同比增长——作为进一步的筛选条件。通过这一模型，我们以 2023 年 7 月 13 日的数据为例，精选出了迈瑞医疗，一家在过往 3 年业绩表现卓越的企业。

在面对补仓和“割肉”的问题时，我们提出了一个鲜明的观点：不要轻易补仓。同时，强调了在投资未知标的时，应保持敬畏之心。替代方案是，放弃投资个股，转向定投宽基指数 ETF，这是一种更为稳健的投资策略。

当然，这些策略都是基于逻辑推导和个人经验。真实的投资世界复杂多变，投资者需要根据具体情况进行分析。正如常言说：“股市有风险，入市须谨慎。”在这个充满机遇与挑战的市场中，愿每一位投资者都能成为智慧的航海者，驾驭自己的财富之舟，驶向成功的彼岸。

第5节 普通人为什么拿不住股票？

一、贪婪与恐惧是老百姓投资路上的最大障碍

在股票投资中，许多投资者容易陷入一种常见的误区：一旦股价上涨，他们便急于锁定利润，匆忙出售；而当股价下跌时，在恐惧心理驱使下，他们害怕损失进一步增加，同样选择匆忙离场。然而，市场往往具有讽刺意味，那些被匆忙卖出的股票，在之后的时间里往往会继续攀升，甚至创下新高；而那些看似是无底洞的下跌股票，最终却能触底反弹，实现逆转。

这种现象，我们称之为“落袋为安”与“恐慌抛售”。它们由人性中的贪婪与恐惧驱动，而这两种情绪，正是投资路上最大的障碍。当那些股票在投资者卖出后继续上涨，或是在经历短暂下跌后迅速反弹时，投资者往往会深深懊悔。他们可能会责怪自己缺乏耐心和定力，错失了原本可以轻易获得的收益。

真正的投资智慧，不在于完全摆脱人性的弱点，而在于学会如何应对弱点。成功的投资者懂得如何在市场波动中保持冷静，不被短期的股价波动所左右。然而，即便是最资深的投资者，也难免会受到这些情绪的影响。

股神巴菲特的投资故事，大家耳熟能详。比如2016年，巴菲特通过深刻的洞察、严谨的分析，大胆重仓苹果的股票并长期持有，获得惊人回报。类似的故事还有很多，这里不再赘述。

其实，巴菲特“保守买入，长期持有”的投资风格，主要表现在他投资生涯的后期。早期，巴菲特也因为贪图短期收益，最终与超级大牛股擦肩而过。

1965年，巴菲特拜访了迪士尼的创始人沃尔特·迪士尼，发现迪士尼的财报异常亮眼：光是税前利润就有2100万美元，而当时其市值才不到9000万美元。敏锐的巴菲特马上斥资400多万美元，购入了迪士尼5%左右的股份，成本为31美分。一年之后，迪士尼业绩大涨，股价飙升。巴菲特觉得已获利不少，就在48美分的价位把迪士尼的股票全部卖出。一年的时间，巴菲特一买一卖之间就获得了超过50%的利润，当时看来已经非常出色了。但如果巴菲特把那些股票拿到今天，这笔400万美元的投资，将变成80亿美元左右的巨大财富——60年不到的时间，投资回报超过了2000倍！

二、过去20年，普通人通过投资房产更容易致富

巴菲特的故事给了我们深刻的启示：投资不仅要关注短期的利润，更要关注公司长期的业绩增长和价值创造。那么，长期持有股票，为什么那么难呢？

其实原因很简单：一方面是投资者缺乏足够的专业知识来做出理性的分析和决策；另一方面是人性中的贪婪和恐惧往往导致投资者过分关注短期利益，而忽视了长期增长的潜力。这种现象在股市中尤为明显，因为股票市场的波动性更大，信息更复杂，投资者面临的决策压力也更大。

与股市相比，房产市场似乎为普通投资者提供了一个更为稳定和可预测的投资环境。以北京三里屯 SOHO 为例（见图 1-20），从 2006 年到 2023 年，房产均价的增长达到了惊人的 10 倍，年复合增长率约为 15%。这样的回报率在许多人看来无疑非常吸引人。

图1-20　北京三里屯SOHO实景

但可投资的领域远不止房产。例如，茅台酒和茅台股票的投资回报率在过去 20 年中分别达到了 30 倍和 50 倍以上，年复合增长率更是超过了 20%。这表明，投资优秀的股票同样能够带来巨大的收益。

那么，为什么在现实生活中，我们看到许多通过投资房产致富的案例，而通过投资股票成为富人，改变财富状况的例子却鲜为人知呢？这背后有三大原因。

原因一：投资决策的谨慎性

普通人在购买房产前往往会进行深思熟虑的考量，参考自身的居住需求、通勤便利性、教育资源、生活成本等多方面因素。这种谨慎的态度有助于投资者做出更为明智的决策。

原因二：交易的低频性

与股票市场相比，房产市场的交易频率要低得多。许多人在购买房产后，往往不会频繁交易，这有助于投资者规避市场的短期波动，从而实现长期持有。

原因三：资产价值的稳定性

普通人对房产价值的感知往往较为模糊，但随着城市的发展和基础设施的改善，人们普遍认为房产价值会随着时间的推移而增加。这种朴素的认知在一定程度上支撑了投资者的长期持有策略。

尽管房产投资能够带来较为稳定的回报，但这并不意味着它是所有人进行财富保值增值的最佳选择。因为投资谨慎，并且抱着对资产增值的坚定信念，最终造就了一个结果：绝大部分人买入一套房子之后，一握就是几年，甚至是十几年。十几年来，随着经济的发展，房产价值也以稳定的复利状态持续累加，最终带来了巨大的投资回报。

三、普通人的股票投资往往是错误操作

我们反观股票投资这件事，所有的操作简直与房产投资相反。

首先，股票投资不同于房产投资，它是虚拟与现实的博弈。

股票投资，对于许多投资者来说，是一种虚拟商品的交易。与房产投

资相比，股票买卖似乎缺乏了那种实实在在的感觉。人们在买卖股票时，往往不会像对待房产那样谨慎。股票交易的规模和持有时间通常也无法与房产交易相提并论，这使得股票投资在心理上给人的压力较小。

其次，房产投资更加直观，而股票投资较为抽象。

在房产交易中，投资者可以更好地评估房产的实际情况，这种直观性是股票投资所无法比拟的。股票投资需要投资者对公司的运营状况和行业发展有深入了解和研究，这对于大多数普通投资者来说，无疑是一项挑战。

最后，两种投资在交易成本的感知上存在明显差异。

房产交易的成本虽然高昂，但显而易见。时间成本、交易成本和精力成本等都是投资者在交易房产时必须考虑的因素。这些成本的存在，使得人们对于房产交易天生就有一种抗拒心理，倾向于避免频繁交易。

与此相反，股票交易的成本虽然同样存在，却往往给人一种“便宜”的错觉。通过手机轻轻一点，投资者就可以轻松完成买卖，这种便捷性掩盖了股票交易的真实成本。印花税、手续费等隐性成本在交易软件中自动扣除，并不直观。此外，股票投资的风险极高，亏损的可能性更是不容忽视。

总体来说，股票投资与房产投资在操作和心理层面上存在显著差异。股票投资的抽象性和交易的便捷性可能会误导投资者，使他们低估投资的风险。如果投资者没认识到股票投资的欺骗性和困难性，草率下场，最终往往以亏损收场。

四、如何才能拿得住股票？

现在大家明白了，如果要摆脱拿不住股票的恶习，关键在于需要打破对股票的固有认知，树立以下三个正确观念。

正确观念一：理解股票的真实身份

我们需要认识股票的本质，股票实际上是公司所有权的一种证券化表现。当买卖股票时，你实际上是在买卖公司的一部分。这与房产投资有着异曲同工之妙。优质的房产，正如优质的股票一样，是城市发展的重要组成部分。随着城市的繁荣，优质房产的价值也会随之增长。长期持有这些优质资产，我们就能享受复利效应带来的财富。

正确观念二：投资要讲究收益与成本

投资的核心在于收益，计算公式非常简单：收益＝总收入－总成本。在投资过程中，我们不能忽视两大成本：风险成本和机会成本。每一个投资决策，都意味着付出成本。频繁交易不仅会增加手续费等显性成本，更会累积风险成本和机会成本。因此，减少交易频率，降低成本，是提高投资收益的有效途径。

正确观念三：保守与谨慎是一以贯之的策略

保守与谨慎是减少投资损失的最优策略。在投资过程中，许多人担心错过股价上涨带来的潜在收益，因此急于做出决策，投入资金。然而，如果不投资，你所面临的成本仅仅是机会成本——错过优质股票或整个股市的增长。同时，你也避免了不必要的投资损失和交易过程中的所有成本。但如果滥投资，你将实实在在面临亏损的风险。投资是为了挣钱，而挣钱的第一要义就是安全。

最后，总结一下本节的内容。

我们从巴菲特的案例中，汲取宝贵的投资教训。通过横向对比投资房产和股票，总结普通人拿不住股票的两大原因。

1. 谨慎与草率

普通投资者在房产投资上往往表现得非常谨慎，而在股票投资上却容易过于草率。这种草率决策往往导致不理想的结果。因此，投资者应该将对待房产的谨慎态度同样应用于投资股票。

2. 成本感知差异

交易房产的成本通常是显性的，容易被人感知，这使得普通人不愿意频繁交易房产。股票交易的成本更为隐蔽，且涉及的金额相对较小，导致投资者更倾向于在股市中进行频繁交易，从而累积高昂的交易成本，削弱了财富积累的复利效益。

针对上述原因，建议普通投资者形成以下三个正确观念。

第一，了解股票是公司的一部分。

股票是公司的一部分，而房产是城市的一部分。两者都是财富增值的重要途径。持有优质股票和优质房产，都能享受相应的财富增长效益。

第二，学会平衡成本与收益的关系。

投资的关键在于降低成本，提高收益。减少交易次数是降低成本的有效方法，这在股票投资中尤为重要。

第三，投资要保守，要谨慎。

无论房产投资还是股票投资，保守和谨慎都是首要原则。不投资，虽然不赚钱，但至少避免了亏损。

明白了普通人拿不住股票的原因，树立了正确的投资观念，并不意味着投资就一定能赚钱。我们的探讨仅仅是清除了关于投资的错误认知。接下来，投资者需要真正进入正确投资的学习中，不断深化对市场的理解，掌握投资技能。记住，投资是一场马拉松，而非短跑。耐心、学习和实践，将是通往成功的钥匙。

第2章

不为人知的投资思路

第1节 切忌“将鸡蛋放在同一个篮子里”

一、我们为何而投资？

投资，简而言之，是为了盈利。如果我们为它赋予更具体的内涵，可以说，真正的投资，应是让自己的财富长期、稳定、安全地增长。为了实现这一目标，我们要明白分散投资很重要。通过一个真实案例，大家可明白重仓投资的潜在风险。

中石油的教训

在中国股市中，有一个广为流传的故事——“48块全仓中石油”。2007年11月，中石油在A股上市首日，其股价从16.7元飙升至48元。当时市场的热情一瞬间被点燃了，许多人认为中石油的股价将继续攀升，于是纷纷在高位买入。

然而从第二天起，中石油的股价开始一路下滑。时至今日，股价仍未能重返48元的高点（见图2-1）。如果有人在48元买入，那么直到今天，他的整体损失已经达到84%！在整个过程中不仅有金钱的损失，更有对时间和精力的巨大浪费。

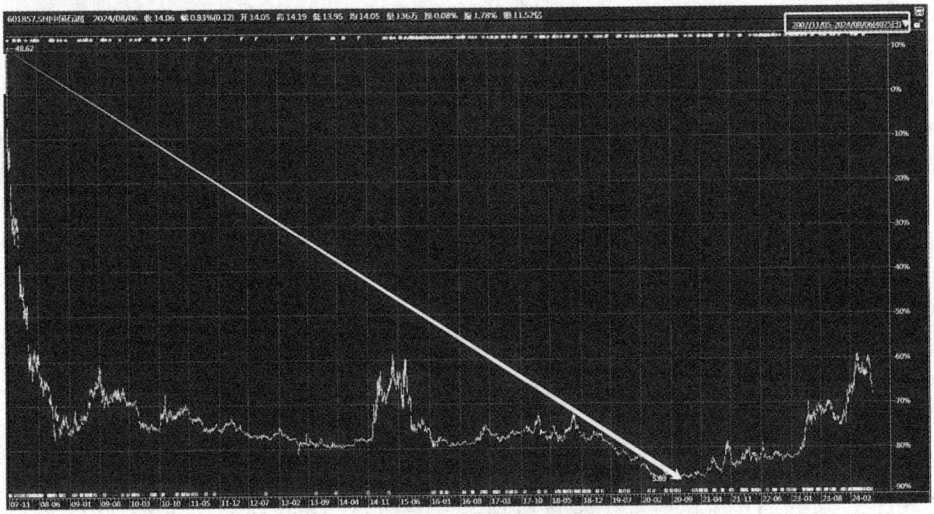

图2-1　中石油上市至今的股价走势

假设在 2007 年，有两位投资者都在 48 元的价位时买入中石油。一位投资者全仓投入，而另一位则仅用 10% 的资金进行尝试。尽管两人在中石油上的亏损比例相同，但全仓买入中石油股票的投资者很可能在过去的四千多个日日夜夜里辗转反侧，夜不能寐；而另一位投资者，尽管也会为这笔投资感到遗憾，但其总资产的损失仍在可接受范围内。

有人会问：重仓投资也不全是劣势——如果中石油的股价像茅台那样一路上涨，敢于重仓的投资者不就赚得盆满钵满吗？我们需要回归投资的本质——投资是为了长期、安全、稳定地盈利。投资依赖策略和时间，在投资中，我们追求的是稳健增长，而非一夜暴富。如果从这个角度看待问题的话，动不动在一只股票上满仓或者重仓投入，是普通投资者需要改正的错误习惯。

二、全天候投资组合

那么，如何构建一个能够“做时间朋友”的投资策略呢？核心原则是：不要将所有的鸡蛋放在同一个篮子里。简而言之，作为普通投资者，我们需要学会分散投资。在本章的后续部分，我将介绍一种适合大部分人的投资组合——全天候投资组合。这将帮助读者从宏观层面构建起对分散投资的具体认知，让投资之路更加稳健。

全天候投资组合的发明者，是鼎鼎大名的桥水基金创始人雷伊·达里奥。这个投资组合，正是他为全球富豪量身定制的投资理财产品，旨在帮助富豪通过科学的资产配置，确保财富稳健传承。所以大家不难发现，尽管富豪拥有我们难以想象的财富，但他们在投资理念上与我们并无二致——都渴望财富的增长，更希望它能够安全地传承给下一代。

现在，让我们揭开全天候投资组合的神秘面纱。这个组合的资产配置方案如下。

- 美国大盘股：18%
- 美国小盘股：3%
- 其他发达国家股票：6%
- 新兴市场国家股票：3%
- 十年期美国债券：15%
- 三十年期美国债券：40%
- 黄金：7.5%
- 大宗商品：7.5%

从资产大类来看，全天候投资组合持有30%的股票、55%的政府债券、7.5%的黄金和7.5%的大宗商品。股票部分进一步细分为大盘股、小盘股、其他发达国家股票和新兴市场国家股票。这种多元化的配置策略，是全天候投资组合稳健增长的秘诀。在过去 10 年的历史表现中，全天候投资组合的平均年化复合回报率达到了 5.82%。这一成绩，不仅证明了全天候投资组合的稳健性，也展示了其在不同市场环境下的适应力。

注：过去十年全天候投资组合的回报率回测公式

=SPX×18%+RTY×3%+SX5E×2%+GDAXI×1.5%+N225×1.5%+FCHI×1%+HXC×2%+SENSEX×1%+10YRNOTE×15%+30YRNOTE×40%+GLD×7.5%+CRB×7.5%

1. SPX：标准普尔500指数，代表美国500家大型上市公司的股票表现。

2. RTY：罗素 2000 指数，追踪美国小型股的表现。

3. SX5E：欧洲斯托克 50 指数，包含欧洲 50 家最大的上市公司。

4. GDAXI：德国 DAX 指数，由德国 30 家最大的上市公司组成。

5. N225：日经 225 指数，由日本 225 家大型上市公司组成。

6. FCHI：法国 CAC 40 指数，由法国 40 家最大的上市公司组成。

7. HXC：中国沪深 300 指数，由沪深两市 300 家大型上市公司组成。

8. SENSEX：孟买敏感指数，由印度孟买证券交易所上市的 30 家最大的和最活跃的公司组成。

9. 10YRNOTE：10 年期国债指数，反映 10 年期美国国债的收益率。

10. 30YRNOTE：30 年期国债指数，反映 30 年期美国国债的收益率。

11. GLD：跟踪黄金价格的 ETF，投资者可以通过购买 GLD 份额来投资黄金。

12. CRB：商品研究局指数，是衡量一篮子商品价格表现的指数。

GLD 虽然是一个 ETF，但因为它是跟踪黄金价格的，所以也可以被视为代表黄金投资的一个指数。CRB 指数包含多种商品，不仅限于黄金。

三、A股市场的全天候投资组合

在探讨全天候投资组合时，我们不禁会问：在A股市场，这样的资产配置是否同样有效？为了解答这一疑问，我们进行了一项实验。根据全天候投资组合，我们对资产配置进行了本土化的调整，以适应A股市场的特点。调整后的中国版全天候投资组合如下。

- 沪深300指数：20%
- 创业板指数：10%
- 债券：55%
- 黄金：7.5%
- 大宗商品：7.5%

我们设定了一个10年的投资周期，从2013年1月1日起到2023年1月1日止，按照上述比例一次性配置相应资金。最终的模拟结果显示，中国版全天候投资组合在过去10年的总回报率达到164.4%，平均年化复合回报率为4.8%。在本章后续的讨论中，我还将对各项投资品类的投资策略进行详细论述，这是为提高实际投资回报率而进行的优化策略调整。

四、中美全天候投资组合的差异

对比中美金融市场，尽管资产配比相似，但两个市场的组合业绩存在显著差异。这主要由以下三个因素造成。

（1）市场成熟度。美国资本市场历史悠久，市场有效性更高，减少了价格与价值的错配，从而提高了长期投资的回报率。中国A股形成于20世纪90年代，成立时间较短，市场情绪和短期炒作等因素一定程度上影响了市场的有效性，加大了股市的整体波动，增加了交易摩擦，进而降低了长期投资收益。

（2）市场开放性。美国资本市场的开放性吸引了全球优秀的投资标的，使市场更繁荣；A 股市场由于成熟度不及美股市场，因此对于资本的进出采取了必要的管制措施，降低了开放性，对于资本的吸引力也就随之下降了。

（3）货币影响力。美元作为全球货币，美联储的政策对全球金融市场有着深远影响；人民币在当前国际贸易和金融领域的流动占比较低，还未占据强势地位。

不过，随着中国资本市场的不断成熟，市场有效性将逐渐显现，我相信 A 股全天候投资组合，会以其分散投资的理念，为理性的个人投资者提供一种有效、长期且安全的投资策略。

五、A 股全天候投资组合的参考标的

当我们把策略里的细节落到实处时，就得面对一个问题：如果明白了 A 股全天候投资组合的精髓，那么作为普通投资者该如何开始动手投资呢？基于 2023 年 8 月 7 日的市场数据，我为大家列举了当时市面上各个资产品类中规模最大的几只 ETF，以供读者参考。

1. 沪深 300ETF

（1）510300.OF 华泰柏瑞沪深 300ETF

（2）510330.OF 华夏沪深 300ETF

（3）159919.OF 嘉实沪深 300ETF

2. 创业板指 ETF

（1）159915.OF 易方达创业板 ETF

（2）159977.OF 天弘创业板 ETF

（3）159952.OF 广发创业板 ETF

3. 利率债 ETF

（1）511360.OF 海富通中证短融 ETF

（2）009703.OF 鹏华中债 1-3 年农发行 C

（3）007147.OF 博时中债 1-3 年国开行 A

4. 黄金 ETF

（1）518880.OF 华安黄金 ETF

（2）159937.OF 博时黄金 ETF

（3）159934.OF 易方达黄金 ETF

5. 大宗商品 ETF

（1）515220.OF 国泰中证煤炭 ETF

（2）161217.OF 国投瑞银中证上游

（3）165520.OF 中信保诚中证 800 有色 A

最后总结一下本节的主要内容。

本节有两个核心问题：我们为何投资？又该如何投资？这两个核心问题揭示了投资的根本目的在于实现财富的长期、稳定、安全增值。若要达成这一目标，关键在于掌握分散投资原则。

全天候投资组合的启示

针对如何投资的问题，本节探讨了全天候投资组合。这一组合是由桥水基金创始人雷伊・达里奥提出的资产配置策略。全天候投资组合的资产分配如下。

- 美国大盘股：18%
- 美国小盘股：3%

- 其他发达国家股票：6%
- 新兴市场国家股票：3%
- 十年期美国债券：15%
- 三十年期美国债券：40%
- 黄金：7.5%
- 大宗商品：7.5%

历史数据显示，全天候投资组合在过去十年的平均年化复合回报率为 5.82%。

本土化的投资组合调整

结合中国市场的特点，我们提出了中国版的全天候投资组合，其配置如下。

- 沪深300指数：20%
- 创业板指数：10%
- 债券：55%
- 黄金：7.5%
- 大宗商品：7.5%

借助投资回测模拟，结果显示，这一组合在过去十年的年化复合回报率为 4.8%。从长期来看，中美全天候投资组合业绩存在明显差异，其原因可归结为三个关键因素。

（1）市场成熟度。美国资本市场历史悠久，市场效率更高；中国 A 股出现的时间较短，市场有效性并不是特别突出。

（2）市场开放性。美国市场的开放性和先进性吸引了全球资本。

（3）货币影响力。美元是全球货币，美联储的政策对世界金融市场具有深远影响；相比之下，人民币的国际影响力仍有待提升。

为了便于投资者操作，本节列举了当前市场上各类资产的具体 ETF 产品，包括沪深 300 ETF、创业板指 ETF、利率债 ETF、黄金 ETF 和大宗商品 ETF 等。

分享两个投资小贴士。

（1）个性化资产配置。根据个人的风险承受能力和投资偏好，可以适当调整资产配置比例，但股票类资产的总比例最好不要超过债券类资产的总比例。

（2）定期再平衡。市场变动会导致资产配置比例失衡，建议每年进行一次资产再平衡，以维持原定的配置比例。请勿频繁交易，以避免不必要的交易成本。

在接下来的章节中，我们将深入探讨如何投资利率债 ETF、黄金 ETF 和大宗商品 ETF 等，力求为读者提供更为详尽的指导。

第2节 债券，普通人应该配置的投资品

投资的世界远比我们想象中的要宽广。许多人认为投资就是买股票、基金等理财产品，但这其实是一种狭隘的看法。就像烹饪一样，优秀的厨师会运用各种烹饪技巧，如炒、炸、烤、煎等，以追求菜肴的色香味俱全。如果我们只坚持使用清蒸一种方法，那么这桌菜肴可能就无法满足食客挑剔的口味。

同样，如果我们的投资视野仅限于股票和基金，那么我们就无法构建一个专业且合理的投资组合，也难以实现长期、稳定、安全的盈利目标。深入研究投资大师达里奥的全天候投资组合后，我们发现债券在其中占据了相当大的比例。今天，我们就来深入探讨一下这个常被个人投资者忽视，但非常重要的投资工具——债券。

一、什么是债券?

债券究竟是什么？简单来说，债券是政府或企业需要资金时，向社会公众发行的一种债务凭证。当你购买债券时，相当于向发行人借出了一笔资金，而发行人承诺在债券到期时还本付息——关键是，这一承诺受到法律保护。双方法律层面的契约，就是债券。因此，债券这种收益相对固定

的投资产品，也被称为固定收益证券。

那么，为什么说投资债券对普通人来说非常重要呢？

因为投资债券更安全。

历史数据表明，债券价格的波动性相对较小，这为投资者提供了一种相对稳健的投资选择。为了更直观地展示这一点，我们可以查看过去十年的数据。

在图 2-2 中，我们选取了中债三大指数——中证全债指数、中证国债指数和中证企业债指数，以及股票市场的主要指数，如上证综指、沪深 300 和中证 500。通过这些指数的走势对比，可以清晰地看到，在相同时间段内，债券指数的波动幅度明显小于股票指数。

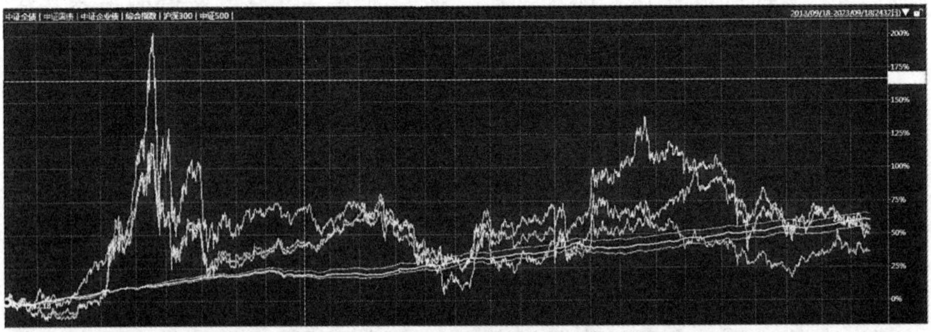

图 2-2　过去十年，中债三大指数与各个宽基指数走势对比

中证全债指数是一个综合性的指标，它涵盖了银行间债券市场和沪深两市债券市场中的国债、金融债和企业债。这一指数全面反映了中国债券市场的总体表现。中证国债指数专注于展示中国金融市场上主流的利率债走势，是代表了国家信用的债券产品。中证企业债指数集中体现了市场上主流信用债券的表现，为我们提供了直观的企业信用状况。

通过对比分析，我们发现截至 2023 年 9 月 18 日，三大债券指数均呈现稳定上升的趋势。与此同时，中国股市的三大主要指数——上证综指、沪深300和中证500——虽然经历了多次波动，但整体的最终回报却未能超越债券指数的表现。这一现象表明，在长期投资的视角下，相较于股指投资，债券投资不仅在结果上，而且在投资过程中，都展现出了其显著的优势。

从长期投资来看，债市相对于股市展现出更高的投资效率，这主要得益于两个因素。

（1）稳定的央行利率政策。作为影响债市稳定性的关键因素，央行的利率政策本身具有很高的稳定性。这为市场提供了一个可预测的投资环境，使投资者能够基于较为明确的预期做出投资决策。

（2）较低的债券违约风险。债券违约风险指的是债务人未能履行承诺，可能不支付利息或本金的情况。虽然准确评估债务人的信用状况具有一定的复杂性，但如果投资者选择的是一篮子债券，例如，投资债券ETF，那么在没有大规模违约事件发生的前提下，整体投资收益将保持稳定。

二、债券投资的特点

以2019年为例，这是中国金融市场债券违约较为严重的一年，违约规模超过1200亿元。但投资者不必对“千亿违约”感到恐慌。因为在同一年，中国债券市场的总规模达到了惊人的97万亿元，其中信用债市场就有33万亿元。假设所有的违约事件都发生在信用债市场，也就是公司债市场，那么1200亿元的违约规模也仅占整体信用债市场的千分之一左右。因此，哪怕你投资的是中证企业债ETF，所谓的“大规模违约”对那一年的投资回报率也不会产生显著影响。

另外，债券和股票在投资组合中能相互平衡。

如果我们将整体的投资组合比作一辆高性能跑车，那么股票投资就好比跑车的引擎，主要负责提供动力和加速；而债券则相当于车辆的配重，虽然在一定程度上限制了速度，但它的存在确保了车辆在高速行驶中具有稳定性和安全性。

股市的表现往往与宏观经济状况紧密相关，当经济前景不明朗或市场动荡时，股市可能会持续下跌或波动加剧。这时，债券市场往往能够呈现出繁荣的景象。这其中的逻辑十分清晰：资本总是在寻求投资机会。在一个不确定性较高的市场环境中，那些被认为更安全、更稳健的投资选择自然会吸引更多的资金流入。

因此，债券在投资组合中扮演着重要的角色，它不仅提供了一种风险较低的投资途径，还在市场波动时为投资者提供了一种保护机制。通过将债券纳入投资组合，投资者可以在追求利润增长的同时，确保资产的稳定性和安全性。

2018 年，中国经济面临双重挑战，整体表现并不尽如人意。作为经济状况的直观反映，股市的表现尤为惨淡。以上证指数为例，全年跌幅约 25%，而中证 500、中证 1000 等代表中小市值股票的指数跌幅更是惨重。

然而，就在这样的市场环境下，中证全债指数却逆市上扬，全年涨幅达到了 8.2%。这一现象表明，在股市下跌的同时，债市却能够提供稳定的保障，两者之间的反差至少带来了 30 个百分点的超额收益（见图 2-3）。

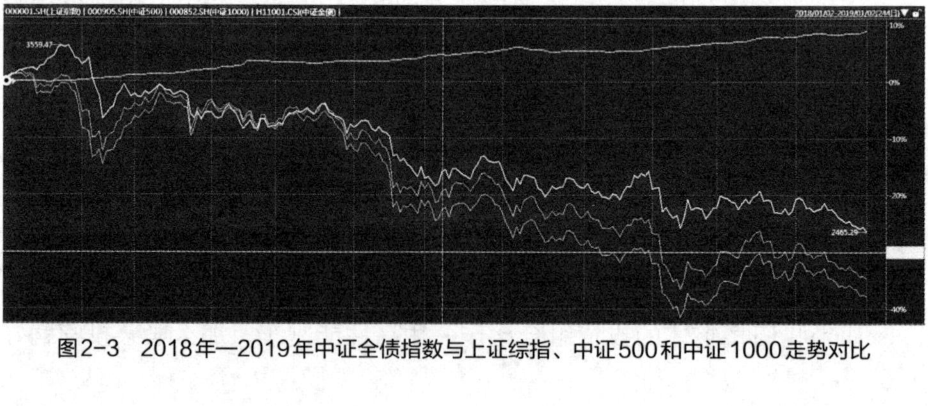

图2-3　2018年—2019年中证全债指数与上证综指、中证500和中证1000走势对比

在金融市场的历史上，2008 年和 2011 年是两个极具标志性的年份，它们分别代表了两次严重的全球性金融危机。2008 年，美国的次贷危机演变成了一场波及全球的金融海啸，对世界经济造成了巨大冲击。2011 年，欧洲债务危机的爆发进一步加速了全球经济的衰退。

然而，正是在这样的时期，中国债市展现出了其独特的价值。在这两个年份中，中国债市不仅保持了相对稳定，而且实现了显著的超额回报——年超额收益在 30% ～ 60%。这一表现无疑为投资者提供了一个宝贵的“安全带”，在股市大幅波动和不确定性增加的背景下，债市的稳健表现成为资产保值和增值的重要保障（见图 2-4）。

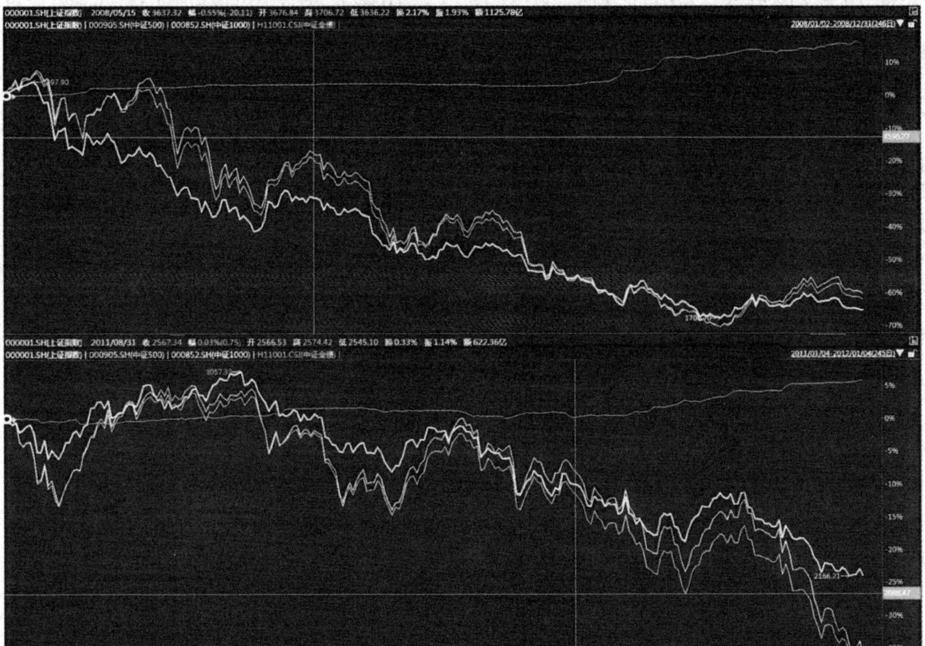

图2-4　2008年和2011年中证全债指数与上证综指、中证500和中证1000走势对比

三、如何投资债券？

现在我们知道了，投资债券是一种相对稳健的投资方式。但普通人应该如何选择合适的债券产品呢？市场上的债券主要分为两大类：利率债和信用债。

（1）利率债。这类债券由政府发行或由政府信用担保，包括国债、央行票据、政策性金融债等。在中国，由于有政府背书，利率债在二级市场上的价格主要受到央行利率波动的影响，信用违约风险几乎可以忽略不计。

（2）信用债。与利率债不同，信用债是由企业发行的债券，尤其是指民营企业发行的公司债。由于公司存在破产风险，所以信用债的价格不仅会受到央行利率变动的影响，还有发行公司破产导致的投资损失风险。为了帮助投资者更好地评估信用债的风险，专业的第三方机构会为企业的债券提供信用评级服务。评级较高的债券，如 AAA 级、AA 级，理论上违约概率较低；评级较低的债券，如BBB级、BB级、B级，违约风险相对较高。通常 C 级债券被称为“垃圾债”。

我不推荐大家购买 A 级以下的债券，因为这些债券的违约风险较高，可能会带来较大的损失。说完债券的分类和评级，我们再看一下债券购买的渠道。普通人购买债券，可通过以下渠道。

直接购买。中国的债券市场主要由三个部分组成。

（1）银行间债券市场。这是规模最大、流动性最好的债券市场。不过，它的交易主要限于机构投资者之间。

（2）交易所债券市场。这个市场设在上海证券交易所和深圳证券交易所，其既对机构投资者开放，也对个人投资者开放。交易方式与股票类似，投资者可以通过交易软件输入债券代码、买入价格和数量进行交易。

（3）商业银行柜台市场。这是为个人投资者提供的债券交易渠道，可以直接在商业银行购买和交易债券。

在交易所债券市场中，普通投资者可以交易的债券类型如下。

（1）国债。由中央政府发行，具有最高的信用等级。

（2）地方政府债券。由地方政府发行，用于资助地方项目和基础设施建设。

（3）政策性银行金融债券。由政策性银行发行，用于支持国家的重大政策和项目。

（4）公司可转债。公司发行的特殊债券，投资者在一定条件下可将其转换为公司股票。

（5）公司债券。由企业发行的债券，用于筹集资金进行生产经营活动。

这里要特别说明的是，个人投资者在买卖公司债务时，其实面临着一些限制。

（1）信用评级限制。为了保护个人投资者的利益，交易所通常只允许个人投资者交易评级达到 AAA 级的公司债券。这种评级反映了债券的高安全等级，但同时也意味着其收益率相对较低。因为在债券市场中，安全性与收益率往往成反比关系。风险越高的债券（如垃圾债）可能提供更高的利息，而安全的信用债的长期收益与国债相差无几。

（2）发行公司的限制。只有当发债公司愿意向公众开放时，个人投资者才能在交易所购买其债券。实际上，很少有公司愿意向所有投资者开放债券发行，因为散户持有比例过高可能会影响债券在二级市场中的价格稳定性。因此，许多优质公司更倾向于仅向合格投资者发行债券。

那么，什么是合格投资者呢？合格投资者须具备以下投资条件。

（1）需要拥有至少 500 万元的金融资产，并能保持 20 个交易日。

（2）必须向交易所提供最近 3 年的每年至少 50 万元的收入证明。

（3）需要有至少 2 年的投资经验。

即便满足了上述条件，合格投资者也只能购买非公开发行的 AAA 级公司债。对于安全等级较低的债券，合格投资者同样无法进行交易。

这些限制条件意味着个人投资者在债券市场中的选择相对有限，特别是对于风险偏好相对较高、寻求相对较高收益的投资者来说，他们可能只能被迫投资评级较高、风险较低的债券产品。因此，个人投资者在进入债券市场之前，应充分了解相关规则和要求，并根据自身的投资目标和风险承受能力做出合适的投资决策。

在聊完普通人在交易所怎么买卖债券之后，让我们再来聊聊商业银行柜台的债券市场——这是一种深受许多普通投资者，特别是中老年朋友喜爱的传统债券投资渠道。在银行柜台，投资者可以购买不同类型的国债产品。

（1）凭证式国债。这是一种传统的国债形式，投资者持有纸质凭证。这种国债不可在二级市场交易流通，因此一旦购买，投资者需要持有至到期才能获得本金和利息。

（2）记账式国债。与凭证式国债不同，记账式国债通过电子记账方式管理，可以方便地在二级市场上买卖，为投资者提供更高的流动性。

（3）电子式储蓄国债。这是通过电子方式发行和记录的国债，通常具有较低的起购金额，适合普通投资者购买。与凭证式国债类似，电子式储蓄国债也不在二级市场流通，因此投资者需要持有至到期。

对于希望获得稳定收益且不打算频繁交易的投资者来说，通过银行柜台购买国债，是一种相对简单直接的投资方式。需要注意的是，除了记账式国债，其他类型的国债在购买后不能在二级市场上转手，投资者需要等到国债到期才能兑现。

因此，投资者在选择国债产品时，应根据自己的资金需求和投资计划，考虑是否需要国债的流动性。对于那些寻求长期稳定收益且不急于短期变现的投资者，银行柜台市场的国债产品是一个不错的选择。

可见对于普通投资者而言，直接购买债券可能并不是最佳选择。相比之下，购买债券基金是一个更适合普通人的方式。我们可以将债券基金视为一篮子债券的组合，它为个人投资者带来以下三大优势。

优势一：拓宽投资选择

普通投资者在直接购买债券时，其可选择的范围相对有限。很多性价比较高的债券，个人投资者无法直接参与交易；而通过购买债券基金，投资者可以轻松覆盖某一细分市场的所有优质债券。

优势二：分散风险

个人投资者如果大量购买单一公司的债券，将面临较高的风险，尤其是近年来公司债违约率有所上升。例如，2018 年有 53 家公司发行的 125 只债券违约，总规模高达 1209 亿元，创下历史新高。这个违约总额是 2017 年的 4 倍左右。2019 年，违约债券数量和规模也居高不下。债券基金由专业基金经理管理，能够有效分散单一债券的风险，使投资者的资金更安全。

优势三：投资成本低

债券基金分为主动型基金和被动型基金（如 ETF）。主动型基金依赖基金经理的主动管理，而被动型基金则跟踪市场指数，管理费用更低。主动型基金的管理费率为 0.3% ～ 0.8%，而债券 ETF 的管理费率为 0.15% ～ 0.3%。考虑到债券基金的年均收益率通常在 4% 左右，管理费用的差异可能占据相当一部分收益。长期来看，主动型基金和被动型基金的收益率相差无几，但后者的成本优势使其成为性价比更高的选择。

四、适合投资者关注的具体债券ETF

看到这里，大家估计都想问：到底哪些优秀的债券 ETF 好呢？截至 2023 年 9 月 18 日，市场上共有 5706 只债券基金。为了筛选出优秀的债券基金，我们可以遵循以下三条筛选原则。

（1）选择被动型基金。被动型基金，如债券 ETF，通常跟踪特定的债券指数，管理费用较低，且能有效复制市场表现。

（2）基金成立时间。选择成立时间超过 3 年的基金，这样的基金有更长时间的业绩记录，有助于评估其长期表现。

（3）基金规模。选择规模在 100 亿元以上的基金，较大规模的基金通常有更好的流动性，且能够分散投资于更多债券，降低风险。

根据这些原则，最终有十只债券 ETF 脱颖而出，如表 2-1 所示。

表2-1　通过三条筛选原则选出的十只债券ETF

基金代码	基金名称	总收益率（%）	年化收益率（%）（成立至今）	最大回撤	规模（亿元）	成立年限
511360.OF	海富通中证短融ETF	7.96	2.47	−0.1525	193.87	3.137
009703.OF	鹏华中债1−3年农发行C	9.80	3.06	−0.7401	143.74	3.0986
007147.OF	博时中债1−3年国开行A	13.77	2.96	−2.3958	142.84	4.4219
007010.OF	国寿安保1−3年国开债A	14.97	3.11	−1.8997	132.93	4.5507
006491.OF	南方1−3年国开债A	16.12	3.11	−1.9133	120.45	4.874
009560.OF	上银中债1−3年国开债	10.01	2.95	−0.74	116.87	3.2822
007026.OF	建信中债1−3年国开行A	15.52	3.26	−2.0768	110.52	4.4986
001021.OF	华夏亚债中国A	59.86	3.88	−6.1205	108.99	12.337
005623.OF	广发中债1−3年农发债A	20.49	3.50	−1.7683	104.19	5.4164
007485.OF	博时中债3−5年国开行A	15.62	3.53	−4.5415	100.97	4.1808

让我们来总结一下本节的核心内容。

首先，我们认识到了投资债券对普通人的重要性，主要基于两个原因。

第一，安全性。投资债券相对安全，风险较低。

第二，对冲互补。债券与股票之间存在对冲关系，有助于平衡投资组合。

其次，普通人投资债券通常有两种方式。

第一，直接购买，可以通过以下三个市场直接交易债券。

（1）银行间债券市场。

（2）交易所债券市场。

（3）商业银行柜台市场。

第二，投资债券基金，这是最适合普通人投资债券的方式，其具有以下三大优势。

（1）拓宽投资选择：能够接触更多优秀债券。

（2）分散风险：投资的债券组合风险足够分散。

（3）投资成本低：尤其是投资债券 ETF，成本更低。

最后，根据特定的筛选原则，我们为投资者整理了十只债券 ETF 作为参考。这些 ETF 均满足以下条件。

- 皆为被动型基金。
- 成立时间超过 3 年。
- 规模达到 100 亿元以上。

以下是筛选出的十只债券 ETF。

1. 511360.OF 海富通中证短融 ETF
2. 009703.OF 鹏华中债 1-3 年农发行 C
3. 007147.OF 博时中债 1-3 年国开行 A
4. 007010.OF 国寿安保 1-3 年国开债 A
5. 006491.OF 南方 1-3 年国开债 A

6. 009560.OF 上银中债 1-3 年国开债

7. 007026.OF 建信中债 1-3 年国开行 A

8. 001021.OF 华夏亚债中国 A

9. 005623.OF 广发中债 1-3 年农发债 A

10. 007485.OF 博时中债 3-5 年国开行 A

这些债券 ETF 覆盖了不同期限和信用等级的债券，为投资者提供了多样化的选择。在选择债券 ETF 时，投资者应考虑自己的风险承受能力、投资目标及市场情况，做出明智的投资决策。同时，建议定期审视和调整投资组合，确保其符合自己的投资策略。

第3节
基金，真是好的投资标的吗（上）
——鸡肋一般的主动基金

“让专业的人，做专业的事”这一理念在许多领域得到了广泛认同。在投资领域，许多人认为，通过支付一定的费用，将资金交给金融专业人士来管理，是个人投资的一种理性选择。但实际情况是否总是如此呢？

基金可以根据投资对象的不同进行分类，包括股票基金、债券基金、货币基金、期货基金、期权基金、认股权证基金等。根据募集方式，基金还可以分为公募基金和私募基金。本节不打算深入探讨期货基金、期权基金、认股权证基金和私募基金，因为普通投资者很少接触这些产品。而货币基金，如我们日常使用的微信零钱通和支付宝余额宝，本质上与银行活期存款相似，因此在此不做详细讨论。债券基金在之前的章节中已有详细分析，故本处不再赘述。因此，本节讨论的基金主要指的是主动管理型股票公募基金（以下简称“主动基金”）。

一、主动基金

什么是主动基金？简单来说，就是你支付管理费用，委托基金经理，利用他们的专业知识在金融市场上进行投资，目标是获取收益。基金经理的投资选择虽然主要是股票，但他们可能还会适当配置债券、银行逆回购等其他资产，以保持投资组合的稳定性。这类基金通常被称为“偏股混合型基金”“灵活配置型基金”。但如果股票在投资组合中的比重较高，并且是主要的增长动力，那么这只基金依然可以被归为主动基金。

需要明确的是，这类基金的盈亏由投资者自己承担，基金经理主要赚取的是管理费。大多数人认为，基金经理需要付出大量的努力，帮助普通投资者管理资产。只要投资有较大的概率能够盈利，对于缺乏专业知识的普通人来说，“用合理的价钱，办对的事”是可以接受的。

二、主动基金的三大缺点

然而，我想告诉大家一个真相：在个人投资领域，如果想获得长期、稳定、安全且可观的投资回报，没有必要投资主动基金。这是因为主动基金存在三大缺点。

第一大缺点：基金费用较高

主动基金的费用结构相对复杂，主要分为两大类：运作费用和交易费用。

运作费用包括管理费、托管费和销售服务费。这类费用逐日计算，与你的投资金额和持有时间紧密相关。也就是说，你投资的金额越多，持有的时间越长，这部分累积的费用也就越多。

交易费用包括申购费、认购费和赎回费。这些费用通常是一次性支付的，意味着你的交易频率越高，支付的交易费用也就越多。

为了更直观地理解这些费用，我们以“嘉实价值精选”这只基金为例进行讲解。如果你选择在线申购，则需要支付 0.15% 的申购费。此外，每年还需缴纳 1.5% 的管理费和 0.25% 的托管费。当你选择赎回时，可能还需支付赎回费，这个费用是浮动的，最高可达 1.5%，最低为 0。综合来看，如果你对这些细节不够了解，投资这只基金的总费率可能高达 3.4%。

有人可能会认为，支付这些费用以换取专业人士的理财服务很合理。但事实真的如此吗？截至 2023 年 9 月 28 日，市场上存在 3 年以上的主动基金共有 1791 只。其中，年化回报率超过 10% 的基金有 479 只，占比 26.74%；年化回报率在 0% ~ 10% 之间的有 855 只，占比 47.74%；长期亏损的基金有 457 只，占比 25.52%。

这 1791 只基金的平均年化回报率为 4.63%，而代表 A 股市场的沪深 300 在过去十年的平均复合增长率为 3.63%（见图 2-5）。也就是说，这些专业人士的投资表现仅比大盘指数每年高出 1 个百分点。然而，基金公司每年收取的管理费平均费率约为 1.45%。因此，扣除各种费用后，大多数投资者的实际收益率可能还不如直接投资大盘指数。

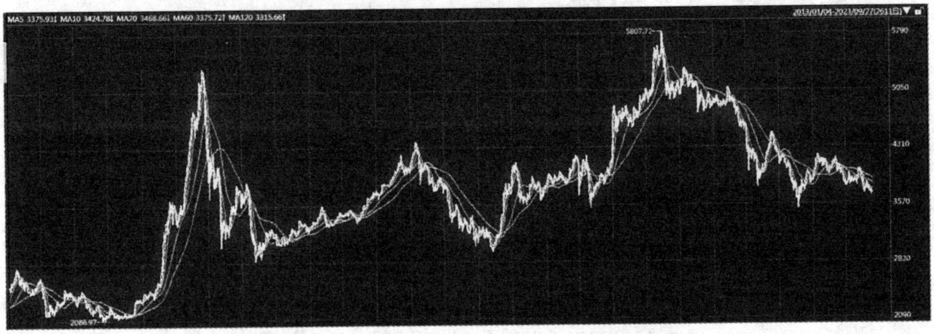

图2-5　2013年—2023年沪深300的走势

第二大缺点：难以寻找合适的基金经理

在金融市场，许多投资者都听过这样一句话：“选择基金，本质上是选择基金经理。”对于一些经验丰富的基民来说，王亚伟这个名字并不陌生——他曾被誉为“公募一哥”。在 2005 年底接管“华夏大盘精选”基金后，他所管理的基金连续八年实现年化 49.8% 的惊人复合回报率，并长期占据中国基金业绩排行榜的首位。

这是一个怎样的投资业绩呢？假设八年前，你卖掉了位于辽宁鹤岗的一套 100 平方米的房子，并将全部房款投资于王亚伟管理的这只基金。八年后，你的投资收益将足够你在北京全款购买一套 200 平方米的豪华公寓。

然而，当王亚伟在 2012 年离开华夏大盘精选后，这只基金的业绩迅速从第 1 名下滑至第 49 名。接下来的一年，华夏大盘精选的排名下跌至第 62 名。这一变化清楚地表明，一位优秀的基金经理对基金的业绩有着巨大的影响。

所以在基金市场中，挑选适合自己的基金经理，对于基民而言是一项艰巨的挑战。截至 2023 年 9 月 28 日，市场上的主动基金经理共有 867 位。对于普通投资者来说，如何从众多候选人中筛选出适合自己的资产管理者是最关键的问题，这里提供四个维度的建议。

第一个维度——在管规模

这是衡量基金经理吸引资本能力的直接指标。如果基金经理长期无法为投资者带来收益，资本自然会流失。根据统计，这 867 位基金经理的平均在管规模为 39.64 亿元，中位数为 13.42 亿元。我们可以将“在管规模超过 10 亿元”作为初步筛选标准。这样筛选后，剩下 497 位基金经理。

第二个维度——资管年限

在任何领域，丰富的经验都十分珍贵。在金融市场中，长期观察基金经理的表现是评估其能力的重要方式。867 位基金经理的资管年限中位数为 5.66 年，我们可将“资管年限超过 4 年”作为第二个筛选标准。经过这一轮筛选，剩下 325 位基金经理。

第三个维度——年化回报率

选择主动基金的目的是获得超越市场平均水平的收益。沪深 300 过去十年的平均复合增长率为3.63%，考虑到每年约2%的综合基金费率，理想的年化回报率应超过5.63%。将“年化回报率超过5.63%”作为第三个筛选标准，筛选后的基金经理减少至230位。

第四个维度——年化波动率

在确保安全、稳定和成长的基础上，投资者也会追求投资过程中的舒适感。230位基金经理的年化波动率中位数为21.46%。我们可以将“年化波动率低于20%”作为筛选标准，最终筛选出以下86位基金经理。这86位基金经理的详情，大家可以查阅表2-2。

表2-2　86位基金经理详情

基金经理	基金公司	年化回报率（%）	资管年限	在管规模（亿元）	年化波动率（%）
鲍无可	景顺长城基金	16.58	9.27	195.63	14.01
曹文俊	富国基金	12.24	9.28	94.74	16.77
曾豪	博时基金	12.55	5.22	66.88	3.1
陈怡	泰康基金	6.67	6.45	40.49	18.31
代云锋	中欧基金	15.93	5.39	49.94	19.25
董福焱	嘉实基金	5.71	4.11	90.59	12.35
董梁	创金合信基金	7.74	6.12	45.59	19.14
樊勇	汇添富基金	23.17	4.68	70.26	13.47
范琨	融通基金	16.33	7.65	85.75	17.9
范妍	圆信永丰基金	14.04	7.93	182.36	16.35
付浩	易方达基金	6.51	14.84	30.87	7.58
傅友兴	广发基金	9.06	10.65	217.05	13.19
刚登峰	泉果基金	8.69	7.53	21.33	9.07
高远	长信基金	13.40	6.74	69.54	17.8
韩冬燕	诺安基金	7.60	7.91	25.62	15.9
何杰	平安基金	10.09	5.12	23.32	14.27
黄耀锋	汇添富基金	8.55	4.43	16.86	17.43
冀楠	博时基金	12.36	5.97	35.48	9.88
蒋秋洁	南方基金	6.55	8.79	53.82	18.58
蓝小康	中欧基金	9.04	6.39	77.03	18.29

续表

基金经理	基金公司	年化回报率（%）	资管年限	在管规模（亿元）	年化波动率（%）
李进	景顺长城基金	10.60	6.67	76.45	17.61
李崟	招商基金	8.18	7.66	36.48	12.74
林晓凤	光大保德信基金	6.91	4.93	10.82	17.3
刘鹏	交银施罗德基金	13.90	5.34	154.18	19.48
刘潇	华安基金	17.07	4.66	25.08	8.62
刘晓	国海富兰克林基金	5.97	6.62	76.88	18.05
刘旭	大成基金	11.56	8.18	122.74	19.34
刘钊	博时基金	8.48	5.87	13.23	9.96
柳世庆	民生加银基金	6.09	7.16	32.13	19.42
农冰立	景顺长城基金	13.07	4.57	11.94	15.97
蒲世林	富国基金	15.10	4.78	55.68	16.76
钱睿南	兴业基金	7.11	14.82	76.98	2
钱亚风云	中欧基金	8.51	7.52	39.30	5.15
乔迁	兴证全球基金	9.65	6.22	290.29	19.38
丘栋荣	中庚基金	22.61	8.40	281.03	19.49
邱杰	前海开源基金	7.60	8.72	39.07	19.1
盛丰衍	西部利得基金	7.51	6.85	114.98	19.7
苏昌景	泓德基金	8.44	7.42	12.61	18.3
孙蓓琳	银华基金	11.34	10.78	11.83	19.57
孙彬	富国基金	18.23	4.36	154.30	19.32
谭丽	嘉实基金	8.54	6.47	216.68	17.65
提云涛	中信保诚基金	7.30	7.58	22.34	17.45
田汉卿	华泰柏瑞基金	10.38	10.17	32.78	19.64
王斌	华安基金	30.32	4.92	153.99	18.39
王丹	嘉实基金	11.74	4.72	27.02	18.93
王东杰	建信基金	9.34	8.39	36.81	18.31
王克玉	泓德基金	13.43	12.82	230.53	17.44
王磊	大成基金	8.75	10.32	14.16	16.79
王鹏	宏利基金	14.05	5.90	98.98	18.62
王筱苓	工银瑞信基金	10.73	13.10	19.92	19.27
吴昊	方正富邦基金	10.35	5.26	57.75	18.43
吴剑毅	南方基金	8.33	9.17	38.87	14.15
吴培文	汇丰晋信基金	7.02	8.01	32.94	16.9

续表

基金经理	基金公司	年化回报率（%）	资管年限	在管规模（亿元）	年化波动率（%）
伍旋	鹏华基金	8.12	11.76	16.16	19.77
肖觅	嘉实基金	7.78	6.76	82.24	16.57
谢书英	兴证全球基金	8.26	8.73	38.56	14.72
徐斌	富国基金	9.80	4.12	42.56	18.29
徐晓杰	光大保德信基金	7.34	8.09	16.59	17.66
徐彦	大成基金	13.88	9.62	126.14	11.94
许文星	中欧基金	10.55	5.46	138.43	19.73
薛莉丽	淳厚基金	14.75	4.11	83.89	19.33
薛小波	泰康基金	6.43	8.04	20.25	19.83
颜伟鹏	嘉实基金	14.06	7.95	14.59	19.09
杨栋	富国基金	9.00	8.12	150.08	18.96
杨琨	诺安基金	13.42	7.18	22.53	19.96
杨鑫鑫	工银瑞信基金	11.58	10.00	84.48	13.66
杨岳斌	浦银安盛基金	6.00	11.22	15.57	15.99
于洋	天弘基金	9.33	4.12	16.63	12.97
袁玮	安信基金	8.37	7.47	18.13	19.99
张富盛	富国基金	11.79	5.28	55.45	9.78
张明	安信基金	6.25	6.41	48.40	17.19
张朋	汇添富基金	11.51	4.83	37.59	17.7
张琦	国寿安保基金	12.36	12.92	16.90	17.2
张啸伟	富国基金	5.70	8.12	56.04	15.14
张燕	农银汇理基金	7.15	6.53	59.56	14.85
张燕	中信建投证券	7.86	6.61	13.15	14.85
张宇帆	工银瑞信基金	14.95	7.59	36.88	17.62
赵枫	睿远基金	8.70	8.83	149.20	19.05
赵鹏飞	汇添富基金	6.43	7.33	36.52	18.71
赵伟	富国基金	8.30	5.95	34.83	6.02
赵诣	泉果基金	14.59	5.96	161.33	17.27
钟赟	南方基金	19.03	6.33	40.22	10.61
周杨	东证资管	8.24	4.26	25.21	18.76
朱睿	鹏华基金	7.52	4.07	73.35	10.15
邹维	圆信永丰基金	16.15	4.68	12.04	19.15
邹欣	兴证全球基金	7.02	7.75	59.55	18.66

为了进一步缩小选择范围，我们可以采用加权评分法，公式如下。

得分=在管规模 ×0.1+资管年限 ×2+年化回报率（数值）−年化波动率（数值）

权重因子之所以这么设置，主要经过了以下三重考量。

第一重考量，在管规模的权重设为 0.1，以降低单一参数对总评分的影响；

第二重考量，提高资管年限的权重，使其与在管规模的影响力相当；

第三重考量，年化回报率和年化波动率直接使用数值，年化波动率越小越好，因此采用减法。

根据个人偏好，读者朋友也可以自己调整这些权重因子。经过“大数据筛选＋加权评分”的方法，我们可以得出排名前十的基金经理（见表 2-3）。

表2-3　排名前十的基金经理

基金经理	基金公司	年化回报率（%）	资管年限	在管规模（亿元）	年化波动率（%）	加权得分
丘栋荣	中庚基金	22.61	8.40	281.03	19.49	48.023
王克玉	泓德基金	13.43	12.82	230.53	17.44	44.683
钱睿南	兴业基金	7.11	14.82	76.98	2	42.448
鲍无可	景顺长城基金	16.58	9.27	195.63	14.01	40.673
傅友兴	广发基金	9.06	10.65	217.05	13.19	38.875
王斌	华安基金	30.32	4.92	153.99	18.39	37.169
徐彦	大成基金	13.88	9.62	126.14	11.94	33.794
范妍	圆信永丰基金	14.04	7.93	182.36	16.35	31.786
乔迁	兴证全球基金	9.65	6.22	290.29	19.38	31.739
付浩	易方达基金	6.51	14.84	30.87	7.58	31.697

有人可能会问：这样不就筛选出合适的基金经理了吗？我想说的是，尽管这样的筛选方法看似理性，我们也能够得到一个看似合理的结果；然而在现实中，普通投资者可能并不具备这种收集和分析数据的能力。此

外，我们所依据的数据截至 2023 年 9 月 28 日，未来的市场充满了不确定性，谁又能保证这些基金经理绝对不会出现根本性的变化呢？这就涉及主动基金的第三大缺点。

第三大缺点：市场中存在投资陷阱

马克思在《资本论》中曾深刻指出，随着利润的增加，资本的胆量也会随之增大，甚至不惜触犯法律。这在金融领域特别适用，尤其是基金行业。在这里，我想分享两个基金投资中可能遇到的陷阱。

第一大陷阱："抬轿子"

"抬轿子"是指某些基金为了提升某只明星基金的业绩，不惜牺牲自身利益，通过高价买入该明星基金持有的股票，从而人为推高股价的行为。这种行为的背后，往往隐藏着基金公司的利益考量。因为只要明星基金带来的收入（主要是管理费）远高于其他基金的损失（即基金业绩不佳导致投资人撤资而造成的管理费损失），基金公司就有动机进行这样的操作。

2013 年，某基金经理管理的两只基金——"中邮战略新兴产业"（以下简称"中邮战略"）和"中邮核心优选"（以下简称"中邮核心"），业绩差异巨大。其中，中邮战略以 80.8% 的年化收益率成为年度冠军，而中邮核心的同期收益率却为 –3.33%。两只基金持股高度重合，不禁引发了市场的广泛质疑。

第二大陷阱："老鼠仓"

"老鼠仓"是指基金经理利用非公开信息，提前在私人账户中买入即将被自家基金建仓的股票，待基金买入后股价上涨，再卖出获利的行为。这种行为不仅损害了投资者的利益，而且严重违反了法律法规。

面对这些违法行为，人们不禁要问：监管部门为何不严厉打击？这涉及金融犯罪的"双高"问题——高收益和高成本。金融犯罪的收益极高，可能短短十几天的收入就超过基金经理数年的收入。而监管部门的调查和惩罚成本同样高昂，犯罪行为可能在极短的时间内完成，难以及时发现和制止。

因此，投资者在选择基金时，不仅要关注基金的历史业绩，更要深入了解基金经理的职业道德和合规意识，以避免陷入这些投资陷阱。同时，监管部门也应加大对金融犯罪的打击力度，提高违法成本，保护投资者的合法权益。

最后总结一下本节的主要内容。

在金融市场中，公众普遍认同“专业的人做专业的事”这一理念。因此，许多个人投资者更愿意选择由专业基金经理管理的主动基金进行理财。然而，实际上个人投资者投资这类基金的性价比并不高，主要原因可以归纳为以下三点。

第一，基金费用较高。

数据显示，扣除各种基金费用后，大多数基民的实际回报率并不如直接投资大盘指数带来的回报率高。这引出了一个问题：既然如此，为何不直接投资于大盘指数呢？

第二，难以寻找合适的基金经理。

截至 2023 年 9 月 28 日，尽管我们可以通过在管规模、资管年限、年化回报率、年化波动率等，配合加权评分方法，筛选出值得关注的十大基金经理，但普通投资者往往缺乏收集和整理数据的条件，也无法确保每位基金经理在未来的投资中始终如一。因此，在众多候选人中找到值得信赖的资产管理者，无疑极具挑战性。

第三，市场中存在投资陷阱。

我分享了两种典型的基金投资陷阱：“抬轿子”和“老鼠仓”。这些金融不当行为较隐蔽，监管部门的惩罚成本相对较高，这使此类犯罪行为难以及时发现和制止。

综合考虑以上三点，对于普通投资者而言，投资主动基金似乎并不是一个理想的选择：收益有限、挑选过程复杂，且风险重重。但这并不意味着我们应该完全放弃基金投资。在接下来的章节中，我将介绍如何通过策略性定投，在宽基指数 ETF 上获得超越主动基金的投资回报。这种方法将帮助投资者以更加科学和系统的方式参与投资，实现资产的稳健增长。

第4节 基金，真是好的投资标的吗（下）——值得重视的被动宽基指数ETF

一、长期定投标普500ETF和沪深300ETF的最终效果

上一节中，我们深入讨论了基金经理管理资金的不确定性。理财投资，最理想的方式是亲自操作，但现实生活中，许多人在家庭和事业上已经投入了大量精力，对于个人财富的打理往往感到力不从心。

股票市场对普通人来说，是否存在既可靠又安全，既省心又省力，且易于操作的投资途径呢？答案是肯定的，那就是策略性定投A股的被动宽基指数基金（下称“指数ETF”）。

投资界有一个广为流传的故事：2005年，巴菲特在给股东的信中提到，主动基金的长期回报率往往不如指数ETF。这一观点在华尔街精英中引起了巨大争议——巴菲特的直言不讳似乎挑战了许多人的职业地位。一些拥有媒体资源的资本界人士对巴菲特进行了激烈的批评。尽管当时巴菲特已经75岁，但他依然精力充沛，为了证明自己的观点，他甚至创建了一个网站，并发起了一项活动：如果有人能找到一个至少包含5只主动基金的投资组合，并且在十年后能够超越标普500ETF的表现，那么这个人就能

获得 50 万美元的奖金。

直到 2007 年，这个活动才迎来了首位挑战者——华尔街基金经理泰德・西德斯。然而，直到 2015 年——约定的 10 年期限结束时，巴菲特都未公开宣布最终结果。不过，真正的结果很可能是西德斯未能取胜——毕竟，谁愿意错过“击败股神”而一举成名的机会呢？

所谓的标普 500，可以简单理解为美国股市中 500 家最具实力和代表性的上市公司组成的指数。ETF 是 Exchange Traded Fund 的缩写，即交易型开放式指数基金。标普 500ETF 意味着投资者将资金集中交给基金经理，基金经理根据这 500 家公司在指数中的权重来分配 ETF 的资金。例如，如果某个 ETF 的规模为 100 亿美元，苹果在标普 500 指数中的权重为 7.3%，那么就会有 7.3 亿美元投资于苹果的股票。

标普 500 在过去 10 年里增长了 2.98 倍，年化成长率是 10.63%（见图 2-6）。

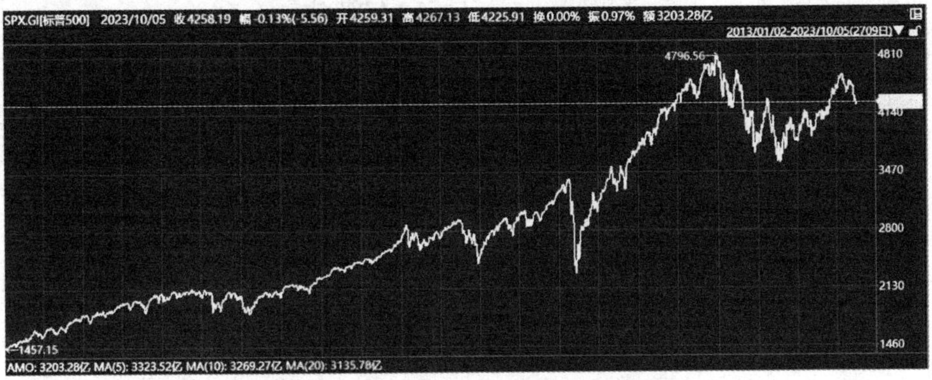

图2-6　2013年—2023年标普500走势

回顾过去，10 年前如果你拥有一笔资金，并将其全部投资于标普 500ETF，现在看来无疑是明智之举。然而对于普通人来说，这样的决策背后隐藏着很大的风险：在过去的 2709 个交易日中，其中有 32 个交易日出现了超过 3% 的极端日跌幅，占比为 1.18%（见表 2-4）。面对这样不到 1/50

的概率，你能否克服人性中的恐惧，坚定信念，相信自己的财富能够穿越风雨，最终迎来彩虹呢？

表2-4　2013年—2023年标普500单日跌幅超过3%的所有交易日情况

交易日期	开盘点位（元）	收盘价（元）	涨跌幅（%）
2015-08-21	2034.08	1970.89	-3.19
2015-08-24	1965.15	1893.21	-3.94
2016-06-24	2103.81	2037.41	-3.59
2018-02-05	2741.06	2648.94	-4.1
2018-02-08	2685.01	2581.00	-3.75
2018-10-10	2873.90	2785.68	-3.29
2018-10-24	2737.87	2656.10	-3.09
2018-12-04	2782.43	2700.06	-3.24
2020-02-24	3257.61	3225.89	-3.35
2020-02-25	3238.94	3128.21	-3.03
2020-02-27	3062.54	2978.76	-4.42
2020-03-05	3075.70	3023.94	-3.39
2020-03-09	2863.89	2746.56	-7.6
2020-03-11	2825.60	2741.38	-4.89
2020-03-12	2630.86	2480.64	-9.51
2020-03-16	2508.59	2386.13	-11.98
2020-03-18	2436.50	2398.10	-5.18
2020-03-20	2431.94	2304.92	-4.34
2020-03-27	2555.87	2541.47	-3.37
2020-04-01	2498.08	2470.50	-4.41
2020-04-21	2784.81	2736.56	-3.07
2020-06-11	3123.53	3002.10	-5.89
2020-09-03	3564.74	3455.06	-3.51
2020-10-28	3342.48	3271.03	-3.53
2022-04-29	4253.75	4131.93	-3.63
2022-05-05	4270.43	4146.87	-3.56
2022-05-09	4081.27	3991.24	-3.2
2022-05-18	4051.98	3923.68	-4.04
2022-06-13	3838.15	3749.63	-3.88
2022-06-16	3728.18	3666.77	-3.25
2022-08-26	4198.74	4057.66	-3.37
2022-09-13	4037.12	3932.69	-4.32

让我们以疫情期间美股的极端情况为例：2020 年 2 月 20 日至 3 月 23 日，原本强劲的标普 500 暴跌了 35.32%（见图 2-7）。假设你在 7 年前接受了巴菲特的观点，将一笔可观的资金投资于标普 500ETF，那么截至 2020 年 2 月 20 日，你的账户价值可能已经增长了 2.38 倍。但紧接着一个月后，这笔庞大的财富缩水超过三分之一，总回报率降至153.68%。面对不确定的未来，你将如何抉择，是选择退出还是继续持有这份资产？

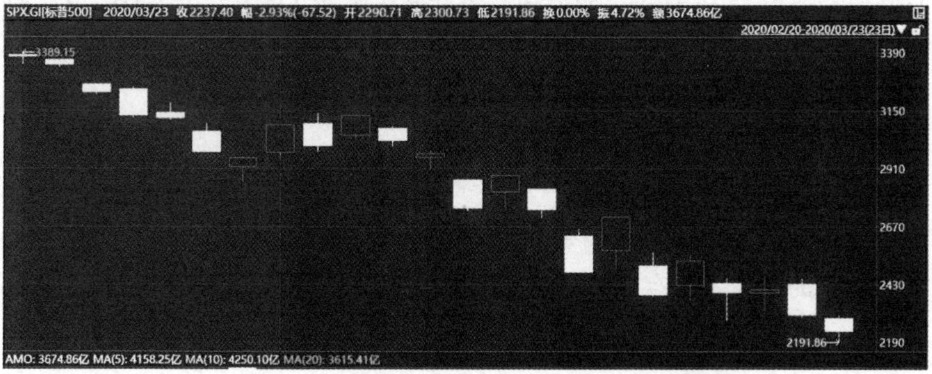

图2-7　2020年2月20日至3月23日标普500的走势情况

如果你在 2020 年 3 月 23 日，选择忍痛“割肉”，落袋为安，退出股市的话，那么在未来三年半的时间里，你很可能会错过标普 500 的翻倍增长（见图 2-8）。

图2-8　2020年3月20日至2023年10月3日标普500的走势情况

因此，相较于一次性投资，有人将定期投资标普 500ETF 誉为对普通人最友好的投资策略。这种策略的内涵是在固定周期内，以相同金额购买标普 500ETF。这样做不仅可以分散投资风险，而且从长期来看，投资者还有机会获得可观的回报。

我们可通过历史数据的回测来初步验证这种投资策略的可行性。假设这种投资策略要求每周投资 1000 元购买标普 500ETF——从 2013 年 1 月 1 日开始，到 2023 年 10 月 5 日结束，总共经历了 562 周。在这段时间里，你的总投资额为 56.2 万元，最终收益为 109.2 万元。这意味着，将近 11 年的投资回报率约 194.3%，年化回报率约为 6.33%。

尽管这种投资策略在十年的周期内可能比一次性投资少大约三分之一的收益，但它的优势在于初期投入较少，并且遵循“越跌越买”的策略。整个投资的过程不会存在过分剧烈的波动，对投资者的心理承受能力要求较低，更易于让普通人坚持下去。

有人可能会提出疑问：如果无法直接投资标普 500ETF，那么投资 A 股的沪深 300ETF 是否能达到类似的效果？沪深 300 指数与美股的标普 500 相似，基本上可以反映中国大盘股的整体表现。从 2013 年 1 月 1 日到 2023 年 10 月 5 日，沪深 300 指数的总增长率约 145.49%，年均增长率约为 3.52%。如果我们在十年间一次性投入资金，再扣除每年大约 2% 的通货膨胀率，实际到手的年回报率仅剩下 1.5 个百分点（见图 2-9）。

如果采用每周定投的策略，情况大致相同。在 551 周的投资周期内，总投资额达到 55.1 万元。经过将近 11 年的时间，投资者最终从沪深 300ETF 中获得的回报为 80.3 万元。这意味着总体回报率约为 145.7%，年化回报率约为 3.54%。

图2-9　2013年1月4日至2023年9月28日沪深300的走势情况

二、策略定投沪深300ETF及最终效果

年均 1 个多点的实际回报率确实显得有些微薄。那么，如何利用传统的定投策略，让普通投资者能够获得更高的投资回报呢？这就引出了我们在前文中讨论的一个概念——市盈率历史分位数（以下简称“市盈率分位数”）。通过将沪深 300 的平均市盈率视作该指数的估值指标，我们可以设计一个更精细化的定投策略。

1. 设定投资回测时间

将 2013 年 1 月 1 日至 2023 年 10 月 5 日作为投资回测的时间段，并以这段时间内每周五沪深 300 的市盈率作为对比样本的基础。

2. 动态调整投资额度

当沪深 300 的市盈率分位数低于 20% 时，每周投入 1000 元；一旦市盈率分位数超过 20%，则暂停投入；待 2023 年 9 月 28 日后，将所有投入的资金一次性赎回。

以 2013 年 1 月 4 日作为第一个交易日，沪深 300 的市盈率分位数为 19.45%，满足投资条件。因此，整个定投周期为 10.83 年。在这漫长的时间内，沪深 300 市盈率分位数低于 20% 的情况仅出现了 110 次，理论上你只需投入 11 万元。等到 2023 年 9 月 28 日统一赎回时，你将获得 16.57 万元的回报，投资回报率约 150.66%，年化回报率约为 3.86%。

尽管上述定投策略确实提高了投资效率，实现了在相同时间内以更少投入获得更高年化回报率的目的。但与每周无条件定投相比，这种投资策略的最终效果似乎没有本质性的差异。那么，我们能否通过进一步优化此策略，显著提升最终投资效果呢？以下是我们提出的优化策略。

1. 投资回测时间设定

将 2013 年 1 月 1 日至 2023 年 10 月 5 日作为投资回测的时间段，以这段时间内每周五沪深 300 的市盈率分位数作为对比样本的基础。

2. 分级投入策略

当沪深300市盈率分位数处于 10% ~ 20% 之间时，每周投入 1000 元；当市盈率分位数在 5% 至 10% 之间时，投入 2000 元；当市盈率分位数低于 5% 时，投入 4000 元。

3. 高位赎回机制

一旦市盈率分位数超过 80%，立即赎回之前的所有资金。

4. 考虑复利效应

在一轮“投入赎回”周期结束后，根据市场情况和个人资金状况，适当提高下一轮定投周期的每级别投入金额。

通过应用优化版定投策略，我们得到了以下投资结果：在 2015 年 3 月 20 日和 2020 年 7 月 10 日触发了两次“赎回机制”。由于 2020 年 7 月 10 日至 2023 年 10 月 5 日仅出现一次“买入机会”且未触发赎回机制，因此本次回测仅计算前两轮的“投入赎回”回报率，时间段为 2013 年 1 月 4 日至 2020 年 7 月 10 日，共 7.52 年。

（1）第一轮定投赎回

开始于2013年1月4日，结束于2015年3月20日，历时2年2个多月；买入机会共91次，分布均衡；总投入20.3万元，收回约32.48万元，投资回报率约160%，平均年化回报率约为23.7%（见表2-5）。

表2–5 2013年1月4日至2015年3月20日定投沪深300的最终结果

交易日期	市盈率TTM（%）	指数点位	分位点	投入（元）	投资回报（元）
2013/1/4	10.96	2524.41	19.45	1000	1541.972184
2013/1/11	10.78	2483.23	18.36	1000	1567.543079
2013/3/15	10.86	2539.87	18.73	1000	1532.586313
2013/3/29	10.51	2495.08	16.55	1000	1560.098273
2013/4/3	10.49	2483.55	16.36	1000	1567.341104
2013/4/12	10.4	2462.11	15.45	1000	1580.989477
2013/4/19	10.57	2533.83	16.91	1000	1536.239606
2013/4/26	10.17	2447.31	14.18	1000	1590.550441
2013/5/3	10.17	2492.91	14.36	1000	1561.45629
2013/5/10	10.33	2540.84	15.09	1000	1532.001228
2013/5/17	10.49	2592.05	16	1000	1501.734149
2013/5/24	10.47	2597.23	15.82	1000	1498.739041
2013/5/31	10.49	2606.43	16.18	1000	1493.448894
2013/6/7	10.12	2484.16	14	1000	1566.956235
2013/6/14	9.89	2416.77	13.64	1000	1610.649752
2013/6/21	9.41	2317.39	12.73	1000	1679.721583
2013/6/28	9.04	2200.64	9.09	2000	3537.670859
2013/7/5	9.19	2226.85	10.55	1000	1748.016256
2013/7/12	9.34	2275.37	12	1000	1710.74155
2013/7/19	9.08	2190.48	9.27	2000	3554.079471
2013/7/26	9.14	2224.01	9.82	2000	3500.49685
2013/8/2	9.21	2247.26	11.09	1000	1732.140473
2013/8/9	9.29	2286.01	11.64	1000	1702.779078
2013/8/16	9.36	2304.14	12.18	1000	1689.380854
2013/8/23	9.21	2286.93	10.91	1000	1702.094074
2013/8/30	9.13	2313.91	9.64	2000	3364.495594

续表

交易日期	市盈率 TTM（%）	指数点位	分位点	投入（元）	投资回报（元）
2013/9/6	9.25	2357.78	11.45	1000	1650.947077
2013/9/13	9.71	2488.9	13.45	1000	1563.972036
2013/9/18	9.51	2432.51	13.09	1000	1600.227748
2013/9/27	9.36	2394.97	12.36	1000	1625.310547
2013/9/30	9.4	2409.04	12.55	1000	1615.817919
2013/10/11	9.59	2468.51	13.27	1000	1576.890513
2013/10/18	9.44	2426.05	12.91	1000	1604.488778
2013/10/25	9.18	2368.56	10.36	1000	1643.433141
2013/11/1	9.02	2384.96	8.91	2000	3264.26439
2013/11/8	8.83	2307.95	6.73	2000	3373.183994
2013/11/15	8.93	2350.73	8.55	2000	3311.796761
2013/11/22	9.16	2397.96	10.18	1000	1623.283958
2013/11/29	9.22	2438.94	11.27	1000	1596.008922
2013/12/6	9.31	2452.29	11.82	1000	1587.320423
2013/12/13	9.1	2406.64	9.45	2000	3234.858558
2013/12/20	8.76	2278.14	5.45	2000	3417.322904
2013/12/27	8.86	2303.48	7.45	2000	3379.7298
2014/1/3	8.78	2290.78	6	2000	3398.466898
2014/1/10	8.49	2204.85	4.18	4000	7061.831871
2014/1/17	8.44	2178.49	3.27	4000	7147.280915
2014/1/24	8.59	2245.68	4.55	4000	6933.436643
2014/1/30	8.47	2202.45	3.82	4000	7069.527118
2014/2/7	8.49	2212.48	4	4000	7037.478305
2014/2/14	8.76	2295.57	5.64	2000	1695.687781
2014/2/21	8.71	2264.29	5.27	2000	1719.112834
2014/2/28	8.46	2178.97	3.45	4000	7145.706458
2014/3/7	8.38	2168.36	3.09	4000	7180.671106
2014/3/14	8.19	2122.84	1.27	4000	7334.64604
2014/3/21	8.33	2158.8	2.91	4000	7212.469891
2014/3/28	8.31	2151.97	2.55	4000	7235.361088
2014/4/4	8.33	2185.47	2.73	4000	7124.453779
2014/4/11	8.65	2270.67	5.09	2000	1714.282569
2014/4/18	8.47	2224.48	3.64	4000	6999.514493

续表

交易日期	市盈率 TTM（%）	指数点位	分位点	投入（元）	投资回报（元）
2014/4/25	8.25	2167.83	2	4000	7182.426666
2014/4/30	8.1	2158.66	0.18	4000	7212.937656
2014/5/9	8.03	2133.91	0	4000	7296.596389
2014/5/16	8.1	2145.95	0.36	4000	7255.658333
2014/5/23	8.13	2148.41	0.73	4000	7247.350366
2014/5/30	8.16	2156.46	0.91	4000	7220.296226
2014/6/6	8.12	2134.72	0.55	4000	7293.827762
2014/6/13	8.29	2176.24	2.18	4000	7154.670441
2014/6/20	8.22	2136.73	1.82	4000	7286.966533
2014/6/27	8.22	2150.26	1.45	4000	7241.115028
2014/7/4	8.3	2178.7	2.36	4000	7146.592004
2014/7/11	8.17	2148.01	1.09	4000	7248.699959
2014/7/18	8.22	2164.14	1.64	4000	7194.673173
2014/7/25	8.53	2260.45	4.36	4000	6888.132894
2014/8/1	8.79	2329.4	6.18	2000	1671.061217
2014/8/8	8.77	2331.13	5.82	2000	1669.821074
2014/8/15	8.85	2360.64	7.27	2000	1648.946896
2014/8/22	8.82	2365.36	6.55	2000	1645.656475
2014/8/29	8.59	2338.29	4.73	4000	6658.831881
2014/9/5	8.93	2449.26	8.73	2000	1589.28411
2014/9/12	8.88	2438.36	8	2000	1596.388556
2014/9/19	8.83	2425.21	6.91	2000	1605.044512
2014/9/26	8.84	2437.2	7.09	2000	1597.148367
2014/9/30	8.88	2450.99	7.82	2000	1588.162334
2014/10/10	8.91	2466.79	8.18	2000	1577.990019
2014/10/17	8.82	2441.73	6.36	2000	1594.18527
2014/10/24	8.65	2390.71	4.91	4000	6512.826733
2014/10/31	8.92	2508.32	8.36	2000	3103.726797
2014/11/7	8.87	2502.15	7.64	2000	3111.380213
2014/11/14	9.2	2581.09	10.73	1000	1508.110914
2014/11/21	9.14	2583.45	10	2000	3013.466489
2014/11/28	9.99	2808.82	13.82	1000	1385.838181
2015/3/20	13.9	3892.57	80.18	0	0

（2）第二轮定投赎回

开始于 2018 年 9 月 14 日，结束于 2020 年 7 月 10 日，历时 1.82 年；总投入 3.2 万元，收回约 4.84 万元，投资回报率约 151.16%，平均年化回报率约为 25.49%（见表 2-6）。

表2–6　2018年9月14日至2020年7月10日定投沪深300的最终结果

交易日期	市盈率TTM（%）	指数点位	分位点	投入（元）	投资回报（元）
2018/9/14	10.99	3242.09	19.82	2000	2932.139453
2018/10/12	10.89	3170.73	18.91	2000	2998.129768
2018/10/19	10.77	3134.95	18.18	2000	3032.348203
2018/10/26	10.93	3173.64	19.27	2000	2995.380699
2018/11/9	10.64	3167.44	17.64	2000	3001.243907
2018/11/16	10.84	3257.67	18.55	2000	2918.116322
2018/11/23	10.52	3143.48	16.73	2000	3024.119765
2018/11/30	10.58	3172.69	17.27	2000	2996.277607
2018/12/7	10.62	3181.56	17.45	2000	2987.924163
2018/12/14	10.58	3165.91	17.09	2000	3002.694328
2018/12/21	10.29	3029.4	14.73	2000	3138.000924
2018/12/28	10.23	3010.65	14.55	2000	3157.544052
2019/1/4	10.3	3035.87	14.91	2000	3131.313264
2019/1/11	10.44	3094.78	15.64	2000	3071.707844
2019/1/18	10.66	3168.17	17.82	2000	3000.552369
2019/1/25	10.74	3184.47	18	2000	2985.193769
2020/7/10	14.39	4753.13	87.64	0	0

综合 7.52 年的投资历程（实际参与投资时长为 4.03 年），按照优化版定投策略，总投入 20.3 万元，最终收回 34.12 万元，投资回报率约 168.06%。如果按照真实投资时长计算，年化回报率约为 13.75%。即使将整个 7.52 年视为完整定投周期，年化复合回报率也达到了 7.15%，这一效率明显高于简单每周定投沪深 300ETF，甚至高于定投标普 500ETF。

总结一下本节的内容。

在本节中，我们探讨了如何通过定投宽基指数 ETF，尤其是沪深 300ETF，实现长期、稳定且安全有效的投资。我们的目标是为普通投资者提供易于操作且高效的定投策略。通过三次尝试，我们逐步优化策略，并最终提出了更为精细的投资方案。

第一次尝试：我们采用了简单的每周定投策略，从 2013 年 1 月 1 日到 2023 年 10 月 5 日，总投入 55.1 万元，最终收回 80.3 万元，总体回报率约为 145.7%，年化回报率约为 3.54%。

第二次尝试：我们引入了基于沪深 300 市盈率分位数的买入策略，仅在市盈率分位数较低时投资，到 2023 年 10 月 5 日，总投入 11 万元，一次性赎回 16.57 万元，投资回报率约 150.66%，年化回报率约为 3.86%。

第三次尝试：进一步优化定投策略，增加了以下三个交易细节。

（1）根据市盈率分位数，设置分级投入机制；

（2）引入高位赎回机制；

（3）适当提高下一轮定投的标准金额，以利用复利效应。

通过这一策略，在 7.52 年的投资过程中（实际投资时长 4.03 年），总投入 20.3 万元，最终收回 34.12 万元，投资回报率约 168.06%，真实年化回报率约为 13.75%，年化复合回报率为 7.15%，效率显著高于前两次尝试。

最后提供两个小贴士。

小贴士一：在安全、可靠的前提条件下，选择波动性较高的指数进行策略定投，如创业板指或科创创业板 50 指数，可以提高年化回报率。根据我之前的回测实验，在相同时长下，利用创业板指 ETF 策略定投，每年至少能够比沪深 300 多出 3 个百分点的年化回报率。下面是市面上基金规模排名前五的沪深 300ETF 和创业板指 ETF。

510300.OF 华泰柏瑞沪深 300ETF

510330.OF 华夏沪深 300ETF

159919.OF 嘉实沪深 300ETF

510310.OF 易方达沪深 300ETF

515330.OF 天弘沪深 300ETF

159915.OF 易方达创业板 ETF

159977.OF 天弘创业板 ETF

159952.OF 广发创业板 ETF

159948.OF 南方创业板 ETF

159908.OF 博时创业板 ETF

小贴士二：通过分析优化版定投策略，我们发现第一轮定投赎回的 32 万元中，只有 3.2 万元参与了第二轮定投，导致大部分资金未能享受复利增长。因此，如果你的风险承受能力较高，可以考虑在第二轮定投时增加每级定投的标准金额，例如，提高至原来的两倍或三倍。这样，在第一轮留下的资金全部投入后，可以恢复到初始的保守定投节奏。

如果第二轮定投时将标准金额提高至原来的四倍，最终总投入 20.3 万元，但收回金额可达 35.75 万元，总回报率为 176.13%，年化回报率为 7.82%，真实年化回报率高达 15.08%。如果提高至原来的八倍，最终回报可达 39.03 万元，年化回报率为 9.08%，真实年化回报率高达 17.61%。有统计学基础的投资者，可以尝试进一步增加投资金额，可能会使你获得更加可观的回报。

这种策略背后的原理是市场的有效性。市场不会给投资者提供太多长期的稳定套利机会。从数据回测中可以看出，第一轮沪深 300 有 30% 的机会跌入市盈率分位数小于 5% 的时刻，但第二轮连 5% ～ 10% 的市盈率分位数都未曾出现。这是因为其他资本也在关注市场，当指数调整到合理位置时，它们会入市托底，确保估值反弹。

因此，投资者不必过分拘泥于优化型定投的具体细节，而应抓住大的投资原则，如在市场低谷时敢于加倍增持，让财富最大限度地参与股市的长期增长。制定清晰的交易规则，并坚决执行，这将有助于获得稳定且可靠的投资回报。

通过这些策略，投资者可以更好地利用市场波动，实现财富的稳健增长。同时，不断学习和实践，提高投资和风险管理能力，也是实现长期投资成功的关键。

第5节 黄金，未来五年值得关注

当探讨普通人如何通过长期投资，使自己的财富安全、稳定增长的时候，不仅要考虑债券、基金和被动指数 ETF，还应该考虑一个常被忽视但对至关重要的资产品类——黄金。黄金作为传统财富的象征，常在家族传承中扮演重要角色。然而，黄金投资的长期收益真的如我们想象中的那样丰厚吗？

让我们回顾一个历史案例。1914 年，贝润生先生，即著名设计师贝聿铭的祖父，曾用 9000 两白银购得苏州狮子林。如果这些银两没有用于购买宅子，而是囤积至今的话，它们的价值又如何呢？以 925 纯银为例，按照 2023 年 10 月 9 日的价格，1 克 925 银约为 7 元。换算下来，这堆银子大约值 196.9 万元。在现在的苏州，这点钱连一套像样的三室一厅都难以购得，就更别说意境悠扬的中式园林了。

有人可能会认为，黄金的价值远高于白银，长期囤积黄金的效果肯定更好。然而，从 1990 年到 2023 年，纽约商品交易所白银和黄金期货价格的走势变动显示，两者的价格涨幅都在 300% ~ 375% 之间，平均年化增长率为 3.39% 到 4.09%（见图 2-10）。这意味着，从投资收益的角度看，长期“囤金”和“囤银”并没有太多本质上的差别。

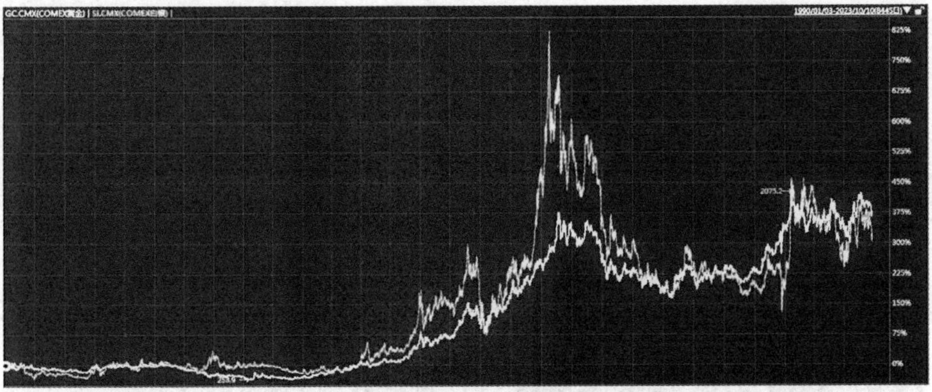

图2-10　1990 年—2023 年纽约商品交易所黄金和白银期货价格的走势对比

投资黄金 30 年的年化回报率为 4%，也和定投宽基指数 ETF 差不多。然而，这两种投资品类所具备的“收益对冲”的特点为达到“财富长期稳定、安全保值增值”这一目的，提供了不同的视角。本节将时间分为三个阶段，通过分析每个“十年”的数据，对比黄金价格与标普 500 指数的走势。

一、1990 年—2000 年：科技繁荣与黄金低迷

在这个时期，标普 500 指数实现了惊人的 400% 增长，年化增长率达到 14.87%（见图 2-11）。与此同时，黄金价格却持续下跌，十年累计下跌 30%，年均下降 3.5%，显示出与股市的负相关性。

二、2000 年—2010 年：互联网泡沫与金融危机

这个十年，标普 500 指数受到两次重大打击：互联网泡沫破灭和金融危机。该指数总成长率为 −20%，年均下跌 2.2%。与此相反，黄金的价格

在这十年中飙升400%，年化增长率约为14.87%，显示出在经济不确定性中作为避险资产的价值（见图 2-12）。

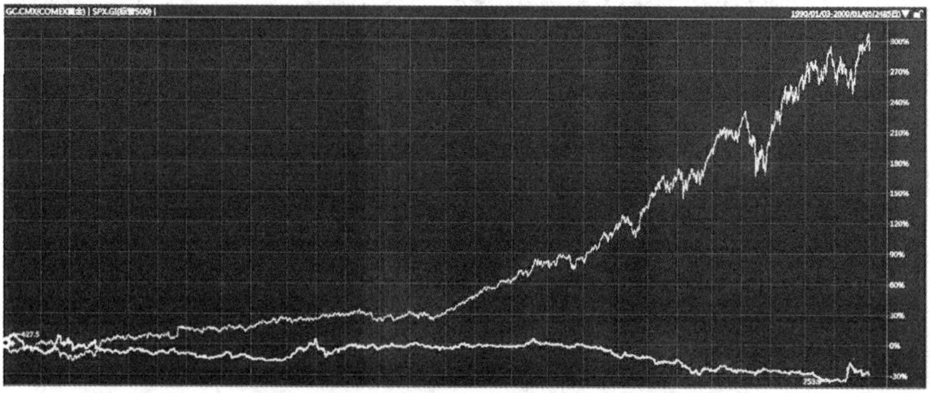

图2-11　1990年—2000年黄金价格与标普500指数的走势对比

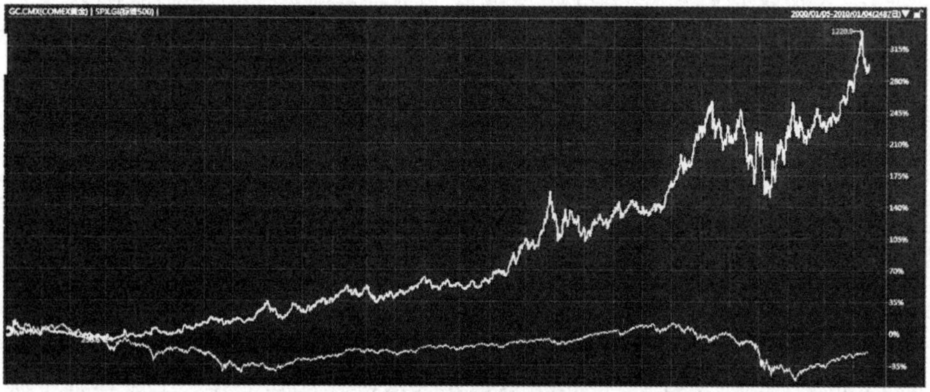

图2-12　2000年—2010年黄金价格与标普500指数的走势对比

三、2010年—2020年：经济复苏与黄金回撤

这十年间，在经济逐渐复苏的大背景之下，标普 500 指数实现了 287.47% 的总增长，年化增长率为 11.14%。黄金价格在 2010 年至 2011 年间虽有显著上涨，但随后从最高点回撤了 44.5%（见图 2-13）。

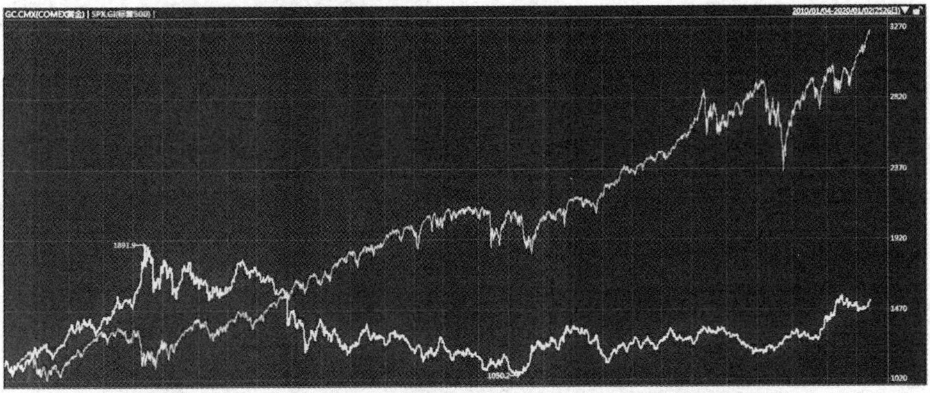

图2-13　2010年—2020年黄金价格与标普500指数的走势对比

四、2020年—2023年10月：混沌未开，形势不明

按照过去 30 年的规律，从 2020 年开始的第四个十年，理论上应该开启“金价起飞的十年”。截至 2023 年 10 月 9 日，我们追溯过去三年金价和标普 500 指数的走势，两者不分伯仲。黄金作为传统的避险资产，在经济动荡时期往往表现优异；标普 500 指数则在经济稳定增长时期展现出极强的增长潜力（见图 2-14）。因此，将黄金和宽基指数 ETF 纳入投资组合，可以有效实现风险对冲，满足对财富增长的最朴质需求。

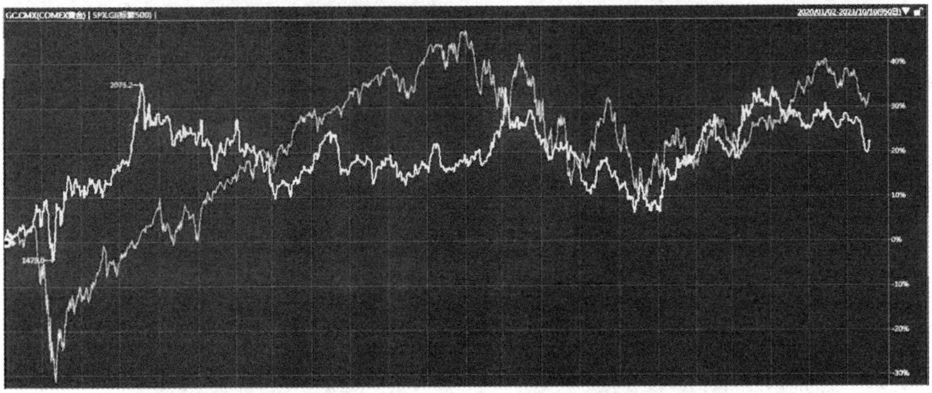

图2-14　2020年—2023年10月黄金价格与标普500指数的走势对比

五、为什么黄金具备与金融市场“收益对冲”的属性

马克思曾深刻指出：“金银天然不是货币，但货币天然是金银。”从古至今，金银一直是货币的首选，它们在人类文明中扮演了至关重要的角色。在古代不同文明之间进行贸易时，金银是被普遍认可的价值媒介。黄金的价值超越了文化和语言的界限，成为全球贸易的通用货币。

尽管黄金是财富的象征，但它本身并不创造财富。长期来看，黄金的价格增长主要用来抵消通货膨胀的影响。因此，期望通过投资黄金获得高额回报的投资者可能会感到失望。然而，黄金在经济周期中扮演着重要的避险角色。黄金的价值共识在投资者心中始终占据一席之地。在经济不稳定时期，黄金往往被视为安全的避风港，其价格与股市呈现出逆周期对冲的趋势。

因此，黄金作为一种重要的资产类别，对于构建多元化的投资组合至关重要。它不仅能够提供风险对冲保障，还能在经济不稳定时期保护投资者的资产。因此，黄金仍然是现代投资中不可或缺的一部分。

六、如何投资黄金

至此，摆在我们面前的只剩两个问题。

问题一，我们怎么买黄金？

问题二，我们什么时候买黄金？

先回答第一个问题：我们怎么买黄金？黄金投资主要存在三种渠道。

1. 实物金条

实物金条是最直接的黄金投资方式，但购买时需注意选择银行发行的金条，避免购买纪念金条或金饰。不过这些实物黄金通常包含较高的加工

费，并且流动性较差，最终只能让发行银行回收。此外，实物金条的保管成本较高，总体投资实物黄金的成本可能占投资总额的5%～10%。

2. 纸黄金

纸黄金是一种虚拟的黄金所有权交易，投资者通过“黄金账户”进行买卖。其交易成本较低，每克0.4～0.5元，相当于金价的3‰。然而，纸黄金的安全性依赖于发行银行的信用。尽管在中国，在大型银行购买纸黄金相对安全，但投资者仍需注意选择信誉良好的金融机构进行谨慎投资。

3. 黄金ETF

黄金ETF是一种追踪黄金价格波动的投资产品，适合希望通过证券市场来投资黄金的普通人。其投资成本较低，主要包括交易佣金（0.03%～0.08%）和管理费（约0.6%/年）。对于短期投资，黄金ETF的低交易成本更具吸引力；对于长期投资，可以选择没有持续费用的纸黄金会更划算一些。

投资者应根据自己的投资目标和风险偏好，谨慎地选择黄金的投资渠道。综合考虑成本和流动性，黄金ETF和纸黄金通常是更受普通投资者欢迎的选项。以下是截至2023年10月9日，市面上规模超过10亿元的黄金ETF，供投资者参考。

518880.OF 华安黄金ETF

159937.OF 博时黄金ETF

159934.OF 易方达黄金ETF

518800.OF 国泰黄金ETF

剩下最后一个问题：我们什么时候买黄金？这个问题的答案很简单：截至2023年10月，未来五年的任何时候，你拿出自己金融账户10%的仓位，都会是你配置黄金的不错机会。倒不是说五年后就不能配置黄金，而是预测五年之后的事情没有意义。之所以有这样的预判，有以下两个理由。

理由一：各国央行的外汇储备，都在执行一项长期的“去美元化”策略

据 IMF 数据，自 2015 年以来，美元在全球主要货币中的占比呈现下滑趋势。截至 2022 年第三季度，美元份额降至 59.79%，较 2015 年第四季度下降了 5.95 个百分点。这一变化背后的底层逻辑是美国综合国力不断削弱，促使各国央行采取“去美元化”的策略。随着“去美元化”成为外汇储备管理的重要方向，黄金因其具有无主权信用风险的特性，成为各国外汇多元化储备的首选。特别是对于那些不完全信任其他主权货币的国家，黄金的吸引力愈发显著。

我们依然引用 IMF 的统计数据：截至 2023 年 2 月，美国的黄金储备占其外汇储备的比例高达 67.1%。若将 IMF 本身的黄金储备也计入其中，这一比例更是高达 90.3%。其他西欧主要经济体如德国、英国、法国等，黄金占比也介于其外汇储备总量的 25% ～ 65%。相比之下，在中国、印度、沙特等发展中国家的外汇储备中，黄金占比低于 10%。

预计在未来十年内，随着发展中国家央行对于黄金配置需求的上升，国际市场上的金价自然会水涨船高，这将成为支撑黄金价格长期温和上涨的重要因素。

理由二：中短期看，美联储的“超低利率”时代一去不复返

长期来看，全球央行正逐步实施“去美元化”策略，这反映为对美元的担忧和对多元化外汇储备的追求。回顾历史，自 1954 年以来，美国联邦基金利率的变化显示“超低息”并非常态。2008 年次贷危机后，美联储采取了超低利率政策，以稳定金融市场。2015 年后，随着经济复苏，美联储开始有序加息。然而，2020 年疫情的暴发迫使美联储再次降低利率，这一政策导致了严重的通货膨胀。

超低利率环境降低了融资成本，促进了美国经济的繁荣。但长期看，这种货币政策也可能导致美元贬值和其全球地位的削弱。为维护美元的地位，美国可能在未来几年内维持中高利率政策（联邦基金利率为 4% ～ 6%）。若通胀问题持续，美联储可能不得不再次采取更高利率政策，以压制通胀。

在中高息的环境下，随着融资成本上升和美元升值，黄金价格可能会出现短期下探，为投资者提供了配置黄金的机会。美元和黄金作为两大安全资产，当资本追逐美元时，黄金价格下跌，正是投资者进入市场的良好时机。考虑到全球经济趋势和货币政策的变动，这几年依然是投资者考虑配置黄金的合适时机。建议投资者密切关注市场动态，把握黄金价格下探时的投资机会。

我们总结一下本节的主要内容。

通过分析 1990 年—2023 年金价与标普 500 指数的数据，我们认识到黄金作为一种与股市具有“收益对冲”属性的资产，在全球经济不确定性增加的时候，往往呈现出与股票市场相反的走势。

投资者可以通过以下三种主要渠道购买黄金。

（1）直接在银行柜台购买实物金条；

（2）通过银行 App 购买纸黄金；

（3）利用交易软件购买黄金 ETF。

对于希望短期交易的投资者，黄金 ETF 提供了灵活性和便捷性。而对于寻求长期稳定配置的投资者，纸黄金是一个更好的选择。

第一，长期来看，各国央行正逐步实施“去美元化”策略，增加黄金在外汇储备中的比例。

第二，中短期来看，美联储预计不会再次进入“超低利率”时代，这将增强美元价值，同时为黄金价格创造下探机会。

综合考虑全球经济趋势和货币政策，现在是投资者考虑配置黄金的时机。建议投资者密切关注市场动态，把握黄金价格下探时的投资机会，以实现资产的多元化和风险对冲。

第6节 大宗商品类ETF，投资组合中的重要策略

大宗商品类资产是围绕那些广泛交易的工业基础原材料，如原油、有色金属、钢铁、农产品、铁矿石和煤炭等所涉及的各种金融产品。这些金融产品旨在简化原材料的交易过程，涵盖了原材料的所有权、未来定价权等特性。在特定的历史时期，投资这类资产能够带来超额回报，成为投资者平衡波动的重要策略。

一、大宗商品具有很强的价值属性

理解大宗商品投资背后的逻辑，需要从价值的本质出发。在金融交易中，人们买入资产是基于对其价值的认可。价值可以体现为对未来增长的预期，如你购买苹果的股票，本质上是期待公司未来股价上涨，最终能以高价卖出予以套利；也可以是对信用的信赖，如购买国债，其行为本质上便是相信政府将按时还本付息。此外，价值还可以体现为人类的价值共识，如黄金，其成为全人类共同的价值承载物。价值也可以体现在对资源的控制上，谁能够掌握关键资源，谁就能够掌握价值。

原油、有色金属、农产品等资源对人类社会至关重要，因此控制和使用这些资源，都能够创造价值。资本天生具有追求更高价值的特性，它会

在各种价值载体之间流动。在对未来充满希望时，资本会流入股市；在寻求稳定时，资本可能会转向债市；在世界动荡不安时，资本会流向黄金这样的“人类价值共识”市场中；在通货膨胀时，维持社会运转的关键资源变得格外宝贵，资本会流向大宗商品，推动其价格上升。

二、理性投资人会择机投资大宗商品类资产

全球经济的波动如同潮汐，有其自然的周期性。在大宗商品市场中，投资者如果能够准确把握市场周期——在价格低迷时买入，在高点时卖出，便有机会获得丰厚的回报。因此，金融界将大宗商品类资产视为周期性资产。在构建全天候投资组合时，大宗商品的配置是对未来潜在风险进行对冲和平衡的重要手段。

2023 年国际形势复杂多变，资产价格波动加剧，金融市场面临较大的不确定性。在这样的背景下，众多投资者选择增持大宗商品类资产，以增强资产组合的稳定性。例如，巴菲特所管理的伯克希尔·哈撒韦公司，在 2023 年上半年便显著增持了西方石油的股份，西方石油正是典型的大宗商品类企业。

《中国证券报》报道，紫金矿业 2022 年年报显示，知名基金经理邓晓峰管理的三只基金产品——高毅晓峰 2 号致信基金、外贸信托高毅晓峰鸿远信托计划和高毅晓峰 1 号睿远证券基金，分别成为紫金矿业的第四、第五和第七大股东，合计持股超过 9.18 亿股。按照 2023 年 3 月 28 日的收盘价 12.01 元计算，这些基金的持仓市值约为 110 亿元。此外，同期高毅晓峰 2 号致信基金和外贸信托高毅晓峰鸿远信托计划也进入了云铝股份的前十大股东名单。紫金矿业和云铝股份均属于有色金属行业，是大宗商品类企业的典型代表。

三、优秀投资人投资大宗商品类资产的逻辑

因此，我们可以看到，无论国际投资巨头还是国内基金经理，都在积极调整投资策略，以应对未来市场的不确定性。很多人不免会产生这样的疑问：当前，为什么优秀的专业投资人都这么看好大宗商品类资产呢？这里和大家分享三个投资逻辑。

逻辑一：社会供需关系敏感，企业的资本开支呈周期波动

自 2016 年起，国内政策，如供给侧结构性改革和"双碳"目标的实施，对大宗商品类企业产生了深远影响。上游大宗商品企业的资本支出大幅缩减，许多企业在经历长期的低盈利甚至亏损后，其股价表现疲软。面对资本市场的冷淡，这些企业开始寻求通过提高股东回报来重获投资者的青睐。然而分红需要依赖盈利，因此企业在"节流"策略的指导下，对于扩大再生产的意愿明显降低。

资本开支的变化直接影响大宗商品的市场供给，进而对资产价格产生影响。以煤炭行业为例，过去十年中国原煤产量的总涨幅仅为 125%，年均增幅 2.25%，这一增速远低于同期 7.6% 的年均 GDP 增长和 5.89% 的年均用电量增长（见图 2-15）。

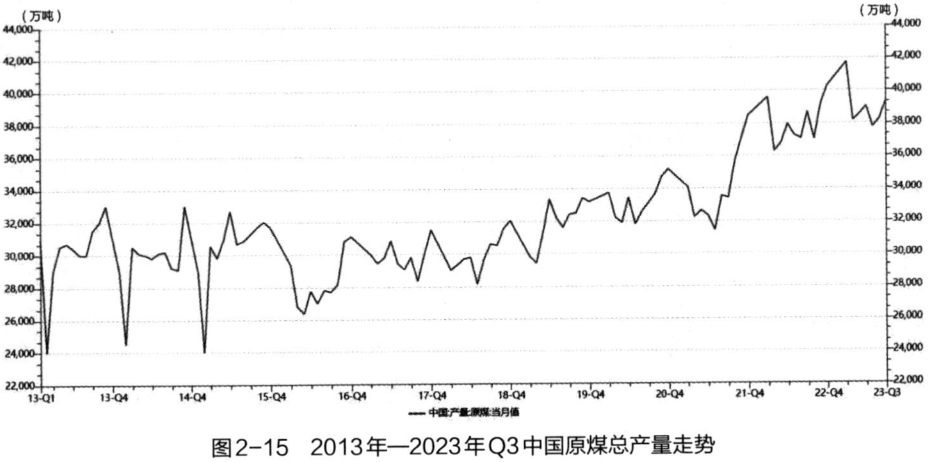

图2-15　2013年—2023年Q3中国原煤总产量走势

尽管原煤产量长期保持温和增长，但煤炭行业的资本开支在2013年—2022年间却呈现明显的波动（见图2-16）。近两年，尽管煤炭板块的投资扩产有所回升，但整体规模依然处于较低水平。在这种背景下，投资者有机会精准把握“低买高卖”的时机，从而获得相对确定的高收益。

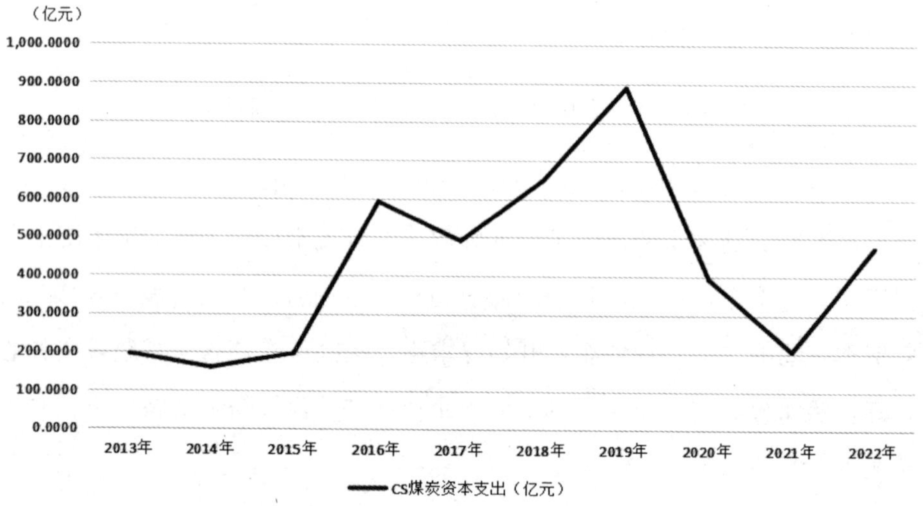

图2-16　2013年—2022年煤炭行业资本支出

综上所述，大宗商品类企业的资本开支波动，与社会供需状况紧密相关，为投资者提供了捕捉市场波动，并实现超额收益的机遇。在政策导向和市场规律的双重作用下，大宗商品类资产的投资价值愈发凸显，成为资本市场不可忽视的重要力量。

逻辑二：大宗商品行业的相关指标易成为投资指引

大宗商品类企业的核心利润源于其经营的资源，因此掌握资源的多少成为衡量企业优劣的关键。在评估这类企业时，市净率和净资产收益率等与净资产相关的指标，成为重要的估值和评价标准。

原油、有色金属、煤炭、钢铁等资源型行业处于生产制造的上游，以中信上游指数为例，可以观察到这类企业的市场表现。截至 2023 年 10 月 18 日，中信上游指数的市净率估值为 1.41 倍，低于过去十年 1.45 倍的中位数。市净率分位数为 40.61%，表明在过去十年中，有 60% 的时间该指数的估值高于当前水平，暗示当前可能是一个相对便宜的投资时机（见图 2-17）。

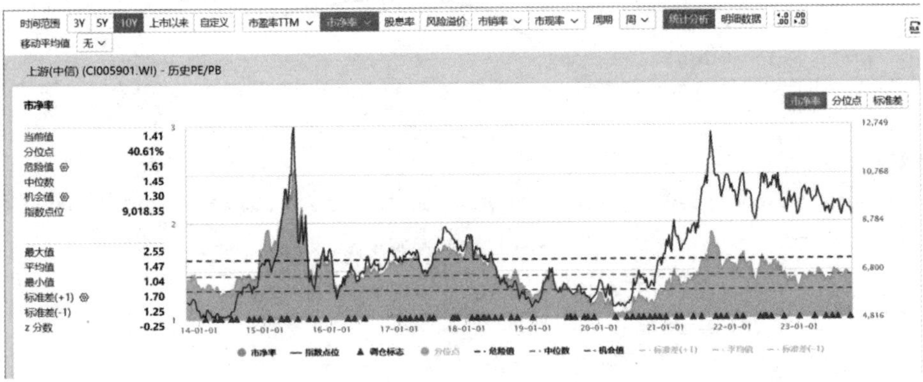

图 2-17　中信上游指数过去 10 年市净率走势

净资产收益率是衡量企业利用自有资产盈利的重要财务指标。过去十年，中信上游指数的净资产收益率曾一度降至 2% 左右（见图 2-18）。然而，疫情暴发后，随着各国央行实施货币宽松政策，大宗商品类企业迎来了获利丰厚的时期。到 2022 年末，中信上游指数的净资产收益率达到了十年新高，为 15.24%。尽管 2023 年美联储为抑制国内通胀采取了快速加息措施，但全球通胀趋势并未完全逆转。

截至 2023 年 10 月，通过市净率和市盈率这两个指标，我们可以看到大宗商品类资产的估值处于历史相对低位，而净资产收益能力却处于相对高位。疫情下各国央行的量化宽松政策导致通胀加剧，进而推高了大宗商品价格。在这样的特殊时期，低估值、高收益的投资标的自然会受到专业的投资者的青睐。

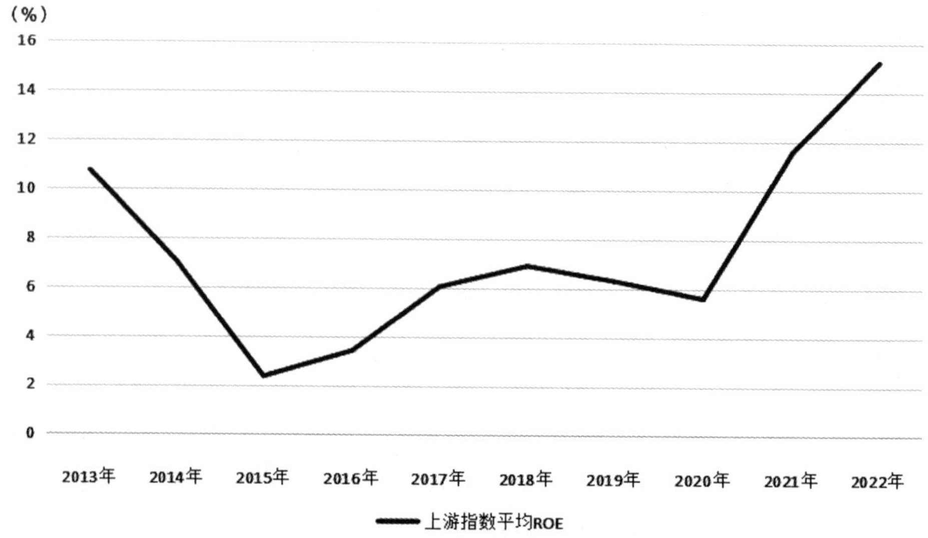

图2-18　中信上游指数过去10年净资产收益率走势

逻辑三：持有大宗商品类资产能获得稳定分红

在许多普通人的观念里，投资似乎总是与通过差价来获利联系在一起，而往往忽视了分红这一稳定的收益来源。大宗商品类资产，尤其是煤炭、石油石化、钢铁和有色金属等行业，以其较高的股息率而闻名。

让我们看看2023年10月18日的行业股息率排行榜。在过去12个月里，30个中信一级行业中煤炭行业以8.49%的分红率位居榜首，成为股息率最高的行业。石油石化行业以4.46%的股息率位列第三。钢铁和有色金属行业分别以2.12%和1.82%的股息率，排在第11位和第15位（见表2-7）。

表2-7　2023年10月18日中信一级行业过去12个月股息率一览表

序号	证券代码	证券简称	股息率（%）
1	CI005002.WI	煤炭（中信）	8.4932
2	CI005021.WI	银行（中信）	5.7704
3	CI005001.WI	石油石化（中信）	4.4557

续表

序号	证券代码	证券简称	股息率（%）
4	CI00S024.WI	交通运输（中信）	3.5473
5	CI005016.WI	家电（中信）	3.3822
6	CI005017.WI	纺织服装（中信）	2.6944
7	CI005007.WI	建筑（中信）	2.5683
8	CI005008.WI	建材（中信）	2.5411
9	CI005019.WI	食品饮料（中信）	2.4554
10	CI005004.WI	电力及公用事业（中信）	2.1602
11	CI005005.WI	钢铁（中信）	2.1247
12	CI005023.WI	房地产（中信）	2.0642
13	CI005022.WI	非银行金融（中信）	2.0256
14	CI005014.WI	商贸零售（中信）	1.9616
15	CI005003.WI	有色金属（中信）	1.8218
16	CI005026.WI	通信（中信）	1.7905
17	CI005028.WI	传媒（中信）	1.7079
18	CI005009.WI	轻工制造（中信）	1.5935
19	CI005006.WI	基础化工（中信）	1.5803
20	CI005030.WI	综合金融（中信）	1.5297
21	CI005011.WI	电力设备及新能源（中信）	1.3723
22	CI005018.WI	医药（中信）	1.2475
23	CI005020.WI	农林牧渔（中信）	1.2475
24	CI005010.WI	机械（中信）	1.2018
25	CI005013.WI	汽车（中信）	1.1792
26	CI005027.WI	计算机（中信）	0.7441
27	CI005025.WI	电子（中信）	0.6839
28	CI005015.WI	消费者服务（中信）	0.6637
29	CI005012.WI	国防军工（中信）	0.6110
30	CI005029.WI	综合（中信）	0.3532

这样的分红表现，为投资者提供了一种额外的收益保障。如果投资者能够准确把握市场周期，在大宗商品价格低点买入，在高点卖出，大概率就能获得收益。同时，由于大宗商品类资产的高分红特性，投资者还能享

受稳定的分红回报。采用这种“双管齐下”的投资策略，既能在市场波动中获得超额收益，又能在市场低迷时获得稳定的分红回报，实现收益与风险的平衡。

四、普通投资者如何投资大宗商品类资产

对于普通人来说，想要将资金投入具有周期性特征且能走出独立行情的大宗商品领域，最简单的方法是投资大宗商品类 ETF。以下是我们设置的筛选原则。

（1）时间节点。以 2023 年 10 月 18 日为基准点。

（2）投资标的。选择那些以煤炭、钢铁、有色金属、石油化工等大宗商品相关股票为投资对象的 ETF。

（3）成立时间。选择至少已成立 1 年的 ETF，以确保其有一定的市场表现和稳定性。

（4）基金规模。挑选规模至少达到 2 亿元的 ETF，以保证流动性和市场影响力。

经过初步筛选，有 37 只 ETF 满足上述条件（见表 2-8）。我根据基金规模将其进行了排序。投资这样的 ETF，不仅能够提供获得大宗商品周期性波动的超额收益机会，还能通过分散投资降低整体投资的风险，因此适合那些追求稳健增长的普通投资者。

表2-8　2023年10月18日通过初步筛选得出的37只大宗商品类ETF

基金代码	基金名称	规模（亿元）	成立年限	年化收益率（%）	最大回撤（%）
512400.OF	南方中证申万有色金属ETF	39.87	6.2219	-0.81	-49.487
515220.OF	国泰中证煤炭ETF	38.25	3.7562	25.54	-32.9728
516150.OF	嘉实中证稀土产业ETF	23.28	2.6219	-2.03	-46.3505
159870.OF	鹏华中证细分化工产业主题ETF	22.08	2.6603	-17.01	-49.7141

续表

基金代码	基金名称	规模（亿元）	成立年限	年化收益率（%）	最大回撤（%）
160221.OF	国泰国证有色金属行业A	16.36	8.5699	−1.63	−60.7493
515210.OF	国泰中证钢铁ETF	15.49	3.7507	7.14	−46.627
161724.OF	招商中证煤炭A	13.52	8.4301	3.46	−55.8233
165520.OF	中信保诚中证800有色A	12.83	10.1507	4.29	−58.9373
011036.OF	嘉实中证稀土产业ETF联接C	12.81	2.2192	−16.10	−44.2631
161032.OF	富国中证煤炭A	12.16	8.3479	3.16	−49.8732
562800.OF	嘉实中证稀有金属主题ETF	10.66	2.1014	−27.00	−49.5645
159745.OF	国泰中证全指建筑材料ETF	10.04	2.3699	−15.99	−39.8801
004433.OF	南方中证申万有色金属ETF联接C	9.86	6.1233	−0.89	−44.0791
008280.OF	国泰中证煤炭ETF联接C	9.83	3.7671	24.09	−31.7443
013275.OF	富国中证煤炭C	9.62	2.1753	10.25	−31.6536
516780.OF	华泰柏瑞中证稀土产业ETF	9.04	2.6521	−4.01	−45.7704
502023.OF	鹏华国证钢铁行业A	8.20	8.1973	0.12	−44.5552
168204.OF	国联中证煤炭A	6.42	8.3315	3.38	−47.4485
516020.OF	华宝中证细分化工产业主题ETF	5.78	2.6521	−15.92	−50.1308
004432.OF	南方中证申万有色金属ETF联接A	5.49	6.1233	−0.49	−43.8518
011035.OF	嘉实中证稀土产业ETF联接A	4.45	2.2192	−16.02	−44.2259
004857.OF	广发中证全指建筑材料C	4.28	6.2247	0.00	−40.7278
004856.OF	广发中证全指建筑材料A	4.07	6.2247	0.01	−40.4793
008190.OF	国泰中证钢铁ETF联接C	3.80	3.7562	6.74	−43.8333
012810.OF	鹏华国证钢铁行业C	3.76	2.2603	−10.52	−44.6778
510410.OF	博时自然资源ETF	3.57	11.5397	0.65	−57.5562
008279.OF	国泰中证煤炭ETF联接A	3.51	3.7671	24.45	−31.7065
159713.OF	富国中证稀土产业ETF	3.00	2.2137	−16.99	−45.8326
014111.OF	嘉实中证稀有金属主题ETF联接C	2.93	1.8904	−27.79	−47.1386
168203.OF	国联国证钢铁A	2.84	8.3479	−9.10	−68.6674
161217.OF	国投瑞银中证上游	2.42	12.263	1.52	−53.134
159715.OF	易方达中证稀土产业ETF	2.42	2.1397	−21.57	−45.3155

续表

基金代码	基金名称	规模（亿元）	成立年限	年化收益率（%）	最大回撤（%）
050024.OF	博时自然资源ETF联接	2.37	11.5397	0.50	-56.1284
159608.OF	广发中证稀有金属主题ETF	2.27	1.8521	-26.23	-48.9279
516220.OF	国泰中证细分化工产业ETF	2.15	2.6411	-14.31	-49.6583
516120.OF	富国中证细分化工产业主题ETF	2.07	2.6438	-15.53	-49.4772
159930.OF	汇添富中证能源ETF	2.00	10.1699	2.01	-65.6466

面对众多选择，普通人可能会感到困惑。为了简化筛选过程，我们可以借鉴前文中提到的基金选择加权评分公式，对这些ETF进行评分。具体来说，将原本公式中的“年化波动率”替换为“最大回撤”，以评估ETF作为对冲资产时的抗风险能力。

由于大宗商品类ETF的最大回撤通常较大，我们可以通过将最大回撤乘以0.1来调整其在评分中的权重，从而减少该参数对整体评分的影响。这样的调整有助于我们更客观地评估ETF的风险收益特征，为投资决策提供更合理的依据。最终大宗商品类ETF的加权评分公式为：

$$得分=在管规模\times 0.1+资管年限\times 2+年化回报率（数值）-最大回撤（数值）\times 0.1$$

我们再删除相同基金公司旗下同一品类的“联接A”和“联接C”ETF，因为它们和主基金仅在交易费用上存在差异。最终我把得分最高的前十名筛选出来，如表2-9所示。

表2-9　2023年10月18日筛选出的前10只大宗商品类ETF

基金代码	基金名称	规模（亿元）	成立年限	年化收益率（%）	最大回撤（%）	加权得分
515220.OF	国泰中证煤炭ETF	38.25	3.7562	25.54	-32.9728	33.58012
161217.OF	国投瑞银中证上游	2.42	12.263	1.52	-53.134	20.9746
165520.OF	中信保诚中证800有色A	12.83	10.1507	4.29	-58.9373	19.98067

续表

基金代码	基金名称	规模（亿元）	成立年限	年化收益率（%）	最大回撤（%）	加权得分
510410.OF	博时自然资源ETF	3.57	11.5397	0.65	-57.5562	18.33078
050024.OF	博时自然资源ETF联接	2.37	11.5397	0.50	-56.1284	18.20356
161724.OF	招商中证煤炭A	13.52	8.4301	3.46	-55.8233	16.08987
161032.OF	富国中证煤炭A	12.16	8.3479	3.16	-49.8732	16.08448
159930.OF	汇添富中证能源ETF	2.00	10.1699	2.01	-65.6466	15.98514
168204.OF	国联中证煤炭A	6.42	8.3315	3.38	-47.4485	15.94015
502023.OF	鹏华国证钢铁行业A	8.20	8.1973	0.12	-44.5552	12.87908

总结一下本节的主要内容。

大宗商品类资产，因其具有周期性波动的特点，常被称为周期类资产。它们在资产组合中扮演着对冲和平衡未来潜在风险的角色。2023 年，随着国际形势的快速变化和不确定性的增加，各类资产价格波动加剧，全球投资者纷纷增加对大宗商品类资产的配置。这一趋势背后潜藏着三条逻辑。

（1）供需平衡逻辑。在社会供需紧张的情况下，大宗商品企业的资本支出呈现周期性波动。

（2）投资指引逻辑。大宗商品行业的相关指标为投资者提供了清晰的投资方向。

（3）稳定分红逻辑。持有大宗商品类资产可以带来稳定的分红收益。

对于普通投资者而言，投资大宗商品类资产的最佳工具是 ETF。我们根据以下初筛原则进行筛选。

（1）时间节点。

（2）投资标的。

（3）成立时间。

（4）基金规模。

经过筛选，共有 37 只 ETF 满足条件。我们进一步通过以下加权评分公式精选出得分最高的前十只 ETF。

$$得分=在管规模\times 0.1+资管年限\times 2+年化回报率（数值）-最大回撤（数值）\times 0.1$$

在本章的最后一节中，我们将综合第二章讨论的投资框架，并结合具体的投资标的，通过真实数据的回测，展示过去十年间我们的投资策略是如何帮助投资者在波动的市场中稳健前行，实现财富增长目标的。

第7节
一场穿越10年的投资实践

作为第 2 章的总结，我们有必要向大家明确交代：在本章第 1 节中，我们提出了以桥水基金创始人达里奥的全天候投资组合为蓝本，构建的 A 股版全天候投资组合的方案：

沪深 300 指数：20%

创业板指数：10%

债券：55%

黄金：7.5%

大宗商品：7.5%

在本章的第 2 节到第 6 节中，我们逐一深入地探讨了投资原理、策略、标的，涵盖了债券、主动基金、被动宽基指数基金、黄金和大宗商品等投资品种，相信朋友们已经对这些概念有了清晰的理解。现在，我们面临着一个关键问题：这样一套看似完美的理论，它的实际效果如何？

让我们进行一项投资回测实验：假设投资者持有 100 万元，采用 A 股版全天候投资组合，从十年前开始投资；那么，经过十年的时间，投资的成果将会怎样？回测的最终结果，将为我们提供一个实践视角，来验证理论的有效性。

前文初步展示了 A 股版全天候投资组合在过去十年的投资表现：总回

报率达到了 164.4%，平均年化回报率为 4.8%。面对这样的数据，大家满意吗？是否还有提升的空间？

以沪深 300 指数为例，2013 年 1 月—2023 年 8 月的涨幅为 158%，年均复合回报率为 4.4%（见图 2-19）。对比之下，A 股版全天候投资组合在长期投资中的表现确实优于单纯投资沪深 300 指数。大家千万别小看“长期跑赢沪深 300”这个投资结果，正如我们在前文所指出的，市面上存续超过 3 年的主动基金，其年均复合回报率仅为 4.63%，且这一数字还未扣除基金管理费。这表明如果投资者从一开始就按照 A 股版全天候投资组合进行投资，十年后的成果并不会逊色于专业投资者的平均水平。

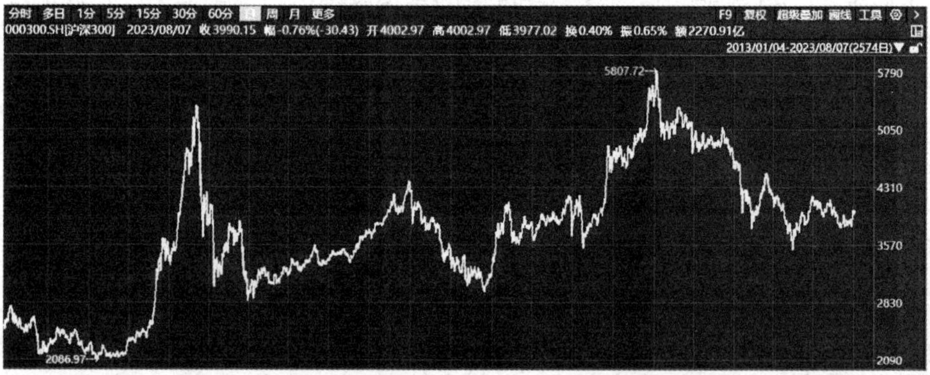

图2-19　2013年1月—2023年8月沪深300指数走势

因此，我们可以得出结论，A 股版全天候投资组合不仅合格，而且在长期投资中展现出了其优势。当然，投资领域总是充满变数，不断学习和调整策略，以适应市场的变化，是每一位投资者都需要考虑的问题。

一、十年投资回测实验各标的的选择

在审视沪深 300 指数的波动时，投资者会思考：若能在 ETF 定投中，于市场低迷时增加投资，在市场高峰时适度或完全撤资，是否能够获得更高的回报？在本章第四节中，我们已经探讨了策略性定投宽基指数的成效。现在，让我们遵循“低买高卖”的策略，开始这场跨越十年的投资实验。以下是我们的投资规则。

（1）投资时间。从 2013 年 1 月 1 日至 2023 年 1 月 1 日。

（2）选择市场上成立超过 10 年，且综合评价优异的 ETF 作为回测对象。

（3）黄金、国债和周期类资产自 2013 年 1 月 1 日起，按预定比例配置；沪深 300 指数和创业板指数则采用策略型定投法进行配置。

经过严格筛选，参与十年回测实验的投资标的如下。

1. 沪深 300 指数

博时裕富沪深 300ETF（代码：050002.OF）

该基金成立 20 年，基金规模达 45 亿元；

2. 创业板指数

易方达创业板 ETF（代码：159915.OF）

该基金成立 12 年，基金规模高达 390 亿元；

3. 债券

华夏亚债中国 ETF（代码：001021.OF）

该基金成立 12 年，基金规模为 90 亿元；

4. 黄金

华安黄金 ETF（代码：518880.OF）

该基金成立 10 年，基金规模为 120 亿元；

5. 大宗商品

国投瑞银中证上游 ETF（代码：161217.OF）

该基金成立 12 年，基金规模为 2.4 亿元。

二、十年回测实验中债券、黄金和大宗商品类资产的实验结果

我们先回测“一次性配置到位”的资产在过去十年里的投资回报率。

（1）债券。若按55%的比例，在2013年1月1日投入华夏亚债中国ETF的资金规模是55万元，2023年1月1日清仓，该部分的总回报率为145.64%，年均复合回报率为3.83%，投资十年获得80.1万元的回报（见图2-20）。

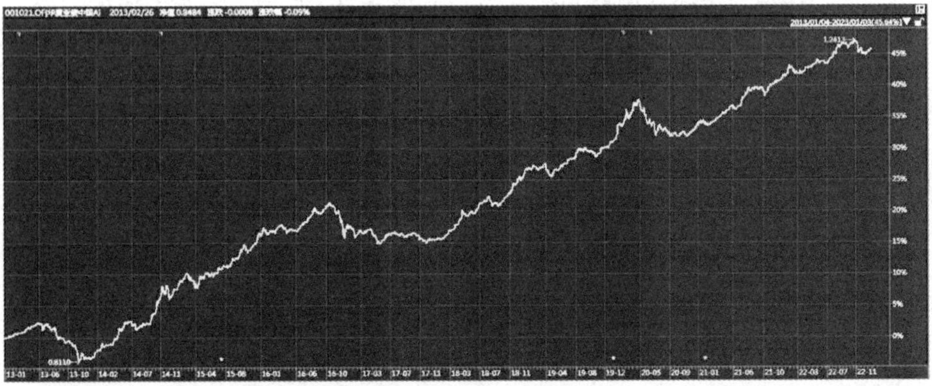

图2-20　2013年—2023年华夏亚债中国ETF的价格走势

（2）黄金。若按7.5%的比例，在2013年1月1日投入华安黄金ETF的资金规模为7.5万元，也在2023年1月1日清出，该部分的总回报率是151.25%，年均复合回报率为4.22%，最后落到手上为11.34万元（见图2-21）。

（3）大宗商品。若按7.5%的比例，在2013年1月1日买入国投瑞银中证上游ETF 7.5万元，2023年1月1日该部分资金的总回报率是147.43%，年均复合回报率为3.95%，回到投资人手上约为11.06万元（见图2-22）。

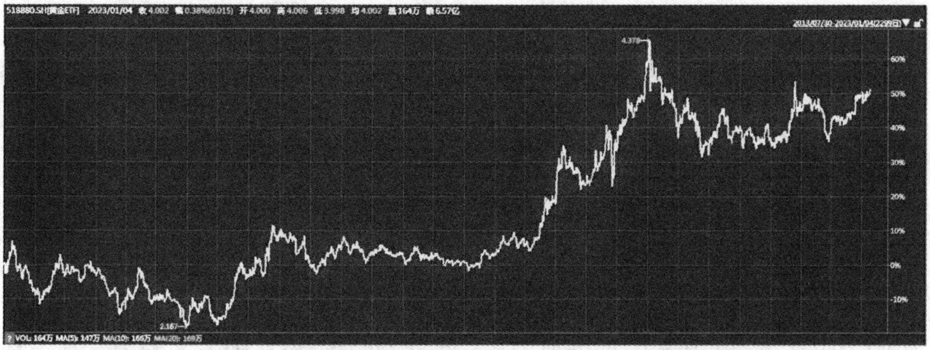

图2-21　2013年—2023年华安黄金ETF的价格走势

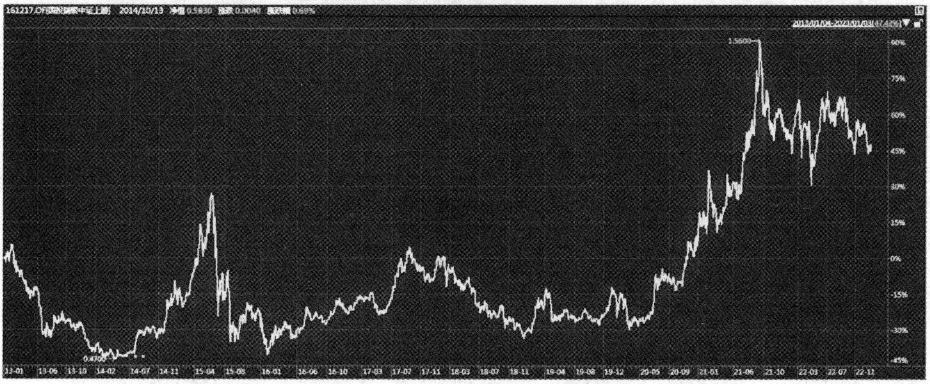

图2-22　2013年—2023年国投瑞银中证上游的价格走势

三、十年回测实验中沪深300指数和创业板指数ETF的实验结果

接下来，我们将深入探讨沪深300指数和创业板指数ETF的定投策略。

定投频率：每周进行一次定投。

定投策略：采用基于市盈率分位数的分级投资方法。

当十年市盈率分位数低于5%时，投资额为标准金额的四倍；

当十年市盈率分位数在5%至10%之间时，投资额为标准金额的两倍；

当十年市盈率分位数在10%至20%之间时，投资额为标准金额；

当十年市盈率分位数超过 80% 时，清盘并等待。

标准金额设定：博时裕富沪深 300ETF——第一轮定投标准金额为 1000 元，第二轮为 4000 元，第三轮为 8000 元。易方达创业板 ETF——第一轮定投标准金额为 500 元，第二轮为 2000 元，第三轮为 4000 元。

资金管理：在资金未用于定投时，全部买入华夏亚债中国 ETF。

策略定投的核心在于资金的合理分配和利用。我们计划将初始资金总额的 30%（即 30 万元）立即投资于债券 ETF，作为基础资产配置。当市场出现投资信号时，我们将从债券 ETF 中提取资金，转向具有更大成长潜力的宽基指数 ETF。一旦卖出被动宽基指数基金，所得资金将立即重新投入债券 ETF，确保资金始终处于活跃的投资状态。通过这样的策略，旨在最大化资金的使用效率，同时降低市场波动带来的风险，实现投资增长稳健。

在定投规则下，我们来审视沪深 300 指数 ETF 定投的历程和成果。从 2013 年 1 月 1 日至 2023 年 1 月 1 日，根据市盈率分位数的变动，沪深 300 指数 ETF 共出现了 103 次投资机会，资金经历了三轮买入和赎回的周期，具体如下。

第一轮定投：从 2013 年 1 月 11 日开始，持续到 2015 年 3 月 27 日；

第二轮定投：从 2018 年 10 月 19 日开始，持续到 2020 年 7 月 10 日；

第三轮定投：从 2022 年 10 月 28 日开始，结束于 2022 年 12 月 31 日。

最初为沪深 300 指数 ETF 准备的 20 万元资金，在 2013 年 1 月 4 日全部投资于华夏亚债中国 ETF。每当定投沪深 300 指数 ETF 时，就从债券 ETF 中赎回相应资金，随后投入博时裕富沪深 300ETF。在 2015 年 3 月 27 日和 2020 年 7 月 10 日，当沪深 300 指数 ETF 清盘后，所有资金立即重新投资于华夏亚债中国 ETF。综合来看，初始投资 20 万元，按照策略定投沪深 300 指数 ETF，在十年后清盘时，最终获得了 51.04 万元，投资回报率达到了 255.2%，年均复合回报率为 9.82%。

接下来，让我们来审视创业板指数 ETF 在十年间的表现。从 2013 年 1 月 1 日到 2023 年 1 月 1 日，根据定投原则，共有 102 次买入机会，同样经历了三轮买入和清盘周期，具体如下。

第一轮定投：从 2013 年 1 月 4 日开始，持续到 2014 年 9 月 30 日；

第二轮定投：从 2017 年 1 月 13 日开始，持续到 2020 年 2 月 21 日；

第三轮定投：从 2022 年 10 月 28 日开始，结束于 2022 年 12 月 30 日。

这和沪深 300 指数 ETF 的定投相似，但创业板指数 ETF 定投过程中出现了一个特殊情况：在第二轮定投易方达创业板 ETF 时，截至 2018 年 3 月 23 日，原计划用于创业板的 10 万元资金已经全部投入。面对这种情况，投资者有两种选择。

（1）坚持投资原则。如果资金耗尽，就停止操作，等待创业板估值分位数达到赎回标准后再清盘退出。这种方法的好处在于能够严格控制风险，保持资产配置的原定比例。但代价可能是在创业板指数 ETF 净值较低时错失积累筹码的机会。

（2）继续投资。如果愿意承担更高风险，可以继续投资那些仍处于低估值区间的 ETF。由于沪深 300 指数 ETF 在第一轮定投后有资金回流，且在第二轮定投中资金使用较为保守，导致大量资金闲置在债券 ETF 中。这时，可以将原计划用于沪深 300 指数 ETF 的资金暂时用于创业板指数 ETF 的定投，直到资金用尽。

对于风险承受能力较高的投资者来说，第二种方案可能更具吸引力。最终，10 万元的初始投资在十年后增长到了 35.41 万元，总投资回报率达到了 354.1%，年均复合回报率为 13.78%。

四、十年回测实验的最终结果

综上所述，2013 年 1 月 1 日至 2023 年 1 月 1 日，我们采取了一种稳健的投资策略，将资金分配到不同的 ETF 中。具体来说，我们以 20% 的仓位，定期投资于博时裕富沪深 300ETF，同时以 10% 的仓位逐步布局易方达创业板 ETF。此外，根据 A 股版全天候投资组合，将剩余的 70 万元一次性投资于华夏亚债中国 ETF、华安黄金 ETF 和国投瑞银中证上游 ETF，总投入规模达到 100 万元。

经过十年的持续投资，我们的总体赎回规模约 188 万元，实现了十年总回报率 188.89%，年均复合回报率 6.56%。为了评估这一投资表现，我们对市场上从业年限超过 5 年的 1159 位基金经理进行了统计分析。结果显示，只有 350 位基金经理的职业生涯年均复合回报率超过了 6.56%，占比为 30.2%。截至 2023 年年底，这些经验丰富的基金经理的平均职业生涯年化回报率为 5.15%，中位数为 5.18%。

通过对比，我们可以看出，无论从平均数、中位数还是分位数的角度来看，A 股版全天候投资组合的长期回报都达到了优秀级别。这一结果不仅证明了投资策略的有效性，也反映了在多变的市场环境中，稳健的投资组合确实能够带来可观的回报。

最后总结一下本节的主要内容。

我们从最基本的问题出发：如果用 100 万元，按照 A 股版全天候投资组合，从 2013 年 1 月 1 日开始投资，十年后投资效果会如何？这个组合包括了 20% 的沪深 300 指数、10% 的创业板指数、55% 的债券，以及 7.5% 的黄金和 7.5% 的大宗商品。

我们选择了市场上成立超过十年、综合评价最佳的 ETF，包括博时裕富沪深 300ETF、易方达创业板 ETF、华夏亚债中国 ETF、华安黄金 ETF

和国投瑞银中证上游 ETF。

在这个过程中，我们采取了策略型定投法，同时闲置资金会被用于购买华夏亚债中国 ETF。经过十年的时间，我们的投资组合表现如下——债券部分，55 万元的投资最终收获 80.1 万元，年均复合回报率为 3.83%；黄金部分，7.5 万元的投资最终收获了 11.34 万元，年均复合回报率为 4.22%；大宗商品部分，7.5 万元的投资最终收获了 11.06 万元，年均复合回报率为 3.95%。

对于沪深 300 指数 ETF 和创业板指数 ETF，我们采取了更加积极的定投策略，最终结果如下——沪深 300 指数 ETF 的投资从 20 万元增长到了 51.04 万元，年均复合回报率达到了 9.82%；创业板指数 ETF 的投资从 10 万元增长到了 35.41 万元，年均复合回报率高达 13.78%。

综合来看，在这十年的投资旅程中，我们的总投入为 100 万元，最终赎回金额达到了约 188 万元，整体回报率为 188.89%，年均复合回报率为 6.56%。这一成绩不仅超越了市场上 70% 左右的专业投资人，也证明了 A 股版全天候投资组合稳健和有效。

在本节的结尾，我想分享三个实用的投资小贴士，希望能帮助大家在投资路上稳健前行。

小贴士一：个性化配置

根据个人的风险承受能力，可以适当调整 A 股版全天候投资组合的资产配置。如果你愿意承担更高的风险以换取更高的回报，可以考虑增加创业板指数 ETF 的比重，或者将部分仓位转移到你熟悉的优质股票上。但请记住，高收益往往伴随着高风险，务必谨慎行事。

小贴士二：低估值投资

增加在被动宽基指数低估值时期的投资规模，是一个提高收益率的有效策略。例如，可以选择在市盈率分位数低于20%时增加投资，并在市盈率分位数达到90%或95%时再考虑卖出。这种方法虽然可能带来更高的回报，但也意味着需要承受更大的资产波动，且投资周期更长。

小贴士三：稳健的债券配置

债券作为投资组合中的稳定器，建议其配置比例不低于50%。这将有助于平衡整体投资风险，确保在市场波动时，你的投资组合仍能保持一定的稳定性。

在接下来的章节中，我将深入探讨中国股票市场中的优质行业和龙头企业，带领大家了解它们的基本面，并发现潜在的投资机会。

第3章

吃喝拉撒的市场，最值得投资者的信赖

第1节 财富，怎能忽略中国14亿人的“大金矿”——食品饮料

在本书的前两章中，我们为普通人构建了一个长期且安全的资产配置投资框架。对于风险承受能力各异的读者来说，目前所提供的信息已足够全面。然而，有些读者可能希望深入探索，期待将研究范围细化至特定的行业，甚至是个别公司。在接下来的章节中，我将带领大家深入了解一个历史悠久且成熟的行业——食品饮料行业。

一、若想妥善投资，先关注食品饮料行业

有些在A股“浸润”时间较长的股民，可能会觉得食品饮料行业不够“酷”，挣钱的机会不够多。但我依然建议大家不要轻视这个貌似传统却孕育着勃勃生机的行业。普通人为什么要关注食品饮料行业呢？我总结了四条底层逻辑。

逻辑一：食品饮料行业的市场潜力巨大

食品饮料行业与老百姓的日常生活息息相关。随着中国经济的持续增长，14亿人口的基本需求——即便是日常吃喝——乘以庞大的人口基数，

其市场规模也不容小觑。经济的蓬勃发展进一步推动了消费升级，人们对于高品质商品和服务的需求日益增长，愿意为优质产品支付更高的费用。这一趋势为食品饮料行业当中的优秀企业带来了巨大的成长空间，值得它们长期精耕细作，以满足市场需求。

逻辑二：商品具有较高的标准化生产特征

走进超市，你会看到牛奶、鸡蛋、杂粮等商品排列整齐，外观精致，琳琅满目。对于了解工业生产的人来说，这一现象背后是精密的流程和严格的品控在起作用。一旦生产线启动，物流系统跟进，商品便能依照统一的标准，持续不断地供应给渠道。关键在于，随着生产量的增加，每件商品的成本会因分摊而降低，这是该行业标准化生产的核心优势。

同时，食品饮料行业中的企业直接面对终端消费者。这种商业模式不像“To B”型企业，只要企业所生产的产品质量过硬，品牌信誉良好，生产规模一扩大，成本就会迅速降低，企业的利润也就随之增长。

逻辑三：企业享有较高的品牌忠诚度

“To B”型企业的商业模式有尴尬之处：在品质相近的情况下，下游客户往往会挑选报价更低的合作方。然而，消费者在购买商品时，更多是基于对品牌的情感认同度进行选择，而非完全地理性比较。一个广为人知的品牌，表明它已经赢得了广泛的消费者信任。这种对于品牌的信任感，需要经过长时间积累和广泛宣传才能形成。

在如今快节奏的社会背景下，潜在的竞争对手和资本往往缺乏耐心，难以等待一个全新的品牌进行缓慢成长。社交媒体的多样化也分散了消费者的注意力，使得商业广告无法像过去那样集中影响人们的认知。因此，当前能够成功占据消费者心智的品牌变得尤为稀缺。关键是，这种稀缺性会随着时间的推移而更加凸显。那些在过去成功塑造的品牌拥有着由时间积累下来的品牌忠诚度，这种巨大的优势会随着时间的累积，成为新晋对手难以逾越的护城河。

逻辑四：商业模式拥有较强的抗周期能力

在消费者对商品品牌形成消费黏性后，企业在经营上便具备了抵御经济波动的能力。这种能力源自两个方面。

一方面，消费者可能并非完全清楚自己为何偏爱某个品牌。经济不景气的时候，这种由品牌忠诚度和消费习惯所形成的潜意识，会促使消费者继续购买自己认可的商品。毕竟无论经济如何，日常消费总不可避免，既然都得花钱，消费者往往会选择他们首先想到的品牌。

另一方面，食品饮料行业的“即刻付款”原则，能够产生优秀的企业现金流。在食品饮料行业中传统的交易模式是“一手交钱一手交货”，这意味着企业在经营过程中不会产生过多应收账款问题。在经济下行时期，许多企业衰退甚至破产并非因为业务无法延续，而是因为现金流断裂导致短暂的入不敷出。而食品饮料行业里的优秀企业，如白酒、啤酒、乳制品等企业，其业务模式能够持续产生稳定的现金流。只要管理得当，保持经营，这些企业就能够避免因现金流断裂而导致的风险。

二、关于食品饮料行业的十年投资回测

食品饮料行业的特性使其成为理性、保守且遵循长期投资理念的投资者比较理想的投资选择。现在，让我们从中观层面进一步分析，如果坚定地信任食品饮料行业，在中国的金融市场长期投资，究竟会获得怎样的实际回报。

以 A 股市场食品饮料板块的行业指数为例，我们考察了 2013 年 1 月 1 日至 2023 年 1 月 1 日这十年间的表现（见图 3-1）。假设你一开始就将资金投入其中，并采取了“十年封户”的策略，那么十年后你的账户收益将是 413.2%，年均复合增长率约为 15.24%。这一投资效率显著超过了同期的沪深 300 指数。

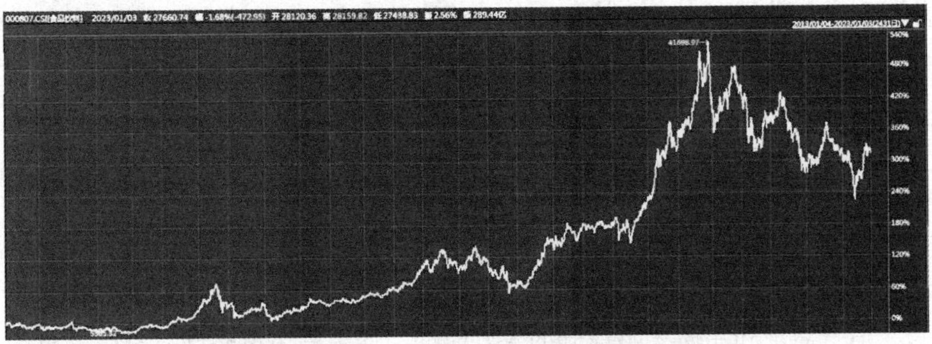

图3-1　2013年—2023年食品饮料行业指数走势

有些人可能会好奇：如果采用“追跌杀涨”的策略，又会有怎样的结果呢？具体操作如下。

（1）将 2013 年 1 月 1 日至 2023 年 1 月 1 日设定为实验时段。

（2）初始定投标准金设为 1000 元，且每周五拥有投资窗口。

（3）根据市盈率分位数的不同区间，采取不同的投资策略：小于 5% 时，投资 4 倍标准金；5% 至 10% 时，投资 2 倍标准金；10% 至 20% 时，投资 1 倍标准金；20% 至 80% 时，保持观望；超过 80% 时，赎回并等待时机。

（4）第二轮投资时，根据第一轮的回报率，适当增加投资标准金，以期获得更高的回报。

通过回测模型，我们发现在过去十年的 2430 个交易日中，仅出现了 488 次买卖机会。特别是在 2020 年 5 月 21 日清仓后，食品饮料行业指数就再也没有回落至估值分位数20%的投资区间。

从2013年至2020年，投资者经历了两轮“投入—赎回”的过程。第一轮（2013年1月4日至2018年1月9日）总投入96.4万元，收获238.8万元，回报率为247.73%；第二轮（2018年10月29日至2020年5月21日），由于前轮回报率较高，投资标准金增至3000元，期间总投入3万元，收回5.95万元，回报率为198.48%。

然而，这种看似精明的策略在7.39年的投资周期中，总投入99.4万元，总收获244.75万元，总体回报率为253.91%，平均复合年化回报率仅为13.44%。如果有兴趣探究整个详细投资过程的读者，可以查阅表3-1。总之，这一结果并未超过从一开始就一次性投入，且全程不干预的粗犷型投资。其原因在于，过去十年，食品饮料行业正好处于中国居民收入快速增长、消费需求和品质大幅提升的大好时期。如果采用策略型投资来应对这一黄金时代，可能会错过许多当时看似“高估值”，但从长远来看仍具有巨大潜力的投资机会。

表3-1 第一轮定投情况

交易日期	指数点位	分位点	投资（元）	回报（元）
2013-01-04	6694.77	16.22	1000	2298.6122
2013-01-07	6699.91	16.01	1000	2296.848764
2013-01-08	6870.94	17.99	1000	2239.676085
2013-01-09	7006.75	18.81	1000	2196.26503
2013-01-10	6985.34	18.65	1000	2202.996561
2013-01-11	6888.04	18.16	1000	2234.115946
2013-01-14	7008.58	18.86	1000	2195.691567
2013-01-15	7009.96	18.9	1000	2195.259317
2013-01-16	6973.16	18.57	1000	2206.84453
2013-01-17	6968.44	18.53	1000	2208.339313
2013-01-18	6977.61	18.48	1000	2205.437105
2013-01-21	6832.34	17.29	1000	2252.329363

续表

交易日期	指数点位	分位点	投资（元）	回报（元）
2013-01-22	6755.66	16.76	1000	2277.894388
2013-01-23	6803.81	17.09	1000	2261.773918
2013-01-24	6670.96	15.93	1000	2306.81641
2013-01-25	6549.04	14.86	1000	2349.761186
2013-01-28	6450.38	13.5	1000	2385.701308
2013-01-29	6493.01	13.75	1000	2370.037933
2013-01-30	6538	14.16	1000	2353.728969
2013-01-31	6466	13.54	1000	2379.938138
2013-02-01	6550.76	14.08	1000	2349.144221
2013-02-04	6456.88	13.46	1000	2383.299674
2013-02-05	6719.68	15.56	1000	2290.091195
2013-02-06	6689.27	15.23	1000	2300.502147
2013-02-07	6743.47	15.64	1000	2282.01208
2013-02-08	6786.46	16.3	1000	2267.556281
2013-02-18	6654.6	15.11	1000	2312.487603
2013-02-19	6633.37	15.07	1000	2319.888684
2013-02-20	6733.95	15.48	1000	2285.238233
2013-02-21	6761.4	15.89	1000	2275.9606
2013-02-22	6902.97	17.5	1000	2229.283917
2013-02-25	6816.12	16.47	1000	2257.689125
2013-02-26	6656.27	14.78	1000	2311.90742
2013-02-27	6617.33	14.37	1000	2325.511951
2013-02-28	6659.14	14.62	1000	2310.911019
2013-03-01	6668.35	14.66	1000	2307.719301
2013-03-04	6647.42	14.74	1000	2314.985363
2013-03-05	6800.9	15.97	1000	2262.741696
2013-03-06	6937.74	17	1000	2218.111373
2013-03-07	6988.6	17.95	1000	2201.968921
2013-03-08	6886.74	16.88	1000	2234.537677
2013-03-11	6841.16	16.59	1000	2249.425536
2013-03-12	6738.61	15.4	1000	2283.657906
2013-03-13	6724.36	15.36	1000	2288.497344

续表

交易日期	指数点位	分位点	投资（元）	回报（元）
2013-03-14	6659.31	14.57	1000	2310.852025
2013-03-15	6616.4	14.29	1000	2325.838825
2013-03-18	6497.66	13.34	1000	2368.341834
2013-03-19	6442.17	13.22	1000	2388.741682
2013-03-20	6602.03	13.71	1000	2330.901253
2013-03-21	6614.01	13.63	1000	2326.679276
2013-03-22	6622.44	13.83	1000	2323.717542
2013-03-25	6633.14	13.87	1000	2319.969125
2013-03-26	6683.77	13.79	1000	2302.395205
2013-03-27	6550.63	13.3	1000	2349.190841
2013-03-28	6475.23	13.17	1000	2376.545698
2013-03-29	6430.56	12.89	1000	2393.054415
2013-04-01	6345.38	12.1	1000	2425.178634
2013-04-02	6262.99	10.25	1000	2457.082001
2013-04-03	6216.6	9.47	2000	4950.834861
2013-04-08	6281.61	10.54	1000	2449.798698
2013-04-09	6271.3	10.42	1000	2453.82616
2013-04-10	6416.8	12.39	1000	2398.186012
2013-04-11	6355.35	11.53	1000	2421.374118
2013-04-12	6431.83	12.6	1000	2392.581893
2013-04-15	6325.75	11.28	1000	2432.704422
2013-04-16	6289.78	10.95	1000	2446.616575
2013-04-17	6435.4	12.68	1000	2391.254623
2013-04-18	6398.42	11.32	1000	2405.075003
2013-04-19	6508.84	12.72	1000	2364.273818
2013-04-22	6424.58	11.12	1000	2395.281871
2013-04-23	6341.56	9.02	2000	4853.279004
2013-04-24	6364.88	7.33	2000	4835.497291
2013-04-25	6302.63	6.09	2000	4883.256672
2013-04-26	6190.01	4.53	4000	9944.203644
2013-05-02	6099.41	1.4	4000	10091.91381
2013-05-03	6184.04	2.8	4000	9953.803662

续表

交易日期	指数点位	分位点	投资（元）	回报（元）
2013-05-06	6348.72	5.56	2000	4847.805542
2013-05-07	6449.15	8.28	2000	4772.31263
2013-05-08	6467.03	8.4	2000	4759.118173
2013-05-09	6527.7	10.05	1000	2357.442897
2013-05-10	6519.99	9.72	2000	4720.461228
2013-05-13	6530.59	10.09	1000	2356.399651
2013-05-14	6387.08	6.96	2000	4818.690231
2013-05-15	6453.45	8.44	2000	4769.132789
2013-05-16	6509.49	9.06	2000	4728.075471
2013-05-17	6603.79	10.7	1000	2330.280036
2013-05-20	6667.01	11.07	1000	2308.183129
2013-05-21	6625.13	10.91	1000	2322.774044
2013-05-22	6699.3	12.19	1000	2297.057902
2013-05-23	6649	11.49	1000	2314.435253
2013-05-24	6665.49	11.61	1000	2308.709487
2013-05-27	6675.93	11.94	1000	2305.099065
2013-05-28	6735.77	12.56	1000	2284.620763
2013-05-29	6751.44	12.84	1000	2279.31819
2013-05-30	6759.86	12.93	1000	2276.479099
2013-05-31	6657.17	12.02	1000	2311.594867
2013-06-03	6678.54	12.35	1000	2304.198223
2013-06-04	6592.38	11.16	1000	2334.313253
2013-06-05	6634.89	11.69	1000	2319.357216
2013-06-06	6582.99	11.22	1000	2337.642925
2013-06-07	6400.86	8.65	2000	4808.316382
2013-06-13	6279.26	6.05	2000	4901.43106
2013-06-14	6309.15	6.63	2000	4878.210218
2013-06-17	6270.55	5.6	2000	4908.239309
2013-06-18	6365.68	7.9	2000	4834.889595
2013-06-19	6491.42	10	2000	4741.236894
2013-06-20	6356.27	7.7	2000	4842.047301
2013-06-21	6355.59	7.62	2000	4842.565364

续表

交易日期	指数点位	分位点	投资（元）	回报（元）
2013-06-24	6080.43	2.51	4000	10123.41561
2013-06-25	6101.53	3.17	4000	10088.40733
2013-06-26	6119.02	3.42	4000	10059.57163
2013-06-27	6019.48	1.48	4000	10225.91985
2013-06-28	6063.64	2.39	4000	10151.44699
2013-07-01	6195.88	4.49	4000	9934.782468
2013-07-02	6366.29	7.41	2000	4834.42633
2013-07-03	6414.93	8.23	2000	4797.770202
2013-07-04	6395.23	7.86	2000	4812.549353
2013-07-05	6384.94	7.66	2000	4820.305281
2013-07-08	6270.34	5.27	2000	4908.403691
2013-07-09	6239.39	4.61	4000	9865.502878
2013-07-10	6327.94	6.18	2000	4863.725004
2013-07-11	6456.39	8.81	2000	4766.961104
2013-07-12	6402.76	7.2	2000	4806.889529
2013-07-15	6475.85	8.36	2000	4752.636333
2013-07-16	6528.01	9.18	2000	4714.661895
2013-07-17	6357.93	6.3	2000	4840.783085
2013-07-18	6301.4	4.98	4000	9768.419716
2013-07-19	6137.09	1.85	4000	10029.95231
2013-07-22	6174.11	2.26	4000	9969.812653
2013-07-23	6333.06	4.82	4000	9719.585793
2013-07-24	6326.04	4.65	4000	9730.371607
2013-07-25	6370.51	5.76	2000	4831.223874
2013-07-26	6280.3	4.45	4000	9801.238794
2013-07-29	6150.79	1.81	4000	10007.61203
2013-07-30	6183.09	2.08	4000	9955.333013
2013-07-31	6105.79	0.91	4000	10081.36867
2013-08-01	6207.91	2.92	4000	9915.530348
2013-08-02	6276.01	4.41	4000	9807.938483
2013-08-05	6358.83	5.19	2000	4840.097943
2013-08-06	6371.6	5.43	2000	4830.397388

续表

交易日期	指数点位	分位点	投资（元）	回报（元）
2013-08-07	6362.54	4.16	4000	9674.551358
2013-08-08	6332.96	3.75	4000	9719.739269
2013-08-09	6342.07	3.71	4000	9705.777451
2013-08-12	6467.06	5.8	2000	4759.096096
2013-08-13	6436.62	5.48	2000	4781.602767
2013-08-14	6369.82	4.57	4000	9663.494416
2013-08-15	6366.94	3.87	4000	9667.865568
2013-08-16	6270.25	1.73	4000	9816.948288
2013-08-19	6340.37	3.01	4000	9708.379795
2013-08-20	6328.15	2.47	4000	9727.127201
2013-08-21	6333.89	3.09	4000	9718.312127
2013-08-22	6319.82	2.88	4000	9739.94829
2013-08-23	6259.64	1.61	4000	9833.587874
2013-08-26	6345.42	3.25	4000	9700.653385
2013-08-27	6380.86	3.99	4000	9646.774886
2013-08-28	6293.12	2.31	4000	9781.272247
2013-08-29	6271.45	1.93	4000	9815.06988
2013-08-30	6235.26	0.99	4000	9872.037413
2013-09-02	6139.78	0	4000	10025.55792
2013-09-03	6230.77	0.04	4000	9879.151373
2013-09-04	6258.35	0.29	4000	9835.614819
2013-09-05	6354.67	0.82	4000	9686.532896
2013-09-06	6339.38	0.74	4000	9709.89592
2013-09-09	6393.33	1.24	4000	9627.959139
2013-09-10	6429.22	1.65	4000	9574.212735
2013-09-11	6438.92	1.89	4000	9559.78953
2013-09-12	6394.66	1.44	4000	9625.956658
2013-09-13	6515.07	3.58	4000	9448.051978
2013-09-16	6457.19	2.22	4000	9532.741022
2013-09-17	6333.78	0.58	4000	9718.480907
2013-09-18	6346.32	0.62	4000	9699.277692
2013-09-23	6431.83	1.19	4000	9570.327574

续表

交易日期	指数点位	分位点	投资（元）	回报（元）
2013-09-24	6512.95	2.18	4000	9451.127369
2013-09-25	6460.26	1.32	4000	9528.210939
2013-09-26	6484.2	1.69	4000	9493.032294
2013-09-27	6484.92	1.77	4000	9491.978313
2013-09-30	6536.51	2.72	4000	9417.06201
2013-10-08	6575.08	3.5	4000	9361.820693
2013-10-09	6618.66	3.91	4000	9300.178586
2013-10-10	6599.02	3.54	4000	9327.857773
2013-10-11	6675.77	4.73	4000	9220.617247
2013-10-14	6771.02	7.08	2000	4545.454008
2013-10-15	6853.49	8.52	2000	4490.757264
2013-10-16	6767.69	5.89	2000	4547.690571
2013-10-17	6756.67	5.64	2000	4555.107768
2013-10-18	6812.29	6.26	2000	4517.916883
2013-10-21	7039.9	10.33	1000	2185.923095
2013-10-22	6976.11	9.92	2000	4411.822635
2013-10-23	6766.55	6.67	2000	4548.456747
2013-10-24	6688.85	5.93	2000	4601.293197
2013-10-25	6472.69	2.68	4000	9509.913189
2013-10-28	6337.72	4.08	4000	9712.439174
2013-10-29	6248.28	3.21	4000	9851.466324
2013-10-30	6331.83	5.1	2000	4860.736943
2013-10-31	6202.88	4.03	4000	9923.570986
2013-11-01	6149.01	3.46	4000	10010.50901
2013-11-04	6174.83	3.79	4000	9968.650149
2013-11-05	6185.16	3.95	4000	9952.001242
2013-11-06	6148.17	3.38	4000	10011.8767
2013-11-07	6024.54	1.11	4000	10217.33112
2013-11-08	5956.56	0.49	4000	10333.93771
2013-11-11	6103.62	2.35	4000	10084.95286
2013-11-12	6286.82	5.72	2000	4895.537012
2013-11-13	6173.93	4.28	4000	9970.103322

续表

交易日期	指数点位	分位点	投资（元）	回报（元）
2013-11-14	6256.63	4.9	4000	9838.318712
2013-11-15	6337.92	6.5	2000	4856.066344
2013-11-18	6455.35	8.73	2000	4767.729093
2013-11-19	6373.1	7.37	2000	4829.260485
2013-11-20	6382.23	7.82	2000	4822.352062
2013-11-21	6289.57	5.68	2000	4893.396528
2013-11-22	6265.86	5.15	2000	4911.913129
2013-11-25	6248.34	4.86	4000	9851.371724
2013-11-26	6234.76	4.69	4000	9872.829106
2013-11-27	6280.06	5.52	2000	4900.80668
2013-11-28	6405.18	8.19	2000	4805.073394
2013-11-29	6401.58	8.11	2000	4807.77558
2013-12-02	6179.88	4.2	4000	9960.504087
2013-12-03	6305.47	6.01	2000	4881.057241
2013-12-04	6370.47	7.29	2000	4831.254209
2013-12-05	6333.79	6.71	2000	4859.232782
2013-12-06	6337.66	7.04	2000	4856.265562
2013-12-09	6369.56	7.78	2000	4831.944436
2013-12-10	6368.01	7.58	2000	4833.120551
2013-12-11	6306.53	6.38	2000	4880.236834
2013-12-12	6297.2	5.97	2000	4887.467446
2013-12-13	6292.62	5.85	2000	4891.024724
2013-12-16	6181.82	4.36	4000	9957.378248
2013-12-17	6173.33	4.12	4000	9971.072339
2013-12-18	6164.47	3.83	4000	9985.403449
2013-12-19	6111.51	2.84	4000	10071.93312
2013-12-20	6059.63	1.28	4000	10158.16477
2013-12-23	6028.54	0.95	4000	10210.55181
2013-12-24	6043.32	1.56	4000	10185.58011
2013-12-25	6104.16	3.13	4000	10084.06071
2013-12-26	6031.33	1.36	4000	10205.82857
2013-12-27	6103.74	2.96	4000	10084.75459

续表

交易日期	指数点位	分位点	投资（元）	回报（元）
2013-12-30	6105.08	3.29	4000	10082.5411
2013-12-31	6213.77	4.94	4000	9906.17934
2014-01-02	6095.39	3.62	4000	10098.56957
2014-01-03	6034.05	2.14	4000	10201.22803
2014-01-06	5882.14	0.25	4000	10464.68122
2014-01-07	5909.3	0.45	4000	10416.58403
2014-01-08	5945.62	0.66	4000	10352.95226
2014-01-09	5885.13	0.16	4000	10459.36453
2014-01-10	5896.66	0.08	4000	10438.91288
2014-01-13	5898.49	0.33	4000	10435.67421
2014-01-14	5961.87	0.86	4000	10324.73368
2014-01-15	5951.29	0.7	4000	10343.08864
2014-01-16	6009.2	1.52	4000	10243.41343
2014-01-17	5893.53	0.37	4000	10444.45689
2014-01-20	5863.71	0.21	4000	10497.57236
2014-01-21	5876.64	0.41	4000	10474.47521
2014-01-22	6044.77	2.76	4000	10183.13683
2014-01-23	6053.21	2.59	4000	10168.93846
2014-01-24	6055.53	2.55	4000	10165.04253
2014-01-27	6028.23	1.98	4000	10211.07688
2014-01-28	5956.68	2.08	4000	10333.72953
2014-01-29	5893.47	1.03	4000	10444.56322
2014-01-30	5780.44	0.12	4000	10648.7949
2014-02-07	5837.57	0.54	4000	10544.57934
2014-02-10	5970.68	2.02	4000	10309.49909
2014-02-11	6001.81	3.05	4000	10256.0261
2014-02-12	5990.55	2.63	4000	10275.3036
2014-02-13	5977.02	2.43	4000	10298.5635
2014-02-14	6094.98	4.78	4000	10099.24889
2014-02-17	6202.94	7.25	2000	4961.737499
2014-02-18	6114.51	5.23	2000	5033.495734
2014-02-19	6162.35	6.46	2000	4994.419337

续表

交易日期	指数点位	分位点	投资（元）	回报（元）
2014-02-20	6149.21	6.13	2000	5005.091711
2014-02-21	6100.65	7.16	2000	5044.931278
2014-02-24	6013.52	5.31	2000	5118.027378
2014-02-25	5829.57	1.07	4000	10559.04981
2014-02-26	5822.77	1.15	4000	10571.38098
2014-02-27	5768.54	0.78	4000	10670.76245
2014-02-28	5919.49	3.66	4000	10398.65259
2014-03-03	6018.7	5.06	2000	5113.622543
2014-03-04	5954.93	4.24	4000	10336.76634
2014-03-05	6020.47	5.39	2000	5112.119153
2014-03-06	6008.41	5.35	2000	5122.380131
2014-03-07	6061.61	6.22	2000	5077.423325
2014-03-10	5953.38	7	2000	5169.728793
2014-03-11	6099.38	10.62	1000	2522.990861
2014-03-12	6064.2	10.17	1000	2537.627387
2014-03-13	6292.61	12.76	1000	2445.516248
2014-03-14	6217.15	11.9	1000	2475.198443
2014-03-17	6238.08	12.47	1000	2466.89366
2014-03-18	6276.52	12.64	1000	2451.785384
2014-03-19	6199.36	12.31	1000	2482.301399
2014-03-20	6057.93	10.48	1000	2540.253849
2014-03-21	6158.52	11.4	1000	2498.76269
2014-03-24	6166.53	11.65	1000	2495.516928
2014-03-25	6082.5	8.6	2000	5059.985203
2014-03-26	6014.73	7.45	2000	5116.99777
2014-03-27	5923.38	5.02	2000	5195.911794
2014-03-28	5812.81	3.33	4000	10589.49458
2014-03-31	5857.52	4.32	4000	10508.66578
2014-04-01	5999.18	6.88	2000	5130.261136
2014-04-02	6012.38	7.49	2000	5118.997801
2014-04-03	5986.27	6.83	2000	5141.325066
2014-04-04	6042.12	8.32	2000	5093.801513

续表

交易日期	指数点位	分位点	投资（元）	回报（元）
2014-04-08	6167.3	10.29	1000	2495.205357
2014-04-09	6172.69	10.37	1000	2493.026541
2014-04-10	6266.13	11.77	1000	2455.85074
2014-04-11	6356.5	12.8	1000	2420.93605
2014-04-14	6329.18	12.52	1000	2431.386056
2014-04-15	6261.9	11.73	1000	2457.509702
2014-04-16	6234.26	11.22	1000	2468.405232
2014-04-17	6238.83	11.45	1000	2466.597102
2014-04-18	6245.64	11.98	1000	2463.907622
2014-04-21	6108.01	10.21	1000	2519.426131
2014-04-22	6084.16	9.88	2000	5058.604639
2014-04-23	6162.08	11.36	1000	2497.319087
2014-04-24	6113	10.83	1000	2517.36954
2014-04-25	5902.89	6.75	2000	5213.947744
2014-04-28	5787.45	10.79	1000	2658.97416
2014-04-29	5875.26	12.23	1000	2619.233872
2014-04-30	5925.13	12.14	1000	2597.188585
2014-05-05	5932.24	12.06	1000	2594.075762
2014-05-06	5927.81	11.86	1000	2596.01438
2014-05-07	5846.68	10.87	1000	2632.037327
2014-05-08	5839.37	10.75	1000	2635.332236
2014-05-09	5826.4	10.66	1000	2641.198682
2014-05-12	5913.91	11.82	1000	2602.116028
2014-05-13	5941.77	12.27	1000	2589.915126
2014-05-14	5854.54	10.99	1000	2628.503691
2014-05-15	5772.11	9.76	2000	5332.081336
2014-05-16	5765.6	9.84	2000	5338.101845
2014-05-19	5659.69	7.53	2000	5437.993954
2014-05-20	5622.98	6.59	2000	5473.49626
2014-05-21	5700.85	8.48	2000	5398.731768
2014-05-22	5676.02	8.07	2000	5422.348758
2014-05-23	5723.66	8.89	2000	5377.216676

续表

交易日期	指数点位	分位点	投资（元）	回报（元）
2014-05-26	5774.35	9.96	2000	5330.012902
2014-05-27	5746.05	9.35	2000	5356.263868
2014-05-28	5776.19	10.13	1000	2664.157516
2014-05-29	5743.4	9.55	2000	5358.735244
2014-05-30	5731.23	9.14	2000	5370.114269
2014-06-03	5641.52	8.03	2000	5455.508445
2014-06-04	5609.73	6.79	2000	5486.42448
2014-06-05	5682.25	8.56	2000	5416.403713
2014-06-06	5643.38	7.99	2000	5453.710365
2014-06-09	5635.43	7.95	2000	5461.40401
2014-06-10	5683.52	8.77	2000	5415.193401
2014-06-11	5707.01	8.97	2000	5392.904516
2014-06-12	5721.15	9.1	2000	5379.575785
2014-06-13	5737.48	9.59	2000	5364.264451
2014-06-16	5754.58	10.48	1000	2674.162146
2014-06-17	5693.04	9.3	2000	5406.138021
2014-06-18	5642.55	8.15	2000	5454.512587
2014-06-19	5565.32	6.34	2000	5530.204912
2014-06-20	5577.76	6.55	2000	5517.870973
2014-06-23	5598.84	7.74	2000	5497.095827
2014-06-24	5692.57	9.63	2000	5406.584372
2014-06-25	5658.25	8.69	2000	5439.3779
2014-06-26	5706.36	9.26	2000	5393.518811
2014-06-27	5711.73	9.22	2000	5388.447983
2014-06-30	5729.03	9.8	2000	5372.176442
2014-07-01	5692.71	8.93	2000	5406.451409
2014-07-02	5674.13	8.85	2000	5424.154892
2014-07-03	5709.2	9.51	2000	5390.835844
2014-07-04	5732.27	9.67	2000	5369.139974
2014-07-07	5719.56	9.43	2000	5381.071271
2014-07-08	5725.9	9.39	2000	5375.113083
2014-07-09	5616.49	7.12	2000	5479.821027

续表

交易日期	指数点位	分位点	投资（元）	回报（元）
2014-07-10	5577.93	6.42	2000	5517.702804
2014-07-11	5605.65	6.92	2000	5490.417704
2014-07-14	5770.29	10.58	1000	2666.881561
2014-07-15	5902.87	12.43	1000	2606.982705
2014-07-16	5843.61	11.57	1000	2633.420095
2014-07-17	5800.91	11.03	1000	2652.804474
2014-07-18	5939.98	12.97	1000	2590.695592
2014-07-21	5971.59	13.01	1000	2576.98201
2014-07-22	6017.37	13.13	1000	2557.376395
2014-07-23	5985.1	13.05	1000	2571.16506
2014-07-24	6017.74	13.09	1000	2557.219155
2014-07-25	6063.6	13.26	1000	2537.878488
2014-07-28	6187.36	13.67	1000	2487.115668
2014-07-29	6164.65	13.42	1000	2496.277972
2014-07-30	6171.3	13.38	1000	2493.588061
2014-07-31	6294.15	14.12	1000	2444.9179
2014-08-01	6280.09	13.96	1000	2450.391635
2014-08-04	6367.63	14.82	1000	2416.704488
2014-08-05	6381.39	15.03	1000	2411.493421
2014-08-06	6350.55	14.45	1000	2423.204289
2014-08-07	6239.32	13.59	1000	2466.40339
2014-08-08	6283.98	14.2	1000	2448.874758
2014-08-11	6348.8	14.7	1000	2423.872228
2014-08-12	6337.14	14.24	1000	2428.332024
2014-08-13	6366.5	14.41	1000	2417.133433
2014-08-14	6316.04	14	1000	2436.444354
2014-08-15	6365.51	14.33	1000	2417.509359
2014-08-18	6387.52	14.53	1000	2409.179149
2014-08-19	6382.61	14.9	1000	2411.032477
2014-08-20	6409.97	15.19	1000	2400.741345
2014-08-21	6364.14	14.94	1000	2418.029773
2014-08-22	6372.7	15.15	1000	2414.781804

续表

交易日期	指数点位	分位点	投资（元）	回报（元）
2014-08-25	6321.94	14.99	1000	2434.170524
2014-08-26	6259.4	14.04	1000	2458.491229
2014-08-27	6249.22	13.92	1000	2462.49612
2014-08-28	6233.02	14.49	1000	2468.896297
2014-08-29	6326.93	15.77	1000	2432.250712
2014-09-01	6378.81	16.63	1000	2412.468783
2014-09-02	6477.11	17.76	1000	2375.855899
2014-09-03	6539.08	18.2	1000	2353.340225
2014-09-04	6557	18.24	1000	2346.908647
2014-09-05	6622.55	18.61	1000	2323.678945
2014-09-09	6593.94	18.32	1000	2333.760999
2014-09-10	6597.68	18.4	1000	2332.438069
2014-09-11	6521.04	18.03	1000	2359.850576
2014-09-12	6530.36	18.11	1000	2356.482644
2014-09-15	6527.94	17.91	1000	2357.356226
2014-09-16	6354.49	16.18	1000	2421.70182
2014-09-17	6384.94	16.55	1000	2410.15264
2014-09-18	6422.42	16.8	1000	2396.087456
2014-09-19	6460.97	17.41	1000	2381.790969
2014-09-22	6326.63	15.81	1000	2432.366046
2014-09-23	6374.4	16.34	1000	2414.137801
2014-09-24	6465.35	17.33	1000	2380.177407
2014-09-25	6445.16	17.13	1000	2387.633511
2014-09-26	6437.04	16.96	1000	2390.64539
2014-09-29	6458.14	17.37	1000	2382.834686
2014-09-30	6479.4	17.58	1000	2375.016205
2014-10-08	6521.58	17.76	1000	2359.655176
2014-10-09	6535.23	17.87	1000	2354.726613
2014-10-10	6465.47	17.04	1000	2380.133231
2014-10-13	6353.08	16.06	1000	2422.239292
2014-10-14	6327.66	15.85	1000	2431.970112
2014-10-15	6352.33	16.14	1000	2422.525278

续表

交易日期	指数点位	分位点	投资（元）	回报（元）
2014-10-16	6302.26	15.73	1000	2441.771682
2014-10-17	6350.51	16.39	1000	2423.219552
2014-10-20	6352.09	16.43	1000	2422.616808
2014-10-21	6325.57	16.26	1000	2432.773647
2014-10-22	6277.1	16.71	1000	2451.558841
2014-10-23	6185.27	15.69	1000	2487.956063
2014-10-24	6159.55	15.31	1000	2498.344847
2014-10-27	6154.94	15.44	1000	2500.216087
2014-10-28	6207.56	15.27	1000	2479.022353
2014-10-29	6247.21	16.67	1000	2463.288412
2014-10-30	6239.59	16.84	1000	2466.296664
2014-10-31	6267.01	17.25	1000	2455.505895
2014-11-03	6285.98	17.54	1000	2448.095603
2014-11-04	6194.05	16.51	1000	2484.429412
2014-11-05	6118.97	15.6	1000	2514.913458
2014-11-06	6162.15	16.1	1000	2497.290718
2014-11-07	6105.43	15.52	1000	2520.490776
2014-11-10	6303.31	17.7	1000	2441.364934
2014-11-11	6252.01	17.17	1000	2461.397215
2014-11-12	6310.13	17.66	1000	2438.726302
2014-11-13	6282.56	17.21	1000	2449.428259
2014-11-14	6399.49	18.28	1000	2404.672872
2014-11-17	6414.33	18.44	1000	2399.109494
2014-11-18	6308.37	17.83	1000	2439.406693
2014-11-19	6275.45	17.46	1000	2452.203428
2014-11-20	6253.32	16.92	1000	2460.88158
2014-11-21	6326.37	17.62	1000	2432.466011
2014-11-24	6363.29	18.07	1000	2418.35277
2014-11-25	6422.67	18.36	1000	2395.994189
2014-11-26	6487.32	18.77	1000	2372.116683
2014-11-27	6477.14	18.73	1000	2375.844895
2014-11-28	6455.58	18.69	1000	2383.779614

续表

交易日期	指数点位	分位点	投资（元）	回报（元）
2014-12-01	6636.94	18.98	1000	2318.640819
2014-12-02	6681.06	19.02	1000	2303.329112
2014-12-03	6794.98	19.14	1000	2264.713068
2014-12-04	6959.17	19.76	1000	2211.280943
2014-12-05	6783.9	19.18	1000	2268.411975
2014-12-08	6849.03	19.23	1000	2246.840794
2014-12-09	6757.5	19.1	1000	2277.27414
2014-12-11	6961.37	19.8	1000	2210.582112
2014-12-17	6925.26	19.35	1000	2222.108628
2014-12-18	6933.41	19.39	1000	2219.496611
2014-12-19	6916.16	19.31	1000	2225.032388
2014-12-22	6945.92	19.47	1000	2215.499171
2015-01-19	6950.6	19.6	1000	2214.007424
2015-02-06	6984.79	19.88	1000	2203.170031
2015-08-25	7406.38	19.43	1000	2077.759985
2015-08-26	7479.63	19.93	1000	2057.411931

回测结果显示，这样投入的结果好于策略型投资。但截至 2023 年 11 月 13 日，根据对过去两年食品饮料行业的观察，我建议投资者在投资过程中，依然采取更为审慎的策略型投资比较稳妥。以下是我总结的三个主要原因。

原因一：行业高速增长的时代已经过去

自 2021 年 2 月 18 日食品饮料行业指数达到历史高点以来，在过去两年多的时间里该指数呈现整体震荡下行的趋势。这背后的逻辑十分清晰——国内外的发展环境与十年前相比已大不相同。居民消费将更趋理性，更加注重性价比。这要求消费领域的企业更加注重成本控制，在保持产品质量的同时，降低销售价格。而这一切可能会减少企业过去十年，因时代发展红利而获得的超额收益。

原因二：策略型投资的核心在于“低买高卖”

从长远来看，策略型投资的本意是鼓励投资者放弃估值中等的标的，在估值处于阶段低位时买入，在估值处于阶段高位时卖出，以追求更稳定的投资回报。虽然在行业快速增长时期，这种策略可能会因错失机会而显得平庸，但在整体板块进入长期震荡缓慢增长的阶段，它能够为投资者提供更安全的投资体验。

原因三：估值分位数本身在与时俱进，要综合考量“买入卖出”的时机

随着时间的推移，市场可能会倾向于给予食品饮料行业较低的估值，这将导致市盈率分位数的基础数据发生质的变化。原本十年前被视为低估值的投资时机，在未来几年或十年后可能成为平均估值甚至高估值。而策略型投资提供了足够的安全边际，使投资者在长期投资过程中，避免陷入得不偿失的陷阱。

三、A股中，如何理性挑选食品饮料行业ETF

让我们从微观实操层面接着探讨。如果想要在 2023 年 11 月依据食品饮料行业指数进行策略型投资，投资者可以关注哪些安全且保守的投资标的？正如之前章节所述的那样，只有通过多维度的严格筛选，选出的标的才能满足安全和保守的投资需求。在选择食品饮料行业的投资标的时，我们遵循以下筛选原则。

原则一：题材必须是“食品饮料”或“日常消费”，且须为 ETF。

原则二：基金的成立年限须超过 5 年。

原则三：基金的规模须达到 10 亿元以上。

原则四：基金自成立以来的年化回报率须超过 4%。

原则五：若同一基金经理管理多个相同题材的基金，选择年化回报率最高的那一只。

选择 ETF，是因为它能尽可能避免人为操作，满足投资者对安全性和保守性的要求；基金的规模和成立年限，为投资标的提供了更高的“安全边界”；自成立以来年化回报率大于 4%，意味着长期投资该基金的年化回报率将超越长期投资沪深 300 指数；原则五旨在避免同一基金经理管理不同基金时可能出现的利益冲突。

经过这一轮筛选，截至 2023 年 11 月底，在市面上存在的 5000 只基金中，同时满足这五个原则的基金仅有 4 只，它们分别是：

160222.OF 国泰国证食品饮料

规模 48.74 亿元

自成立以来年化回报率 16.39%

159928.OF 汇添富中证主要消费 ETF

规模 104.58 亿元

自成立以来年化回报率 13.27%

001631.OF 天弘中证食品饮料 ETF

规模 12.5 亿元

自成立以来年化回报率 12.41%

510150.OF 招商上证消费 80ETF

规模 12.48 亿元

自成立以来年化回报率 6.26%

本节的末尾让我们来回顾一下核心内容。本节围绕A股市场中一个传统且成熟的行业——食品饮料行业徐徐展开，探讨了为什么食品饮料行业值得普通人关注，并从不同层面进行了深入分析。

宏观层面，本节提出了四大逻辑来支撑食品饮料行业的投资价值。

逻辑一：食品饮料行业的市场潜力巨大。

逻辑二：商品具有较高的标准化生产特征。

逻辑三：企业享有较高的品牌忠诚度。

逻辑四：商业模式具有较强的抗周期能力。

中观层面，本节通过数据展示了过去十年食品饮料行业指数的显著增长，以及与沪深300指数相比具有高效率。此外，文中还提出了一种策略型投资方法，即根据市盈率分位数来决定投资额度，但最终发现这种策略的投资回报率低于简单持有策略的回报率。

建议投资者在未来对食品饮料行业的投资过程中，依然采取策略型投资的策略。

微观层面，通过五项严格的筛选原则，挑选出四只安全且保守的基金作为投资标的。

本节最后列出了四只满足上述原则的基金，并会在后文进一步解析食品饮料行业当中，传统且成熟的细分板块——白酒，以帮助投资者梳理出更清晰的投资思路。

第 2 节 大众消费市场稳定的板块——白酒

在上一篇中我们站在金融的视角，聊完了中国大消费市场里所蕴藏的投资机会。今天咱们再看在大消费板块里，最值得拿出来分享给大家的细分市场——白酒。要全面理解中国白酒的魅力，得从两个关键角度来探讨：一是白酒的社会属性，也就是它的“里子”；二是源远流长的白酒文化，即它的“面子”。

一、白酒市场的“里子”

先看“里子”。大家要知道，消费市场的某个细分领域能够蓬勃发展，关键在于这个细分领域提供了大众喜爱、愿意反复购买的产品。回顾 2012 年之前，白酒消费主要集中在政务消费。自中央八项规定实施以来，高端和次高端白酒的市场需求减少。

之后，白酒在商务消费和个人消费领域取得了显著增长，逐渐填补了政务消费留下的空缺，消费群体也发生了显著变化。

如今，公务消费在整个白酒市场中的占比已降至不足 5%，而商务消费和个人消费则为白酒市场提供了更加坚实的基础。这表明，白酒市场已经成功实现了向商务消费和个人消费倾斜，展现出了强大的生命力和发展潜力（见图 3-2）。

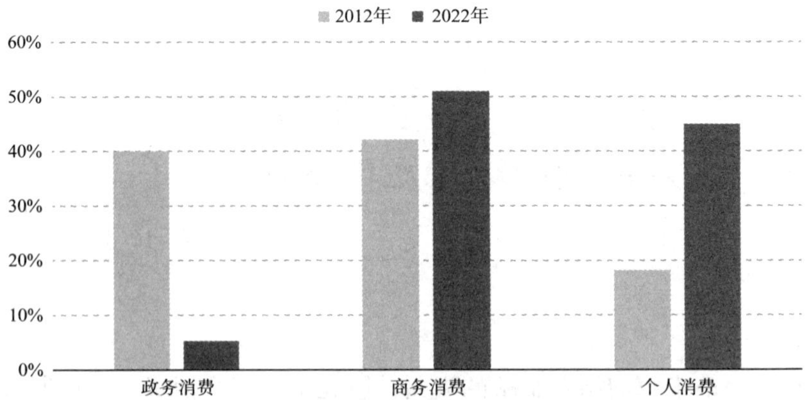

图3-2　2012年—2022年白酒消费结构的变化态势

过去十多年里，白酒消费结构发生了根本性变化，这种变化揭示了推动白酒市场持续增长的核心动力——消费升级。随着人们生活水平的提高，大众对白酒的消费观念逐渐转变为“少喝酒、喝好酒”。

这种观念的转变，一方面体现了人们越来越重视健康和适量饮酒。从数据上我们也可以看到这种趋势的兴起。全国白酒的总产量从 2016 年年底的 145.10 万千升降至 33.80 万千升（见图 3-3）。截至 2023 年 11 月，白酒总产量虽有所回升，但基本稳定在 60 万～ 80 万千升。

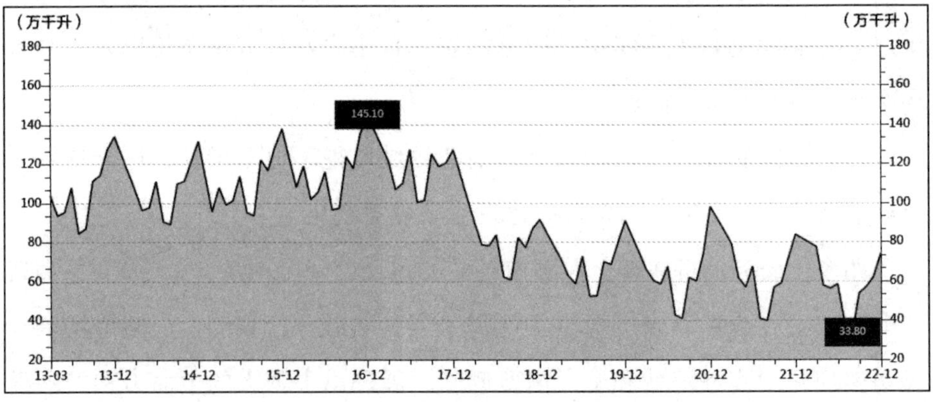

图3-3　2013年—2023年中国白酒产量走势

另一方面，“少喝酒”也为“喝好酒”提供了客观条件。既然消费白酒在应酬当中难以避免，又要控制饮酒量，那么不如选择品质更好的白酒。从 2015 年开始，高端白酒的消费升级趋势已经非常明显。通过对过去十年的 36 个大中城市高端白酒平均单瓶价格的跟踪，我们可以看到，单瓶酒价从 2015 年的 780 元，涨到 2023 年的 1285 元，年均复合增长率达到 7.4%。未来这一趋势仍将持续，这反映出白酒消费升级的强劲动力。

总之，消费升级已成为推动白酒市场持续增长的关键因素。在生活水平不断提高的背景下，人们更加注重健康，进而适量饮酒，同时对白酒的品质也有了更高的要求。这不仅体现在白酒总产量的调整上，更反映在高端白酒消费的明显升级趋势上。未来，随着消费观念的进一步转变和生活水平的提高，白酒市场有望继续保持稳健的增长势头。

二、白酒市场的“面子”

说完“里子”，我们接下来聊聊白酒行业的“面子”。在中国的餐饮文化中，用好酒款待客人，往往被视为衡量主人热情好客的重要标准。而“好酒”的定义，除了有价格昂贵这一维度，还加入了时间这一维度。老酒，凭借其独特的情感和文化价值，迅速赢得了市场的认可。

2014 年，中国酒业协会和中国酒类流通协会相继成立了老酒收藏组织和名酒收藏委员会，这标志着白酒的收藏价值开始从小众走向大众视野。根据胡润研究院发布的《2020 年中国老酒白皮书》，近年来名酒作为收藏品受到了社会的热烈追捧，连续数年在高净值人群收藏品中排名第一。自 2016 年以来，老酒市场的规模每年以超过 30% 的速度增长，到 2021 年市场规模已突破千亿元（见图 3-4）。

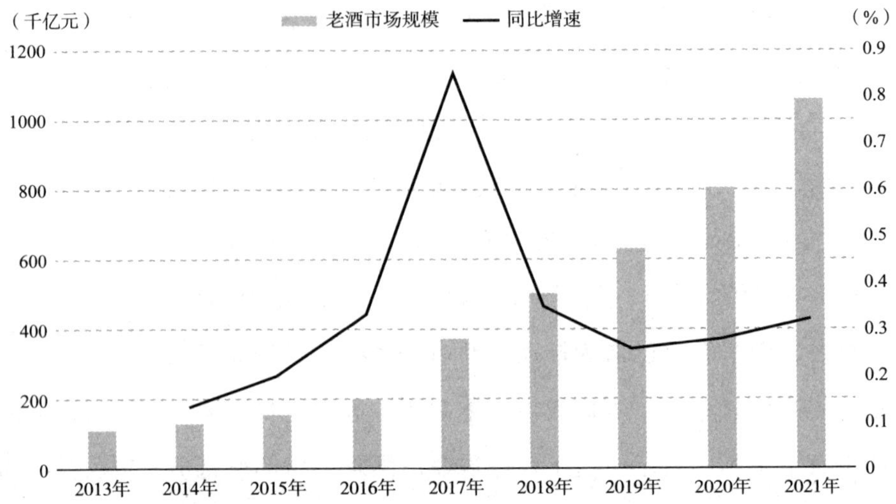

图3-4　中国老酒市场的增长趋势

随着老酒在市场上越来越受欢迎，那些尚未售出的库存酒不再仅仅是消费品，它们开始具有金融属性，进而出现了通过控制时间和供求关系来实现超额收益的可能。从结构上看，白酒的库存可分为三部分：第一部分是用于平衡销售与生产关系的经营性库存，也称为安全性库存；第二部分是酒企与渠道商博弈以获取最大利益的博弈性库存；第三部分是渠道商主动囤货以待价而沽的投机性库存。

安全性库存主要用于弥补市场上的供需缺口，对白酒价格的影响相对较小。虽然目的不同，但博弈性库存和投机性库存的核心思想始终如一——让消费者逐渐接受白酒价格不断上涨的现实。

在白酒高端化方面，贵州茅台遥遥领先。截至 2023 年 11 月，53 度飞天茅台的建议零售价为 1499 元，但市场上的实际零售价在 2800 ～ 3000 元左右。五粮液和泸州老窖凭借其大单品普五和国窖 1573，也成功跻身高端白酒行列。山西汾酒、酒鬼酒等品牌近年来也在积极进军千元价格带。洋河、古井等次高端区域酒，则布局在 500 ～ 700 元的价格区间。

在长期的消费氛围下，人们在潜意识里形成了一种认知：一瓶白酒，如果没有 500 ~ 1000 元的价格，都不好意思拿出来招待贵客。这种消费观念的形成，进一步推动了白酒市场的高端化趋势。

就这样，在过去的十多年里，白酒市场的“里子”和“面子”共同推动了白酒消费的蓬勃发展。无论从主观意愿还是潜意识认知上，老百姓逐渐形成了白酒消费习惯，并对高价白酒习以为常。

数据显示，中国人每年在酒方面的支出呈现明显的增长态势，这反映出白酒消费的旺盛需求。

对于理性专业的投资者而言，这一趋势为他们长期看好白酒市场提供了坚实的逻辑基础和数据支撑。白酒市场的持续增长，不仅得益于消费者对白酒的依赖，更源于白酒作为一种文化符号，在人们心中具有根深蒂固的地位。因此，白酒市场的未来发展前景广阔，值得投资者长期关注和布局。在消费升级的大背景下，白酒市场有望继续保持稳健的增长势头，为投资者带来可观的回报。

三、针对白酒行业的策略型投资回测

要深入了解白酒行业的被动指数基金，我们首先需要对白酒指数有一个基本的认识。过去十年，白酒指数的累计涨幅达到了惊人的 584%，平均年化增长率为 19.31%。然而，自 2021 年以来，白酒指数呈现出横盘震荡的走势（见图 3-5）。

结合对未来经济和股市的预测，我们可以合理推断，白酒指数不太可能再次出现快速上涨。相反，它将回归到一个更加理性和温和的增长轨道中。

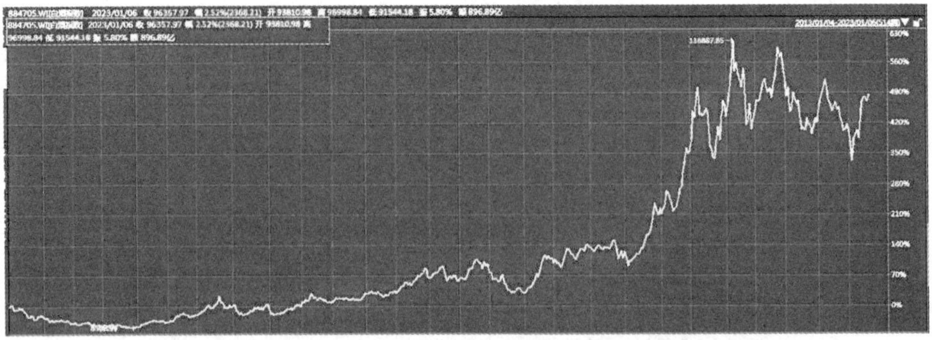

图3-5　2013年1月—2023年1月白酒指数的走势

对于熟悉我之前所讲解的内容的读者来说，面对横盘震荡的指数，我们所采取的不能是简单的“一把投入”策略，而应该采取更为专业的“追跌杀涨”策略。在深入分析白酒指数之前，我们需要找到合适的基金载体，以便开展策略型投资。

截至2023年11月，市场上只有一只专注于白酒主题的被动指数基金，那就是招商中证白酒（161725.OF）。招商中证白酒ETF的规模达到了惊人的443.95亿元。自成立以来，该基金的总体收益率为408%，年化回报率为17.9%。

既然已经了解了白酒指数，并且确定了以招商中证白酒ETF作为投资回测的标的，接下来让我们研究一下遵循策略型投资可能带来的回报。我们的策略型投资原则如下。

（1）投资时间。从2020年1月1日到2023年1月1日。

（2）买入策略。当市盈率分位数低于50%时，投入4000元；当市盈率分位数在50%至55%之间时，投入2000元；当市盈率分位数在55%至60%之间时，投入1000元。

（3）卖出策略。当市盈率分位数超过90%时，卖出所持有的份额。

（4）调整策略。如果进入第二轮投资，那么适当提高投入标准。

（5）实验结束。在 2023 年 1 月 1 日结束实验，并卖出所持有的份额。

这个策略的回测结果显示，在三年的实验期间，最终回收金额为 12.74 万元，总投资回报率达到了 193%，平均年化回报率为 24.51%。值得注意的是，这个年化回报率是在实验结束时——白酒指数市盈率分位数仅为 78.87%，未触发卖出条件"市盈率分位数超过 90%"——得出的，因此如果按照策略在达到条件时卖出，实际回报率可能会更高（见表 3-2）。

表 3-2　2020 年 1 月 1 日—2023 年 1 月 1 日招商中证白酒 ETF 策略型投资情况

交易日期	分位点	价格（元）	购买份额	投入金额（元）
2020-01-06	59.9800	2.4663	405.4656773	1000
2020-01-23	57.2300	2.4401	409.8192697	1000
2020-02-03	49.98	2.2358	1789.06879	4000
2020-02-04	51.09	2.2217	900.2115497	2000
2020-02-05	52.16	2.2512	888.4150675	2000
2020-02-06	53.77	2.2734	879.7395971	2000
2020-02-07	54.47	2.2928	872.2958828	2000
2020-02-10	54.06	2.2981	870.2841478	2000
2020-02-11	57.6800	2.3516	425.2423882	1000
2020-02-12	57.8000	2.3581	424.070226	1000
2020-02-13	56.8500	2.3405	427.2591327	1000
2020-02-14	56.3600	2.3347	428.3205551	1000
2020-02-17	57.3100	2.3533	424.9351974	1000
2020-02-18	56.2000	2.3412	427.1313856	1000
2020-02-19	58.1700	2.3697	421.9943453	1000
2020-02-24	58.4600	2.4015	416.4064127	1000
2020-02-25	56.4800	2.3816	419.8857911	1000
2020-02-26	56.1100	2.3614	423.477598	1000
2020-02-27	57.8800	2.3889	418.6027042	1000
2020-02-28	52.94	2.2913	872.8669314	2000
2020-03-02	57.8400	2.3475	425.9850905	1000
2020-03-13	59.1200	2.3145	432.05876	1000

续表

交易日期	分位点	价格（元）	购买份额	投入金额（元）
2020-03-16	52.86	2.2214	900.3331233	2000
2020-03-17	51.13	2.1748	919.6247931	2000
2020-03-18	48.74	2.117	1889.466226	4000
2020-03-19	47.34	2.0454	1955.607705	4000
2020-03-20	49.65	2.1122	1893.760061	4000
2020-03-23	48.17	2.0494	1951.790768	4000
2020-03-24	50.56	2.1268	940.3799135	2000
2020-03-25	52.66	2.1886	913.8261903	2000
2020-03-26	52	2.1866	914.6620324	2000
2020-03-27	53.6	2.2373	893.9346534	2000
2020-03-30	52.24	2.1949	911.2032439	2000
2020-03-31	55.7000	2.2360	447.2271914	1000
2020-04-01	54.92	2.2209	900.5358188	2000
2020-04-02	58.6200	2.2497	444.5037116	1000
2020-04-03	58.2100	2.2444	445.5533773	1000
2022-10-24	54.88	3.8463	1039.960482	4000
2022-10-25	53.81	3.8354	1042.915993	4000
2022-10-26	53.03	3.8269	1045.232434	4000
2022-10-27	49.49	3.6619	2184.658238	8000
2022-10-28	47.63	3.6518	2190.700476	8000
2022-10-31	46.73	3.6	2222.222222	8000
2022-11-01	50.97	3.839	1041.938005	4000
2022-11-02	51.91	3.9017	1025.194146	4000
2022-11-03	50.47	3.8402	1041.612416	4000
2022-11-04	55.4500	4.0226	497.1908716	2000
2022-11-07	55.4100	4.0364	495.4910316	2000
2022-11-08	53.19	3.9676	1008.166146	4000
2022-11-09	51.75	3.9078	1023.593838	4000
2022-11-10	52.61	3.9511	1012.3763	4000
2022-11-11	56.9000	4.0772	490.5327185	2000

续表

交易日期	分位点	价格（元）	购买份额	投入金额（元）
2022-11-14	56.6100	4.0558	493.1209626	2000
2022-11-17	59.4500	4.1124	486.3340142	2000
2022-11-18	59.8200	4.1310	484.144275	2000
2022-11-21	55.5400	4.0202	497.4876872	2000
2022-11-22	56.5700	4.0376	495.3437686	2000
2022-11-23	56.4400	4.0158	498.0327706	2000
2022-11-24	54.63	3.9656	1008.674602	4000
2022-11-25	54.59	3.9632	1009.285426	4000
2022-11-28	54.1	3.9527	1011.966504	4000

通过这次的逻辑梳理和回测实验，我们可以看到针对白酒指数，采用“追跌杀涨”的策略能够在三年内实现年均 24% 的复合回报率。这样的成绩对于大多数投资者来说，无疑是一个令人满意的结果。这不仅证明了策略型投资的有效性，也为投资者提供了一个在白酒市场中稳定获利的参考路径。

四、针对贵州茅台价值投资的分析

让我们来深入探讨白酒行业的另一种投资标的——白酒企业本身。通过分析一个具体的白酒企业，我们可以学习如何在一个传统行业中，用理性和系统的价值投资方法审视个股，并制定保守的投资策略。今天，我们将以贵州茅台为例，从基本面、财务面和估值面三个维度进行分析。

1. 基本面

贵州茅台的基本面可以从品牌和茅台酒的“三大属性”来理解。2000 年左右，茅台大力开拓团购业务，这标志着茅台基本面的质变。随后，茅台利用意见领袖的影响力，覆盖了当时崛起的高端消费群体，并推出定制商品，通过提价策略维护品牌地位。此外，茅台还通过赞助国内主流电视节目，强化其“国酒”的品牌形象。经过十几年的努力，茅台确立了其在中国白酒行业的领先地位。

茅台酒的“三大属性”更有其独特之处。首先，茅台酒是一种消费品；其次，作为社交媒介，无论宴请还是拜访，茅台酒都能表达来访者满满的诚意；最后，茅台酒具有投资属性，因为其在二手市场上的强劲需求，使得茅台酒的价值能够随时间稳定增长。例如，2000 年的茅台酒，当年售价仅 200 元，到 2020 年却能以 6000 元的价格出售，20 年的总回报率达到 3000%，平均年化回报率为 18.53%。

2. 财务面

茅台作为一家公司，其财务表现同样非常出色。截至 2022 年，过去十年茅台的现金收入比约为 110%，净资产收益率约为 30%，扣非净利润同比增长约为 15%。即使将这些指标的最低值作为筛选标准，在过去五年中，全 A 股所有的上市公司也没有一家能够站出来与茅台相媲美，这充分证明了茅台在业绩上的绝对优势。

3. 估值面

截至2023年11月29日，茅台的股价为1774.71元/股，市盈率为31.31倍。根据市盈率判断公式：

合理市盈率=公司未来净利润平均复合增速 ×2+（10 ～ 20）

我们可以推算出，31.31 倍的市盈率对应的是茅台未来五年平均年化 12% ～ 15% 的净利润增长预期。考虑到茅台过去十年的表现，这样的增长预期虽然不能说能够轻松实现，但如若企业加把劲也是可以达标的。此外，将31.31倍的市盈率与过去十年的数据对比，市盈率分位数为46.57%，这也验证了当前估值并不算高，符合市场对茅台未来成长的预期（见图 3-6）。

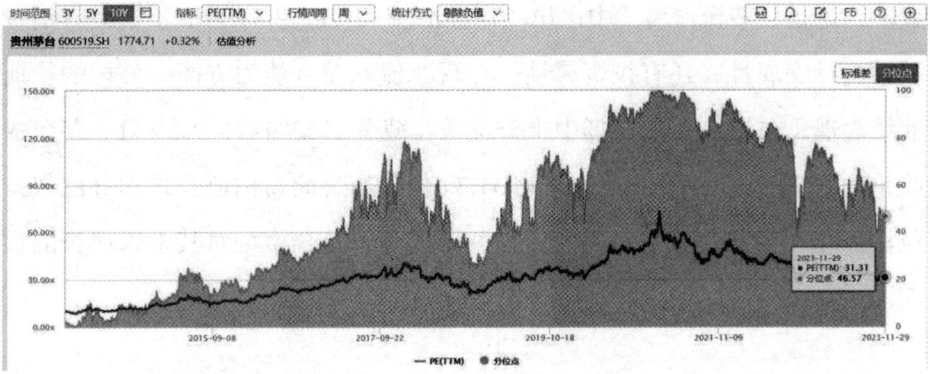

图3-6　2013年11月—2022年11月贵州茅台的市盈率及其分位数走势图

最后总结一下本节的主要内容。

本节深入探讨了大消费板块中的一个非常稳健的细分市场——白酒行业。要全面理解中国白酒，我们需要从两个关键维度来分析。

第一个维度是“里子”，即白酒消费的趋势已经转变为商务消费和个人消费。在“少喝酒、喝好酒”的社会共识推动下，白酒市场经历了一场持续的消费升级革命。

第二个维度是“面子”，这与我们的文化传统有关，人们倾向于用昂贵的白酒来招待重要客人，这种趋势使得“白酒收藏”从小众走向普及。老酒随着时间增值，酒厂和渠道商通过控制供应量，引导酒价温和上涨，以保障自身利益。

最终，消费者的心智被成功塑造，他们逐渐接受了一个事实：消费越来越高价格的白酒是合理的。这也正是中国白酒市场能够持续增长的底层逻辑。

在投资层面，过去三年，我们根据白酒指数估值分位数的变化，采取了相应的策略型投资，投资招商中证白酒 ETF，实现了总投资回报率 193%，平均年化回报率 24.51% 的优异成绩。

最后，从基本面、财务面和估值面三个方面，简单分析了茅台这家企业。结论是，茅台作为“中国第一白酒品牌”，其产品茅台酒不仅具有消费属性、社交属性，还有投资属性。在现金流和盈利能力方面，公司的长期业绩表现，在当前 A 股市场中十分优秀。截至 2023 年 11 月 29 日，茅台的股价为 1774.71 元 / 股，市盈率为 31.31 倍。通过简易估值公式和分位数排位法可知，当前市盈率对茅台而言并不算贵，符合市场对其未来成长的预期。

第4章

中国的银行板块，带来不一样的安全感

第1节
银行板块的另类投资（上）
——学会分析银行的基本面

如果我们要探讨中国金融界哪个行业最稳健，银行板块无疑是一个值得关注的领域。尽管许多人对投资银行股持保留态度，认为股票投资就应该追求低买高卖以快速地赚取差价，而银行股的股价往往呈现出相对平稳的走势，这使得一些投资者对投资银行股兴致寥寥。

投资银行股是否真的无法获得高收益？实际上遵循合理的投资策略，我们就能够通过投资银行股稳定获利。市净率是衡量银行估值的关键指标，它反映了每股股价与公司每股净资产的比例。通过分析市净率，我们可以较为准确地判断银行股股价是否被低估或高估。

一、投资银行板块能挣钱吗？

举个例子，图4-1展示了从2013年1月1日到2023年12月10日银行指数及其市净率的趋势。在2658个交易日中，我们确定了市净率的机会值为0.66倍，危险值为1.03倍。机会值意味着银行指数处于低估状态，为投资者买入获利的机会参考值；危险值则表明指数处于高估状态，表明此时投资风险较高。

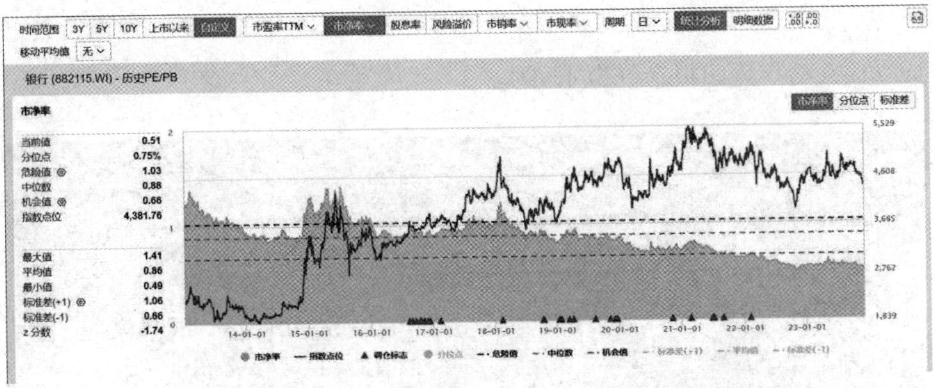

图4-1　2013年1月—2023年12月银行指数及其市净率的走势

这两个数值背后的统计学原理相对简单：机会值代表了过去 10 年中估值处于 20% 分位数的水平，而危险值则对应估值达到 80% 分位数的水平。通过这些数据，投资者可以更明智地做出投资决策，而不是单纯依赖于股价的短期波动，盲目地追涨杀跌。

为了深入理解银行股投资的潜力，我们进行了一项投资回测实验。实验从 2013 年 1 月 1 日开始，直至 2023 年 12 月 10 日结束。在这段时间内，我们发现银行指数市净率低于 0.66 倍的交易日共有 534 天，这些日子主要集中在 2021 年 7 月 27 日之后。

如果我们采用基于估值分位数的投资策略，即在市净率低于 20% 分位数时买入，在高于 80% 分位数时卖出，那么从 2021 年 7 月 27 日开始进行的投资将没有退出的时机。根据这一策略，投资将一直持续到 2023 年 12 月 10 日，总计 2.4 年。然而结果显示，在这 2.4 年的时间里，银行指数下跌了 6.45%（见图 4-2）。

这一结果表明，仅凭统计意义上的机会值并不能保证实际的盈利。为了进一步探究结论的可靠性，我们以市场上成立超过 10 年的银行被动基金作为观察对象。目前，只有华宝中证银行 ETF（240019.OF）这一基金符合条件。该基金自 2001 年成立以来，至今已有 12.35 年的历史。然而，其自成立以来的年化回报率仅为 4.14%。

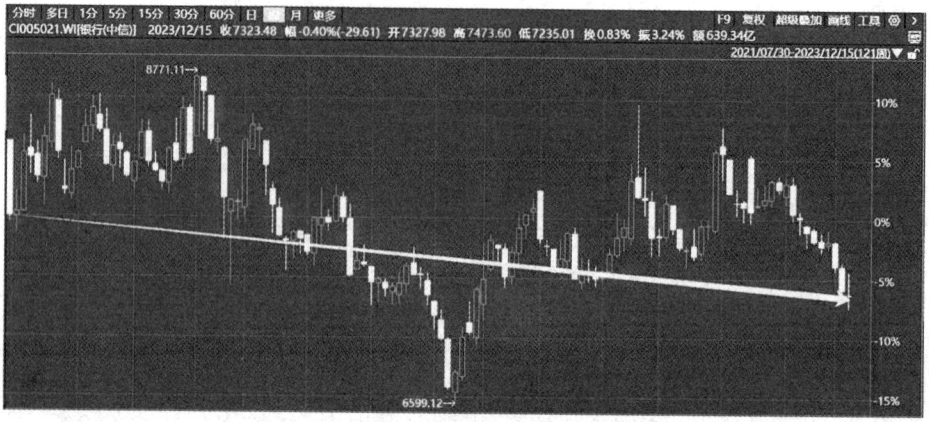

图4-2 2021年7月—2023年12月银行指数的走势

哪怕我们依然取机会值开始的时间起点，即 2021 年 7 月 27 日，作为基金回测实验的买入点，以 2023 年 12 月 10 日作为卖出点，华宝中证银行 ETF 也仅可获得 1.03% 的总投资回报率（见图 4-3）。

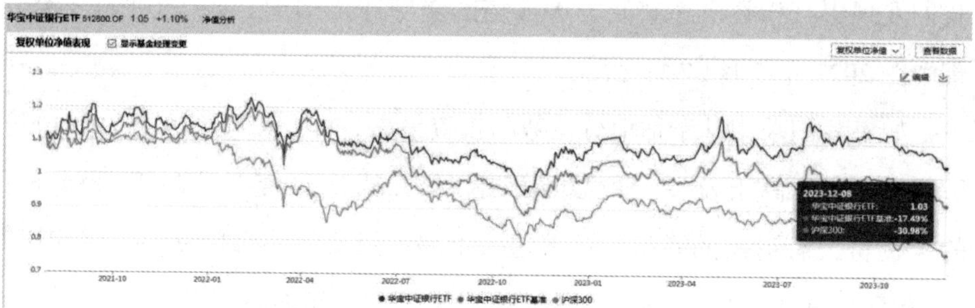

图4-3 2021年7月27日—2023年12月10日
华宝中证银行ETF、华宝中证银行基准及沪深300的走势

各种结果好像都在验证普通人的固有认知：投资银行股根本不挣钱。不过，如果我们把目光锁定在具体的银行身上，情况就不一样了。

二、具体银行股展现出的特别投资效果

我们选择了工商银行作为研究对象，其原因可以用一个词概括——安全。尽管大家可能会对投资工商银行股票的盈利效果产生怀疑，但工商银行作为一家企业，其基本面的稳健性是毋庸置疑的。

2007—2022 年的财务报表显示，工商银行涉及股东最核心的指标——归属于母公司股东的净利润，一直呈增长态势。在这 15 年间，工商银行的净利润年均增长率达到了 8.79%，显示出其业绩在稳定增长。

综合当前的政治经济环境来看，工商银行破产的可能性几乎为零。同时，考虑到工商银行的规模、市场地位及稳健的经营策略，其业绩出现大幅下滑的风险也非常低。

让我们以 2021 年 7 月 27 日至 2023 年 12 月 10 日为实验期，对工商银行的投资表现进行分析（见图 4-4）。在这个时间段内，工商银行的股价从 4.07 元上涨至 4.73 元，实现了 16.22% 的股价增长。此外，工商银行还进行了两次分红，每股累计分红金额为 0.596 元。所以，为了计算总投资回报率，我们需将股价增长和分红收益结合起来考虑，结果是在投资工商银行的一年多里，总投资回报率为 30.56%。

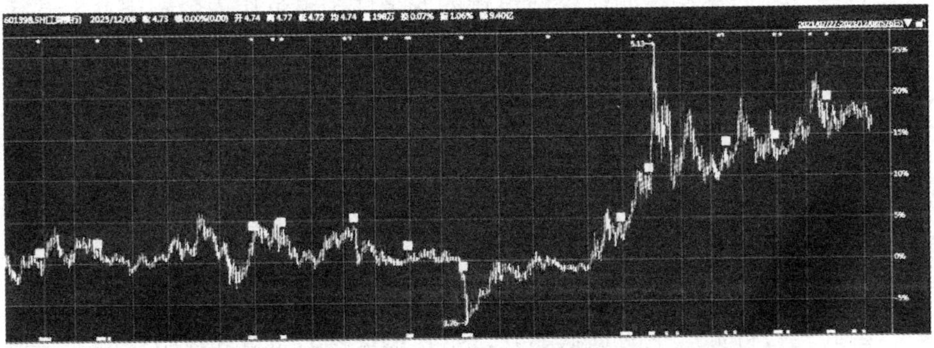

图4-4　2021年7月—2023年12月工商银行股价的走势

在相同的时间内，当比较银行业指数、行业内领先的被动指数基金，以及行业内市值最大的企业时，我们发现它们的投资回报率之间存在高达35个百分点的差异。这一现象揭示了银行业与食品饮料行业等其他行业相比存在着一个重要区别：不同银行之间的基本面存在显著差异，即表现优异的银行和表现不佳的银行之间，有着巨大的投资差距。

这种差异意味着，单纯投资银行指数ETF可能无法获得显著的超额收益。然而，优秀的银行个股往往能够提供更高的投资回报，这需要投资者具备深入分析和甄别银行个股基本面的能力。因此，如何细致地审视各银行之间的基本面，进而判断它们的优劣，成为投资者接下来需要认真研究的重点。

三、如何分析具体银行基本面的优劣

投资股票的核心目的在于实现高效的资本增值，而选择银行股则又多了一项投资诉求，那就是寻求更高的安全性。因此，我们对银行基本面的分析应该从安全性和增长性这两个关键维度入手。

1. 如何分析银行安全性的优劣

首先，我们来探讨如何评估银行的安全性。银行作为金融中介，其核心资产的安全性直接关系到银行未来运营的稳健性。其商业模式本质上是通过吸纳存款，然后将资金贷出去，从而赚取利息差。在这个过程中，吸纳存款相对简单——只要提供的利率具有竞争力，正规银行通常能够吸引足够的存款。然而，贷款业务则具有挑战性，因为银行需要确保贷出的本金及其利息能顺利回收。

因此，银行资产中的贷款部分，尤其是贷款的质量和风险控制，是在评估银行安全性时需要重点考虑的内容。银行的贷款组合应该具备良好的分散性，以降低单一借款人或行业的风险。同时，银行还需要有严格的信贷和风险管理措施，以确保贷款的可回收性。

为了让普通投资者更便捷地了解一家银行资产安全性的全貌，我们须了解以下三大指标："不良贷款占比""关注类贷款占比""不良贷款拨备覆盖率"。这些指标与银行资产安全性之间的关系如下。

（1）不良贷款占比表示的是不良贷款占银行总贷款额的百分比。不良贷款主要包括三类：呆账贷款、呆滞贷款和逾期贷款。

①呆账贷款：这类贷款通常指借款人已经明确表示或通过行为表明无法偿还的贷款，即彻底不还的贷款。

②呆滞贷款：指的是借款人违反合同规定，超过约定期限未能偿还贷款，或者虽然违约时间不长，但明显缺乏还款能力的贷款。

③逾期贷款：最简单的理解就是，贷款合同到期后，借款人未能按时还款，即刚开始违约的贷款。

尽管这三类不良贷款的严重程度不同，但它们都是商业银行希望尽量避免的资产。不良贷款的存在会增加银行的运营风险，并可能影响其盈利能力和财务健康。为了更具体地说明这一点，我们可以参考中国 A 股银行板块的数据。2018 年至 2022 年，42 家上市银行的不良贷款占比平均值为 1.35%。这个平均值提供了一个行业基准，帮助投资者评估各家银行的贷款质量和风险管理能力（见表 4-1）。

表4-1　2018年—2022年A股上市银行不良贷款占比情况

证券简称	不良贷款比率 [报告期] 2018年报 [报表类型] 合并报表 [单位] %	不良贷款比率 [报告期] 2019年报 [报表类型] 合并报表 [单位] %	不良贷款比率 [报告期] 2020年报 [报表类型] 合并报表 [单位] %	不良贷款比率 [报告期] 2021年报 [报表类型] 合并报表 [单位] %	不良贷款比率 [报告期] 2022年报 [报表类型] 合并报表 [单位] %
工商银行	1.5200	1.4300	1.5800	1.4200	1.3800
农业银行	1.5900	1.4000	1.5700	1.4300	1.3700
中国银行	1.4200	1.3700	1.4600	1.3300	1.3200

续表

证券简称	不良贷款比率 [报告期] 2018年报 [报表类型] 合并报表 [单位] %	不良贷款比率 [报告期] 2019年报 [报表类型] 合并报表 [单位] %	不良贷款比率 [报告期] 2020年报 [报表类型] 合并报表 [单位] %	不良贷款比率 [报告期] 2021年报 [报表类型] 合并报表 [单位] %	不良贷款比率 [报告期] 2022年报 [报表类型] 合并报表 [单位] %
建设银行	1.4600	1.4200	1.5600	1.4200	1.3800
招商银行	1.3600	1.1600	1.0700	0.9100	0.9600
邮储银行	0.8600	0.8600	0.8800	0.8200	0.8400
交通银行	1.4900	1.4700	1.6700	1.4800	1.3500
兴业银行	1.5700	1.5400	1.2500	1.1000	1.0900
中信银行	1.7700	1.6500	1.6400	1.3900	1.2700
浦发银行	1.9200	2.0500	1.7300	1.6100	1.5200
平安银行	1.7500	1.6500	1.1800	1.0200	1.0500
光大银行	1.5900	1.5600	1.3800	1.2500	1.2500
民生银行	1.7600	1.5600	1.8200	1.7900	1.6800
宁波银行	0.7800	0.7800	0.7900	0.7700	0.7500
江苏银行	1.3900	1.3800	1.3200	1.0800	0.9400
北京银行	1.4600	1.4000	1.5700	1.4400	1.4300
华夏银行	1.8500	1.8300	1.8000	1.7700	1.7500
上海银行	1.1400	1.1600	1.2200	1.2500	1.2500
南京银行	0.8900	0.8900	0.9100	0.9100	0.9000
浙商银行	1.2000	1.3700	1.4200	1.5300	1.4700
杭州银行	1.4500	1.3400	1.0700	0.8600	0.7700
沪农商行	1.1300	0.9000	0.9900	0.9500	0.9400
渝农商行	1.2900	1.2500	1.3100	1.2500	1.2200
成都银行	1.5400	1.4300	1.3700	0.9800	0.7800
长沙银行	1.2900	1.2200	1.2100	1.2000	1.1600
苏州银行	1.6800	1.5300	1.3800	1.1100	0.8800
重庆银行	1.3600	1.2700	1.2700	1.3000	1.3800
贵阳银行	1.3500	1.4500	1.5300	1.4500	1.4500
常熟银行	0.9900	0.9600	0.9600	0.8100	0.8100
齐鲁银行	1.6400	1.4900	1.4300	1.3500	1.2900
郑州银行	2.4700	2.3700	2.0800	1.8500	1.8800
兰州银行	2.2500	2.4400	1.7500	1.7300	1.7100
青岛银行	1.6800	1.6500	1.5100	1.3400	1.2100
西安银行	1.2000	1.1800	1.1800	1.3200	1.2500
青农商行	1.5700	1.4600	1.4400	1.7400	2.1900

续表

证券简称	不良贷款比率 [报告期] 2018年报 [报表类型] 合并报表 [单位] %	不良贷款比率 [报告期] 2019年报 [报表类型] 合并报表 [单位] %	不良贷款比率 [报告期] 2020年报 [报表类型] 合并报表 [单位] %	不良贷款比率 [报告期] 2021年报 [报表类型] 合并报表 [单位] %	不良贷款比率 [报告期] 2022年报 [报表类型] 合并报表 [单位] %
厦门银行	1.3300	1.1800	0.9800	0.9100	0.8600
无锡银行	1.2400	1.2100	1.1000	0.9300	0.8100
瑞丰银行	1.4600	1.3500	1.3200	1.2500	1.0800
紫金银行	1.6900	1.6800	1.6800	1.4500	1.2000
张家港行	1.4700	1.3800	1.1700	0.9500	0.8900
江阴银行	2.1500	1.8300	1.7900	1.3200	0.9800

（2）关注类贷款占比指的是关注类贷款占银行总贷款额的比率。所谓关注类贷款，是指借款人目前尚能按时偿还本息，但存在一些可能影响其还款能力的因素。

这些贷款尚未逾期，但银行在进行持续的风险评估时认为，这些贷款可能存在一定的风险。与不良贷款不同，如果不利因素消失的话，关注类贷款还有机会转为正常贷款；然而，如果情况恶化，这些贷款可能会转为不良资产。

关注类贷款的判定标准具有一定的灵活性，银行可以根据多种因素自行评估，包括但不限于：

①贷款用于固定资产项目，但因建设周期延长或预算超支等不可控因素可能影响还款；

②借款人的关键财务指标异常或低于行业平均水平，如销售收入或营业利润大幅下滑，或出现流动性问题；

③借款人的债务规模过大或明显增加；

④借款人未按约定使用资金，或在经营管理上出现严重失误；

⑤借款人或担保人的其他项目重组，可能对还款产生不利影响。

银行在处理关注类贷款时必须非常谨慎，因为过高的关注类贷款占比会引起监管机构和金融市场的关注。2018 年至 2022 年，A 股上市银行的平均关注类贷款占比为 2%（见表 4-2）。

表4-2 2018年—2022年A股上市银行关注类贷款占比情况

证券简称	关注－占贷款总额比 [报告期] 2018年报 [单位]%	关注－占贷款总额比 [报告期] 2019年报 [单位]%	关注－占贷款总额比 [报告期] 2020年报 [单位]%	关注－占贷款总额比 [报告期] 2021年报 [单位]%	关注－占贷款总额比 [报告期] 2022年报 [单位]%
工商银行	2.9200	2.7100	2.2100	1.9900	1.9500
农业银行	2.7400	2.2400	2.0100	1.4800	1.4600
中国银行	2.9000	2.2200	1.8700	1.3500	1.3500
建设银行	2.8100	2.9300	2.9500	2.6900	2.5200
招商银行	1.5100	1.1700	0.8100	0.8400	1.2100
邮储银行	0.6300	0.6600	0.5400	0.4700	0.5600
交通银行	2.4500	2.1600	1.4100	1.3500	1.4400
兴业银行	2.0500	1.7800	1.3700	1.5200	1.4900
中信银行	2.3600	2.2200	2.0100	1.7500	1.6300
浦发银行	2.9500	2.5300	2.5800	2.1700	
平安银行	2.7300	2.0100	1.1100	1.4200	1.8200
光大银行	2.4100	2.2100	2.1500	1.8600	1.8400
民生银行	3.3800	2.9600	2.9800	2.8500	2.8900
宁波银行	0.5500	0.7400	0.5000	0.4800	0.5800
江苏银行	2.2500	1.9400	1.3600	1.3400	1.3100
北京银行	0.8800	1.2500	1.1400	1.4800	1.6100
华夏银行	4.4400	3.5600	3.4300	3.1000	2.7800
上海银行	1.8600	1.8800	1.9100	1.6500	1.6400
南京银行	1.4200	1.2100	1.2100	1.2200	0.8400
浙商银行	1.6200	2.3300	1.7400	2.2200	2.4000
杭州银行	1.2600	0.9400	0.5800	0.3800	0.3900
沪农商行	0.8500	0.7600	0.7600	0.4700	0.7400
渝农商行	1.9300	2.3200	2.3600	1.9200	1.2900
成都银行	1.8800	0.9200	0.6800	0.6100	0.4600
长沙银行	2.9000	3.4400	2.7100	1.9800	1.4800
苏州银行	2.5800	2.5300	1.3700	0.9600	0.7500
重庆银行	3.3300	3.1200	2.9600	3.1200	3.2000
贵阳银行	2.5900	2.7600	2.4100	3.0800	2.8500
常熟银行	2.0700	1.5500	1.1700	0.8900	0.8400
齐鲁银行	4.0500	2.5200	2.3500	1.9500	1.7100

续表

证券简称	关注 – 占贷款总额比 [报告期] 2018 年报 [单位]%	关注 – 占贷款总额比 [报告期] 2019 年报 [单位]%	关注 – 占贷款总额比 [报告期] 2020 年报 [单位]%	关注 – 占贷款总额比 [报告期] 2021 年报 [单位]%	关注 – 占贷款总额比 [报告期] 2022 年报 [单位]%
工商银行	2.9200	2.7100	2.2100	1.9900	1.9500
郑州银行	2.9500	2.0800	2.0300	2.2100	2.0100
兰州银行	3.7900	5.8000	6.5300	5.9300	5.6400
青岛银行	5.6300	3.4900	1.4700	1.0300	0.8200
西安银行	2.2700	2.4100	2.7800	2.9200	2.4300
青农商行	7.1500	6.0300	4.8300	5.5900	5.6200
厦门银行	1.0800	1.5000	0.7500	0.9100	1.2300
无锡银行	0.6800	0.3700	0.4000	0.2900	0.3100
瑞丰银行	1.8100	1.5400	1.6200	1.5100	1.4500
紫金银行	1.7600	1.7500	1.1200	0.6300	0.7600
张家港行	5.2400	2.5700	1.7000	1.6100	1.5000
江阴银行	1.6700	2.2300	1.0200	0.5600	0.9200

（3）不良贷款拨备覆盖率是一个衡量银行为应对不良贷款可能造成的损失而设置的准备金充足程度的指标。虽然这个指标听起来可能有些复杂，但其背后的逻辑相当简单。

银行的大部分资金源于储户的存款。理论上，银行可以通过将这些存款全部贷出去来最大化自身的利益。然而，贷款过程中不可避免地会遇到借款人无法偿还贷款的情况，这就是所谓的“老赖”情况。

为了应对这种情况，银行会根据其不良资产的规模，预留一部分现金或等价资产，作为应对突发挤兑危机的资金保障。这部分预留的资金，就是所谓的“拨备款”。

不良贷款拨备覆盖率实际上就是拨备款与不良贷款总额的比率。这个比率越高，说明银行为潜在损失所做的准备越充分，其抵御风险的能力也就越强。

2018 年 2 月，中国银监会发布了《关于调整商业银行贷款损失准备监管要求的通知》，要求商业银行的不良贷款拨备覆盖率不得低于 120%，以确保银行有足够的准备金来应对不良贷款的风险。从2018年到2022年，中国商业银行的平均不良贷款拨备覆盖率达到了275.44%，远超监管要求的最低标准（见表4-3）。这表明中国商业银行在风险管理方面做得相当到位，为投资者提供了较高的安全边际。

表4-3　2018年—2022年A股上市银行不良贷款拨备覆盖率情况

证券简称	不良贷款拨备覆盖率 [报告期]2018年报 [报表类型]合并报表 [单位]%	不良贷款拨备覆盖率 [报告期]2019年报 [报表类型]合并报表 [单位]%	不良贷款拨备覆盖率 [报告期]2020年报 [报表类型]合并报表 [单位]%	不良贷款拨备覆盖率 [报告期]2021年报 [报表类型]合并报表 [单位]%	不良贷款拨备覆盖率 [报告期]2022年报 [报表类型]合并报表 [单位]%
工商银行	175.7600	199.3200	180.6800	205.8400	209.4700
农业银行	252.1800	288.7500	260.6400	299.7300	302.6000
中国银行	181.9700	182.8600	177.8400	187.0500	188.7300
建设银行	208.3700	227.6900	213.5900	239.9600	241.5300
招商银行	358.1800	426.7800	437.6800	483.8700	450.7900
邮储银行	346.8000	389.4500	408.0600	418.6100	385.5100
交通银行	173.1300	171.7700	143.8700	166.5000	180.6800
兴业银行	207.2800	199.1300	218.8300	268.7300	236.4400
中信银行	157.9800	175.2500	171.6800	180.0700	201.1900
浦发银行	154.8800	133.7300	152.7700	143.9600	159.0400
平安银行	155.2400	183.1200	201.4000	288.4200	290.2800
光大银行	176.1600	181.6200	182.7100	187.0200	187.9300
民生银行	134.0500	155.5000	139.3800	145.3000	142.4900
宁波银行	521.8300	524.0800	505.5900	525.5200	504.9000
江苏银行	203.8400	232.7900	256.4000	307.7200	362.0700
北京银行	217.5100	224.6900	215.9500	210.2200	210.0400
华夏银行	158.5900	141.9200	147.2200	150.9900	159.8800
上海银行	332.9500	337.1500	321.3800	301.1300	291.6100
南京银行	462.6800	417.7300	391.7600	397.3400	397.2000
浙商银行	270.3700	220.8000	191.0100	174.6100	182.1900
杭州银行	256.0000	316.7100	469.5400	567.7100	565.1000
沪农商行	342.2800	431.3100	419.1700	442.5000	445.3200
渝农商行	347.7900	380.3100	314.9500	340.2500	357.7400
成都银行	237.0100	253.8800	293.4300	402.8800	501.5700

续表

证券简称	不良贷款拨备覆盖率[报告期]2018年报[报表类型]合并报表[单位]%	不良贷款拨备覆盖率[报告期]2019年报[报表类型]合并报表[单位]%	不良贷款拨备覆盖率[报告期]2020年报[报表类型]合并报表[单位]%	不良贷款拨备覆盖率[报告期]2021年报[报表类型]合并报表[单位]%	不良贷款拨备覆盖率[报告期]2022年报[报表类型]合并报表[单位]%
长沙银行	275.4000	279.9800	292.6800	297.8700	311.0900
苏州银行	174.3300	224.0700	291.7400	422.9100	530.8100
重庆银行	225.8700	279.8300	309.1300	274.0100	211.1900
贵阳银行	266.0500	291.8600	277.3000	271.0300	260.8600
常熟银行	445.0200	481.2800	485.3300	531.8200	536.7700
齐鲁银行	192.6800	204.0900	214.6000	253.9500	281.0600
郑州银行	154.8400	159.8500	160.4400	156.5800	165.7300
兰州银行	140.1500	160.1100	181.3600	191.8800	194.9900
青岛银行	168.0400	155.0900	169.6200	197.4200	219.7700
西安银行	216.5300	262.4100	269.3900	224.2100	201.6300
青农商行	290.0500	310.2300	278.7300	231.7700	207.6300
厦门银行	212.8300	274.5800	368.0300	370.6400	387.9300
无锡银行	234.7600	288.1800	355.8800	477.1900	552.7400
瑞丰银行	228.9700	243.8400	234.4100	252.9000	280.5000
紫金银行	229.5800	236.9500	220.1500	232.0000	246.6600
张家港行	223.8500	252.1400	307.8300	475.3500	521.0900
江阴银行	233.7100	259.1300	224.2700	330.6200	469.6200

2. 如何分析银行增长性的优劣

说完银行板块关于安全性的评估指标，我们接着介绍如何衡量银行增长性的相关内容。普通人若希望更加专业地衡量银行资产的增长性，关注这三个指标即可：净资产收益率、归母净利润同比增长率和净息差。

（1）净资产收益率是衡量银行利用自有资本获利的一个重要指标。银行业务的核心在于吸纳储户存款并将其贷出，通过挣利息差来盈利。如果银行只追求自身利益最大化，不顾一切地放贷，势必造成金融市场的系统风险。

因此，在对银行估值时，我们通常不使用市盈率，而是采用市净率。

所以银行通过其净资产获得利润的能力——净资产收益率自然成为衡量银行增长潜力的重要指标。净资产收益率高，意味着银行能够有效地利用其净资产来创造收益，这是银行健康经营和潜力增长的体现。

从 2018 年到 2022 年，A 股上市银行的平均净资产收益率为 10.97%，这一指标为投资者提供了一个行业基准，帮助他们评估各家银行的盈利能力和资本效率（见表 4-4）。

表4-4　2018年—2022年A股上市银行净资产收益率情况

证券简称	净资产收益率（平均）[报告期]2018年报 [单位]%	净资产收益率（平均）[报告期]2019年报 [单位]%	净资产收益率（平均）[报告期]2020年报 [单位]%	净资产收益率（平均）[报告期]2021年报 [单位]%	净资产收益率（平均）[报告期]2022年报 [单位]%
工商银行	13.3562	12.4735	11.3438	11.3258	10.6763
农业银行	13.0967	11.7225	10.3981	10.4422	10.1963
中国银行	11.5848	10.8180	9.9159	10.1586	9.7766
建设银行	13.5591	12.7236	11.8335	12.2152	11.8958
招商银行	15.7910	16.1309	14.5825	15.1561	15.2986
邮储银行	11.5556	11.9679	10.5619	10.3923	10.5324
交通银行	10.7525	10.3618	9.4314	9.5651	9.2703
兴业银行	13.7328	13.0780	11.5176	12.7230	12.7773
中信银行	10.6452	10.0663	9.2251	9.5042	9.6155
浦发银行	12.4674	11.4901	9.7856	8.1032	7.4818
平安银行	10.7415	10.1966	8.5445	9.5674	10.9660
平安银行	10.7415	10.1966	8.5445	9.5674	10.9660
光大银行	10.7494	10.5748	9.0226	9.2756	9.0485
民生银行	12.5968	11.4640	6.5451	6.2295	6.0073
宁波银行	16.2158	15.1381	13.7576	14.5918	14.5561
江苏银行	11.1776	11.4469	9.6939	10.6380	12.6658
北京银行	10.8915	10.7318	10.0782	8.6437	8.2051
华夏银行	10.8277	9.0380	7.7618	8.1309	8.0921
上海银行	11.7005	12.0109	11.3782	11.1438	10.4539
南京银行	15.2574	15.1237	13.5230	13.8951	13.2615
浙商银行	12.1540	11.3808	9.5880	8.5842	8.3265
杭州银行	9.9308	11.0303	9.9527	10.8358	12.3824
沪农商行	12.6748	13.1255	11.0011	11.3439	11.2211

续表

证券简称	净资产收益率（平均）[报告期]2018年报 [单位]%	净资产收益率（平均）[报告期]2019年报 [单位]%	净资产收益率（平均）[报告期]2020年报 [单位]%	净资产收益率（平均）[报告期]2021年报 [单位]%	净资产收益率（平均）[报告期]2022年报 [单位]%
渝农商行	13.5646	12.3479	9.2830	9.6689	9.4360
成都银行	16.5592	16.6318	14.7691	15.9857	17.7299
长沙银行	16.5019	14.1850	12.5660	12.6906	11.8184
苏州银行	9.9891	9.6292	8.9408	9.9611	11.0107
重庆银行	11.7803	12.0213	11.4714	10.6663	10.0774
贵阳银行	17.2560	15.7069	14.4494	12.6870	11.2033
常熟银行	12.7527	11.9970	10.3383	11.5931	12.9527
齐鲁银行	11.0491	10.8340	10.1682	10.2143	10.6043
郑州银行	8.8848	8.7324	7.6249	6.3097	4.4635
兰州银行	11.3429	6.8942	6.1415	5.6067	5.7481
青岛银行	7.6912	8.0309	7.9536	9.2900	9.0071
西安银行	12.5521	12.2785	11.2086	10.5612	8.5478
青农商行	12.8574	12.5745	11.1145	9.7310	6.6452
厦门银行	10.9424	11.7994	10.5172	10.2971	10.6757
无锡银行	10.8984	11.1078	10.2355	10.6135	11.3773
瑞丰银行	10.8549	10.5731	10.3908	10.3340	10.7258
紫金银行	11.2705	10.8827	10.0930	9.8344	9.6698
张家港行	9.1789	9.2701	9.1498	10.1774	11.2216
江阴银行	8.7190	9.0926	8.8483	10.1258	11.8389

（2）归母净利润同比增长率是衡量上市公司盈利能力增长的关键指标。作为投资者，买入一家公司的股票，本质上是成为该公司的股东，分享其盈利成果。因此，评估一家公司是否盈利，最直接的方法就是观察其归属于母公司股东的净利润的年度增长情况，即今年的利润与去年相比增加了多少。

在银行业，这个指标通常不会像其他行业那样高，因为银行的利润增长与贷款客户成本之间存在一定的平衡关系。银行的主要职能之一是为社会提供流动性支持，并从中获得合理的利息收入，银行挣得太多，一定程度上会影响整个经济体系的健康发展。

尽管如此，归母净利润同比增长率依然是一个重要的指标，因为它反映了银行盈利能力的增长趋势和经营效率。根据2018年至2022年的数据，A股上市银行这一指标的平均值为9.23%，这表明银行业整体保持了稳定的利润增长（见表4-5）。

表4–5　2018年—2022年A股上市银行归母净利润同比增长情况

证券简称	归属母公司股东的净利润（同比增长率）[报告期]2018年报 [单位]%	归属母公司股东的净利润（同比增长率）[报告期]2019年报 [单位]%	归属母公司股东的净利润（同比增长率）[报告期]2020年报 [单位]%	归属母公司股东的净利润（同比增长率）[报告期]2021年报 [单位]%	归属母公司股东的净利润（同比增长率）[报告期]2022年报 [单位]%
工商银行	4.0647	4.8872	1.1793	10.2663	3.4866
农业银行	5.0896	4.5936	1.8044	11.6976	7.4454
中国银行	4.4540	4.0642	2.9161	12.2824	5.0240
建设银行	5.1147	4.7429	1.6185	11.6078	7.0569
招商银行	14.8396	15.2768	4.8187	23.1966	15.0848
邮储银行	9.7058	16.4822	5.3600	18.6467	11.8866
交通银行	4.8517	4.9586	1.2849	11.8903	5.2157
兴业银行	5.9790	8.6572	1.1508	24.0957	10.5189
中信银行	4.5741	7.8674	2.0098	13.5994	11.6137
浦发银行	3.0521	5.3600	-0.9947	-9.1247	-3.4564
平安银行	7.0249	13.6071	2.5998	25.6084	25.2642
光大银行	6.7015	10.9777	1.2582	14.7271	3.2253
民生银行	1.0319	6.9386	-36.2511	0.2099	2.5828
宁波银行	19.8507	22.5979	9.7339	29.8738	18.0548
江苏银行	10.0205	11.8919	3.0587	30.7228	28.8998
北京银行	6.7741	7.1943	0.2006	3.4537	11.4011
华夏银行	5.2223	5.0398	-2.8761	10.6228	6.3735
上海银行	17.6504	12.5515	2.8943	5.5417	1.0787
南京银行	14.5295	12.4680	5.1986	21.0358	16.0896
浙商银行	4.9377	12.4830	-4.7586	2.7541	7.6692
杭州银行	18.9373	21.9886	8.0933	29.7707	26.1128
沪农商行	7.9637	21.0381	-7.7437	18.8366	13.1628
渝农商行	1.3677	7.7466	-13.9212	13.7898	7.4884
成都银行	18.9468	19.3965	8.5335	29.9797	28.2431

续表

证券简称	归属母公司股东的净利润（同比增长率）[报告期]2018 年报 [单位]%	归属母公司股东的净利润（同比增长率）[报告期]2019 年报 [单位]%	归属母公司股东的净利润（同比增长率）[报告期]2020 年报 [单位]%	归属母公司股东的净利润（同比增长率）[报告期]2021 年报 [单位]%	归属母公司股东的净利润（同比增长率）[报告期]2022 年报 [单位]%
长沙银行	13.9388	13.4336	5.0815	18.0948	8.0401
苏州银行	6.2643	10.3054	4.0000	20.7923	26.1290
重庆银行	1.1800	11.6090	5.1372	5.4279	4.3766
贵阳银行	13.3888	12.9087	2.1009	2.0691	1.0225
常熟银行	17.5330	20.1412	1.0100	21.3384	25.3945
齐鲁银行	6.8259	8.6117	7.7446	20.5196	18.1749
郑州银行	-28.5324	7.3980	-3.5784	1.8508	-24.9175
兰州银行	-4.7974	-34.8536	1.9555	4.9035	10.7092
青岛银行	6.4781	12.9223	4.7819	22.0792	5.4783
西安银行	10.8187	13.2718	3.0471	1.7350	-13.5463
青农商行	13.2255	16.7752	4.7730	3.5789	-24.4135
厦门银行	15.9210	21.4076	6.5297	18.9859	15.5624
无锡银行	10.1080	14.0671	4.9605	20.4656	26.6504
瑞丰银行	20.0934	7.7053	6.4040	15.0832	20.1971
紫金银行	10.2049	13.0268	1.7221	5.1133	5.6080
张家港行	9.4373	14.2548	4.8748	30.2967	29.0044
江阴银行	6.0487	18.1181	4.3640	20.5140	26.8799

（3）净息差是衡量银行盈利能力的重要指标，它并不是一个简单的差值，而是一个比率。净息差反映了银行从贷款和投资中获得的利息收入与其支付给存款者的利息成本之间的差额，然后将这个差额与其总生息资产相除得到的结果。

简单来说，净息差可以被理解为银行利用其资产在市场中赚取利润的能力。一个较高的净息差意味着银行在每一单位资产上能够产生更多的净利息收入，这是银行盈利模式的核心。从 2018 年到 2022 年，全国上市银行的平均净息差为 2.14%。这个指标为投资者提供了一个衡量银行资产盈利效率和市场竞争力的基准（见表 4-6）。

表4–6 2018年—2022年A股上市银行净息差情况

证券简称	净息差 [报告期]2018年报 [报表类型]合并报表 [单位]%	净息差 [报告期]2019年报 [报表类型]合并报表 [单位]%	净息差 [报告期]2020年报 [报表类型]合并报表 [单位]%	净息差 [报告期]2021年报 [报表类型]合并报表 [单位]%	净息差 [报告期]2022年报 [报表类型]合并报表 [单位]%
工商银行	2.3000	2.2400	2.1500	2.1100	1.9200
农业银行	2.3300	2.1700	2.2000	2.1200	1.9000
中国银行	1.9000	1.8400	1.8500	1.7500	1.7600
建设银行	2.3100	2.2600	2.1900	2.1300	2.0200
招商银行	2.5700	2.5900	2.4900	2.4800	2.4000
邮储银行	2.6700	2.5000	2.4200	2.3600	2.2000
交通银行	1.5100	1.5800	1.5700	1.5600	1.4800
兴业银行	1.8300	1.9400	2.3600	2.2900	2.1000
中信银行	1.9400	2.1200	2.2600	2.0500	1.9700
浦发银行	1.9400	2.0800	2.0200	1.8300	1.7700
平安银行	2.3500	2.6200	2.5300	2.7900	2.7500
光大银行	1.7400	2.3100	2.2900	2.1600	2.0100
民生银行	1.7300	2.1100	2.1400	1.9100	1.6000
宁波银行	1.9700	1.8400	2.3000	2.2100	2.0200
江苏银行	1.5900	1.9400	2.1400	2.2800	2.3200
北京银行	2.2842	2.0722	1.9200	1.8300	1.7600
华夏银行	1.9500	2.2400	2.5900	2.3500	2.1000
上海银行	1.7600	1.7100	1.8200	1.7400	1.5400
南京银行	1.8900	1.8500	1.8600	1.8800	2.1900
浙商银行	1.9300	2.3400	2.1900	2.2700	2.2100
杭州银行	1.7100	1.8300	1.9800	1.8300	1.6900
沪农商行	2.0500	1.8700	1.9100	1.8600	1.8300
渝农商行	2.4500	2.3300	2.2500	2.1700	1.9700
成都银行	2.2100	2.1600	2.1900	2.1300	2.0400
长沙银行	2.4500	2.4200	2.5800	2.4000	2.4100
苏州银行	2.1100	2.0900	2.2200	1.9100	1.8700
重庆银行	1.7900	2.1100	2.2700	2.0600	1.7400
贵阳银行	2.3300	2.4000	2.5200	2.2600	2.2700
常熟银行	3.7004	3.4444	3.1800	3.0600	3.0200
齐鲁银行	2.2900	2.2700	2.1500	2.0200	1.9600

续表

证券简称	净息差 [报告期] 2018年报 [报表类型] 合并报表 [单位]%	净息差 [报告期] 2019年报 [报表类型] 合并报表 [单位]%	净息差 [报告期] 2020年报 [报表类型] 合并报表 [单位]%	净息差 [报告期] 2021年报 [报表类型] 合并报表 [单位]%	净息差 [报告期] 2022年报 [报表类型] 合并报表 [单位]%
郑州银行	1.7000	2.1600	2.4000	2.3100	2.2700
兰州银行	2.3600	2.1200	1.7200	1.7200	1.5800
青岛银行	1.6300	2.1300	2.1300	1.7900	1.7600
西安银行	2.2300	2.2600	2.1600	1.9100	1.6600
青农商行	2.4900	2.6100	2.5200	2.1600	2.0000
厦门银行	2.2710	1.5143	1.6500	1.6200	1.5300
无锡银行	2.1600	2.0200	2.0700	1.9500	1.8100
瑞丰银行	2.5500	2.5600	2.5100	2.3400	2.2100
紫金银行	2.2750	2.1200	1.9100	1.8300	1.8000
张家港行	2.5600	2.7400	2.7400	2.4300	2.2500
江阴银行	2.6700	2.4600	2.1900	2.1400	2.1800

四、42家上市银行基本面的评分机制

为了全面评估银行的基本面，我们从安全性和增长性两个维度出发，构建了一个包含六大指标的评估体系。

（1）不良贷款占比。

（2）关注类贷款占比。

（3）不良贷款拨备覆盖率。

（4）净资产收益率。

（5）归母净利润同比增长率。

（6）净息差。

由于银行业务的特殊性，安全性被赋予了更高的权重，因此我们可以将安全性和增长性的权重分配为60%和40%。接下来，我们根据历史数据，为每个指标设定具体的评分机制。

1. 不良贷款占比（权重 20%）

（1）1% 以下：5 分

（2）1% ～ 1.2%：4 分

（3）1.3% ～ 1.4%：3 分

（4）1.5% ～ 1.6%：2 分

（5）1.6% 以上：1 分

2. 关注类贷款占比（权重 20%）

（1）1% 以下：5 分

（2）1% ～ 1.6%：4 分

（3）1.7% ～ 2.4%：3 分

（4）2.5% ～ 3%：2 分

（5）3% 以上：1 分

3. 不良贷款拨备覆盖率（权重 20%）

（1）400% 以上：5 分

（2）300% ～ 400%：4 分

（3）220% ～ 299%：3 分

（4）180% ～ 219%：2 分

（5）180% 以下：1 分

4. 净资产收益率（权重 15%）

（1）12% 以上：5 分

（2）11.4% ～ 11.9%：4 分

（3）10.6% ～ 11.3%：3 分

（4）10% ～ 10.5%：2 分

（5）10% 以下：1 分

5. 归母净利润同比增长率（权重 15%）

（1）17% 以上：5 分

（2）13% ～ 16.9%：4 分

（3）7% ～ 12.9%：3 分

（4）3% ～ 6.9%：2 分

（5）3% 以下：1 分

6. 净息差（权重 10%）

（1）2.7% 以上：5 分

（2）2.4% ～ 2.69%：4 分

（3）2.1% ～ 2.39%：3 分

（4）1.8% ～ 2.09%：2 分

（5）1.8% 以下：1 分

通过这种加权评分机制，我们可以对每家银行的基本面进行量化评估，从而直观地展示其优劣。这种评估方法不仅考虑了银行的盈利能力，还充分考虑了风险控制能力，为投资者提供了一个全面而客观的参考。具体评分公式为：

银行基本面综合得分＝不良贷款占比得分 ×20%+ 关注类贷款占比得分 ×20%+ 不良贷款拨备覆盖率得分 ×20%+ 净资产收益率得分 ×15%+ 归母净利润同比增长率得分 ×15%+ 净息差得分 ×10%

截至 2022 年 12 月 31 日，我们对 A 股所有上市银行进行了综合评估，得分如下。

平均得分：9.4 分

中位数得分：9.1 分

这反映了上市银行在安全性和增长性两大维度上的整体表现。在所有上市银行中，排名前十的银行按加权得分排序如下。

1. 杭州银行

2. 常熟银行

3. 招商银行

4. 无锡银行

5. 江阴银行

6. 邮储银行

7. 交通银行

8. 南京银行

9. 光大银行

10. 郑州银行

这些银行在不良贷款占比、关注类贷款占比、不良贷款拨备覆盖率、净资产收益率、归母净利润同比增长率和净息差等关键指标上表现出色，显示出较强的市场竞争力和风险管理能力（见表 4-7）。

表4–7　A股42家上市银行基本面综合加权评分详情

证券简称	不良贷款占比（20%）	关注类贷款占比（20%）	不良贷款拨备覆盖率（20%）	净资产收益率（15%）	归母净利润同比增长率（15%）	净息差（10%）	总得分
杭州银行	0.8	1	1	0.6	0.75	0.5	15.85
常熟银行	1	0.8	0.8	0.75	0.75	0.3	14.8
招商银行	0.8	0.8	1	0.75	0.6	0.4	14.75
无锡银行	0.8	1	1	0.75	0.75	0.2	13.7
江阴银行	0.2	0.8	0.6	0.75	0.45	0.4	13.6
邮储银行	1	1	1	0.75	0.6	0.2	12.55
交通银行	0.4	0.6	0.6	0.75	0.45	0.3	12.5
南京银行	1	0.8	1	0.45	0.75	0.2	11.4
光大银行	0.4	0.6	0.6	0.75	0.3	0.3	11.35
郑州银行	0.2	0.6	0.6	0.75	0.3	0.3	11.35
宁波银行	1	1	0.8	0.45	0.45	0.4	11.3
紫金银行	0.4	0.8	0.8	0.15	0.75	0.4	11.3

续表

证券简称	不良贷款占比（20%）	关注类贷款占比（20%）	不良贷款拨备覆盖率（20%）	净资产收益率（15%）	归母净利润同比增长率（15%）	净息差（10%）	总得分
平安银行	0.6	0.6	0.6	0.3	0.6	0.4	11.3
兴业银行	0.6	0.6	0.6	0.3	0.6	0.4	11.3
中国银行	0.6	0.6	0.6	0.3	0.6	0.4	11.3
瑞丰银行	0.6	0.8	0.6	0.45	0.6	0.2	10.25
厦门银行	0.8	0.8	0.8	0.45	0.6	0.2	10.25
沪农商行	1	1	1	0.6	0.45	0.2	10.25
青岛银行	0.4	0.4	0.4	0.6	0.3	0.3	10.2
成都银行	0.6	1	0.8	0.45	0.6	0.1	9.15
北京银行	0.4	0.8	0.8	0.6	0.45	0.1	9.15
贵阳银行	0.4	0.4	0.8	0.15	0.6	0.3	9.05
江苏银行	0.6	0.6	0.8	0.45	0.3	0.3	9.05
长沙银行	0.6	0.4	0.6	0.45	0.3	0.3	9.05
浙商银行	0.6	0.6	0.6	0.3	0.45	0.3	9.05
平安银行	0.6	0.6	0.6	0.45	0.3	0.2	7.95
浦发银行	0.2	0.4	0.6	0.3	0.45	0.2	7.95
上海银行	0.6	0.6	0.8	0.15	0.6	0.2	7.95
苏州银行	0.6	0.6	0.6	0.45	0.3	0.2	7.95
中信银行	0.4	0.6	0.4	0.15	0.45	0.3	7.9
农业银行	0.4	0.6	0.4	0.3	0.3	0.3	7.9
齐鲁银行	0.4	0.4	0.4	0.15	0.45	0.2	6.8
西安银行	0.6	0.4	0.2	0.15	0.45	0.2	6.8
渝农商行	0.6	0.6	0.4	0.3	0.3	0.2	6.8
华夏银行	0.2	0.2	0.2	0.15	0.3	0.3	6.75
建设银行	0.4	0.4	0.6	0.3	0.15	0.3	6.75
工商银行	0.4	0.6	0.4	0.15	0.3	0.2	5.65
青农商行	0.2	0.2	0.2	0.15	0.15	0.3	5.6
张家港行	0.8	0.4	0.2	0.15	0.3	0.1	4.55
兰州银行	0.2	0.2	0.2	0.15	0.15	0.2	4.5
民生银行	0.2	0.2	0.2	0.15	0.15	0.2	4.5
重庆银行	0.6	0.2	0.2	0.15	0.15	0.2	4.5

最后我们回顾一下本节的全部内容。

我们通过估值分位数法投资策略回测，对过去十年的银行指数的市净率分位数进行了分析。结果表明，长期来看，投资银行指数 ETF 的回报率并不理想。

然而，当我们将焦点转向 A 股银行板块中市值最大的上市企业——工商银行时，发现依照估值分位数法投资工商银行的年化回报率，比投资银行类 ETF 高出 40 多个百分点。这一发现引导我们推断：在银行板块中，精选优秀的个股，相较于投资行业类的被动指数基金，能够带来更高的投资效率。

为了判断具体银行是否优秀，我们从安全性和增长性两个维度出发，关注以下六大指标。

（1）不良贷款占比。

（2）关注类贷款占比。

（3）不良贷款拨备覆盖率。

（4）净资产收益率。

（5）归母净利润同比增长率。

（6）净息差。

我们对 A 股 42 家上市银行 2018 年至 2022 年的相关数据进行了梳理，并根据每个指标的重要性赋予了相应的权重，确定了得分机制。通过公式，我们计算了每家银行的得分，并进行了排序。

截至 2022 年 12 月 31 日，A 股银行板块基本面综合得分排名前十位的银行如下：

1. 杭州银行

2. 常熟银行

3. 招商银行

4. 无锡银行

5. 江阴银行

6. 邮储银行

7. 交通银行

8. 南京银行

9. 光大银行

10. 郑州银行

在下一节中，我们将结合银行板块的特点，选取三家具体银行进行历史股价的投资回测。我们的目标是验证基本面综合评分体系的有效性，以帮助投资者筛选出既优秀又安全的投资标的。

第2节 银行板块的另类投资（下）——投资实例分析

在上一节中，我们详细讨论了 A 股市场中银行板块的一个显著特点：投资个股的效率往往高于投资行业 ETF。今天，我将继续深入对银行业的分析，通过之前介绍的基本面分析法，对三家银行进行详尽的解析。目标是通过梳理财务数据和进行投资回测实验，帮助大家更深刻地理解银行的基本面分析，并期待大家能将这些知识应用于实际的投资中。

一、A股银行板块的具体分类情况

在中国，中信证券根据公司的属性将所有上市公司划分为 30 个一级行业，银行业便是其中之一。银行业进一步细分为三个子板块：大型国有银行、全国性股份制银行和区域性银行。在大型国有银行中，共有六家银行，按照市值排序，它们分别是：工商银行、农业银行、建设银行、中国银行、邮储银行和交通银行（见表 4-8）。

表 4-8　截至 2023 年 12 月 A 股所有上市国有银行总市值情况

序号	证券代码	证券简称	总市值（亿元）
1	601398.SH	工商银行	15,671.7375
2	601288.SH	农业银行	12,244.8192
3	601939.SH	建设银行	10,532.5839
4	601988.SH	中国银行	10,460.4522
5	601658.SH	邮储银行	4,100.6164
6	601328.SH	交通银行	3,7384884

全国性的股份银行共有 9 家，我们依然按照总市值进行排序，它们分别是：招商银行、兴业银行、中信银行、浦发银行、平安银行、光大银行、民生银行、华夏银行和浙商银行（见表 4-9）。

表 4-9　截至 2023 年 12 月 A 股所有上市全国性股份银行总市值情况

序号	证券代码	证券简称	总市值（亿元）
1	600036.SH	招商银行	6,695.9917
2	601166.SH	兴业银行	2,972.8009
3	601998.SH	中信银行	2,273.7346
4	600000.SH	浦发银行	1,928.4380
5	000001.SZ	平安银行	1,787.2851
6	601818.SH	光大银行	1,586.5411
7	600016.SH	民生银行	1,527.9797
8	600015.SH	华夏银行	908.7424
9	601916.SH	浙商银行	652.6973

区域性银行就比较多了，共有 27 家上市银行，名字我就不一一罗列了，大家可以自行查看表 4-10。

表 4-10　截至 2023 年 12 月 A 股所有上市区域性银行总市值情况

序号	证券代码	证券简称	总市值（亿元）
1	002142.SZ	宁波银行	13.46.4722
2	600919.SH	江苏银行	1.200.1766
3	601169.SH	北京银行	947.2057
4	601129.SH	上海银行	831.0901

续表

序号	证券代码	证券简称	总市值（亿元）
5	601009.SH	南京银行	740.6113
6	600926.SH	杭州银行	575.8306
7	601825.SH	沪农银行	544.9111
8	601077.SH	渝农银行	434.6354
9	601838.SH	成都银行	416.8628
10	601577.SH	长沙银行	268.6398
11	002966.SZ	苏州银行	233.9379
12	601963.SH	重庆银行	188.4748
13	601997.SH	贵阳银行	186.8317
14	601665.SH	齐鲁银行	184.0880
15	601128.SH	常熟银行	182.8169
16	002936.SZ	郑州银行	160.0282
17	001227.SZ	兰州银行	152.0751
18	600928.SH	西安银行	150.2222
19	002948.SZ	青岛银行	150.0695
20	002958.SZ	青农银行	146.6682
21	600187.SH	厦门银行	134.3316
22	600908.SH	无锡银行	105.4074
23	601528.SH	瑞丰银行	97.7156
24	601860.SH	紫金银行	94.0872
25	002839.SZ	张家港行	85.2673
26	002807.SZ	江阴银行	77.5423
27	603323.SH	苏农银行	75.3685

在全面了解完42家上市银行之后，如果你心动了，想要选择投资目标，那么选总市值最大的工商银行确实是一种稳妥的做法。因为我们投资银行股的目的主要有两个：一是追求增长性，二是确保安全性。即便对上一节的内容理解不够深入，我们也知道工商银行是值得普通人信赖的。因为作为银行板块总市值排名第一，全A股总市值排名第二的企业，工商银行的稳定性和安全性不言而喻。

然而，如果你希望采用更为深入的方法来制定银行板块的投资策略，可以根据银行基本面综合得分进行排序，并从三个二级银行板块中挑选得分最高的上市公司作为自己的关注目标。邮储银行、招商银行和杭州银行就是这样的佼佼者。接下来，我将从四个关键维度——基本面、财务报表、估值和投资回测——来分析这三家银行，以证明它们是否值得投资者信任。

二、大型国有银行的代表——邮储银行

邮储银行凭借其独特的三个优势，在银行业中独树一帜。

优势一：独特的分销网络

邮储银行依托邮政集团的广泛代理网点，建立了中国银行业中独一无二的“自营 + 代理”模式。这一网络的建立并非易事，它源自改革开放初期，当时大量外出务工人员在邮局寄信的同时，也通过邮局将收入寄回家乡。因此，邮储银行的网络深入中国的每一个角落，为它带来了稳定且低成本的资金来源。

优势二：精准的市场定位

邮储银行专注于服务社区、中小企业和“三农”领域。随着中国经济的转型升级，这些目标客户逐渐成为经济发展中最活跃的部分。邮储银行也通过真诚服务和陪伴，为自己拓展了非常稳定的业务渠道。

优势三：稳健的资产结构

邮储银行一贯保持保守的资产配置，拥有优秀的资产质量和审慎的风险管理策略，这使得它在面对经济波动时表现出较强的抵御能力。

接下来，我们将从安全性和增长性两个维度出发，通过分析邮储银行过去五年的六大关键指标——不良贷款占比、关注类贷款占比、不良贷款拨备覆盖率、净资产收益率、归母净利润同比增长率和净息差——来展现这家国有大型银行与A股银行业平均水平的对比情况。

1. 不良贷款占比

不良贷款占比是衡量银行业运营状况的关键指标，甚至关系到银行的生存与发展。在邮储银行，这一指标得到了良好的控制。从2018年至2022年的五年时间里，尽管A股银行业的不良贷款占比整体呈下降趋势，邮储银行却保持了一贯的稳定，始终围绕0.85%的水平波动。在这五年中，邮储银行的不良贷款占比平均值为0.852%。而整个银行业的平均不良贷款占比为1.35%。邮储银行的这一数值仅占行业平均值的63%，这表明邮储银行在运营上采取了较为保守的策略，并且在风险控制方面执行了严格的标准（见图4-5）。

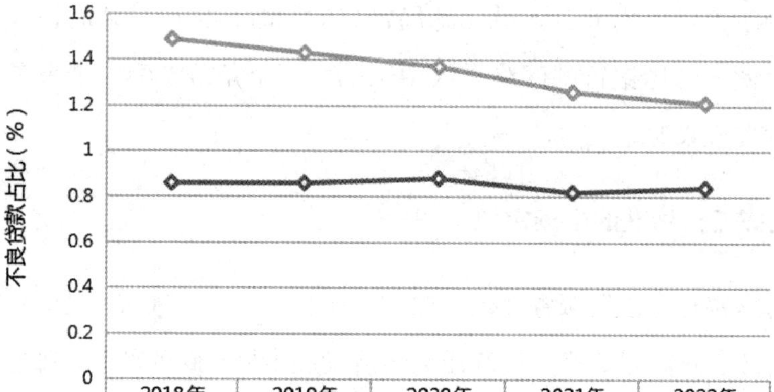

	2018年	2019年	2020年	2021年	2022年
A股平均值	1.49	1.43	1.37	1.26	1.21
邮储银行	0.86	0.86	0.88	0.82	0.84

图4-5　2018年—2022年邮储银行与A股银行业不良贷款占比对比情况

2. 关注类贷款占比

关注类贷款虽然性质上优于不良贷款，但如果其占总贷款的比例过高的话，同样可能触发银行资产风险控制的警报。从过去五年的趋势来看，A 股银行板块的关注类贷款占比持续下降，平均值维持在大约 2% 的水平。邮储银行在这一指标上的表现尤为出色，始终保持在 0.5% ～ 0.6% 的低水平区间。在 2018 年至 2022 年期间，邮储银行的关注类贷款占比平均值为 0.57%，仅相当于 A 股银行板块均值的三分之一左右（见图 4-6）。

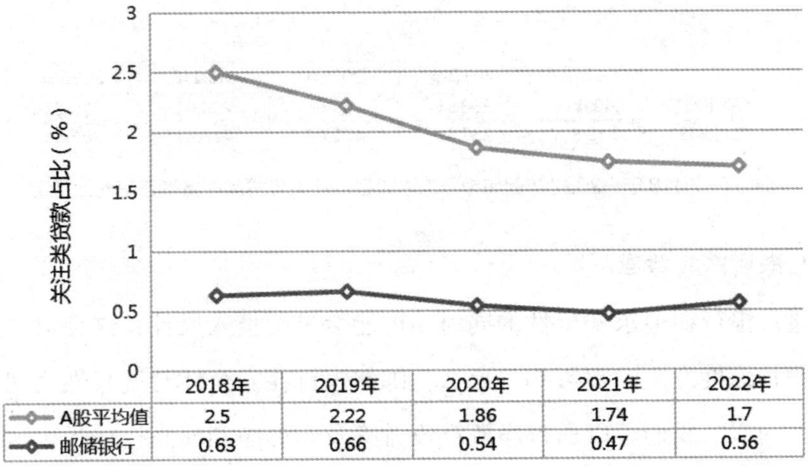

图 4-6　2018 年—2022 年邮储银行与 A 股银行业关注类贷款占比对比情况

3. 不良贷款拨备覆盖率

不良贷款占比被视为衡量银行资产质量的“最坏”指标，而不良贷款拨备覆盖率则是银行为这些潜在风险资产设立的一道防线。拨备覆盖金指的是银行为不良资产准备的应急资金。在 A 股银行板块中，不良贷款拨备覆盖率的平均水平为 275%。邮储银行在这一指标上表现出色，其不良贷款拨备率在各个时间点都显著高于行业均值，平均达到 389%（见图 4-7）。结合邮储银行较低的不良贷款占比和关注类贷款占比，以及较高的不良贷款拨备覆盖率，我们可以看出该行在运营中始终将风险控制置于重要位置，这不仅体现了其稳健的经营策略，也反映出其企业文化的核心——保守。

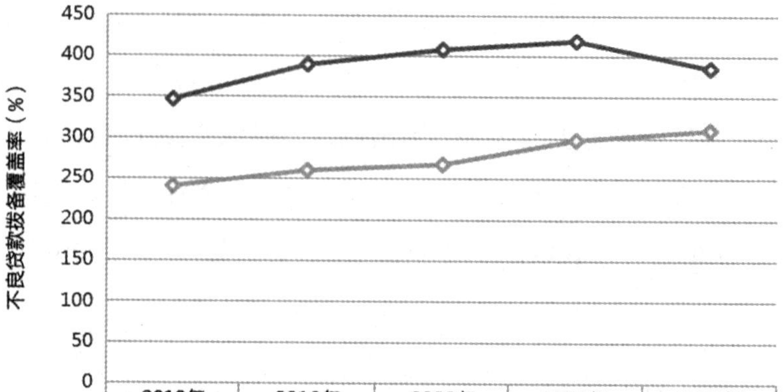

	2018年	2019年	2020年	2021年	2022年
A股平均值	240.49	260.55	268.04	298.01	310.11
邮储银行	346.8	389.45	408.06	418.61	385.51

图4-7　2018年—2022年邮储银行与A股银行业不良贷款拨备覆盖率对比情况

4. 净资产收益率

通常银行在追求安全性的同时，可能会过度投入风控，这会对企业盈利的增长速度产生一定影响。那么，邮储银行在安全性与增长性之间如何取得平衡呢？我们可以通过净资产收益率及归母净利润同比增长率这两大关键指标来探究一二。

净资产收益率反映了上市公司利用其净资产在市场上盈利的能力。过去五年的数据显示，邮储银行在这方面的表现并不像在风控领域那样显著领先。其净资产收益率的平均值为 11%，仅略高于银行业平均水平的 10.97%（见图 4-8）。

5. 归母净利润同比增长率

当涉及上市公司归母净利润同比增长率时，邮储银行的表现每年均优于 A 股银行业的平均水平。从 2018 年至 2022 年，A 股银行业的归母净利润同比增长率平均值为 9.23%，而邮储银行则达到了 12.41%。虽然每年仅超过约 3 个百分点，但经过 5 年的累积，这一超额速度为邮储银行带来了近 16% 的净利润增长规模（见图 4-9）。

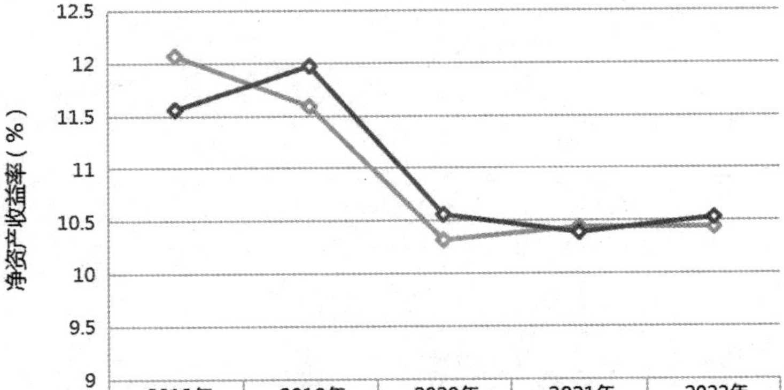

	2018年	2019年	2020年	2021年	2022年
A股平均值	12.068	11.59	10.32	10.44	10.44
邮储银行	11.56	11.97	10.56	10.39	10.53

图4-8　2018年—2022年邮储银行与A股银行业净资产收益率对比情况

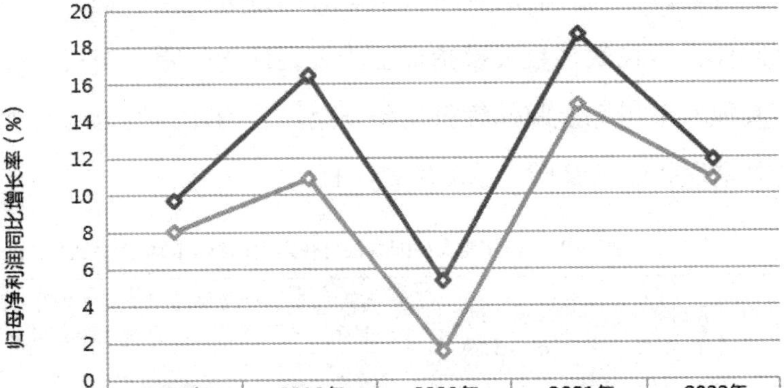

	2018年	2019年	2020年	2021年	2022年
A股平均值	8.04	10.89	1.53	14.85	10.84
邮储银行	9.71	16.48	5.36	18.65	11.89

图4-9　2018年—2022年邮储银行与A股银行业归母净利润同比增长率对比情况

6. 净息差

净息差作为衡量银行盈利能力的关键指标，类似于普通上市公司的净利率。在这方面，邮储银行展现了其卓越的盈利能力，超越了行业平均水平。在过去五年中，银行业的净息差平均值为2.14%，而邮储银行的净息差均值为2.43%，这表明邮储银行在最终获利能力上具有显著优势（见图4-10）。

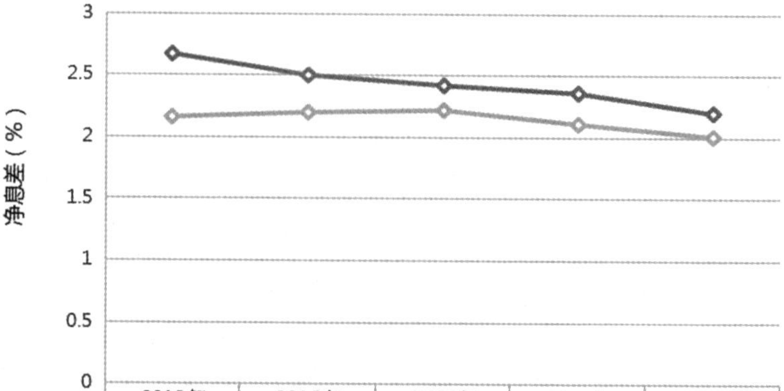

	2018年	2019年	2020年	2021年	2022年
A股平均值	2.16	2.2	2.22	2.11	2.01
邮储银行	2.67	2.5	2.42	2.36	2.2

图4-10　2018年—2022年邮储银行与A股银行业净息差对比情况

综合考虑，如果我们对六家大型国有银行进行横向比较，那么我们可以看到邮储银行在大多数关键指标上均表现优异。除了净资产收益率位列第四，其他五个指标上邮储银行均位列第一。因此，投资者有理由对邮储银行的未来发展前景保持关注（见表4-11）。

表4-11　邮储银行与其他大型国有银行在六大指标上的均值对比情况

证券简称	不良贷款占比（20%）	关注类贷款占比（20%）	不良贷款拨备覆盖率（20%）	净资产收益率（15%）	归母净利润同比增长率（15%）	净息差（10%）
工商银行	1.446	2.356	194.214	11.83512	4.77682	2.144
农业银行	1.47	1.986	280.78	11.17116	6.12612	2.144
中国银行	1.38	1.938	183.69	10.45078	5.74814	1.82
建设银行	1.448	2.78	226.228	12.44544	6.02816	2.182
邮储银行	0.852	0.573	389.686	11.00202	12.41626	2.43
交通银行	1.492	1.762	167.19	9.87622	5.64024	1.54

既然邮储银行已经成为我们关注的焦点，那么评估其当前的市净率就显得尤为重要。截至2023年12月26日，邮储银行的市净率为0.54倍。要判断这一数值是高还是低，我们须考察邮储银行自2019年12月10日上市

以来的估值变化。从 2022 年 5 月开始，整个银行板块的估值体系经历了结构性转变。因此，当前邮储银行市净率位于过去四年中 0.36% 的超低分位数，这一现象并不令人意外（见图 4-11）。

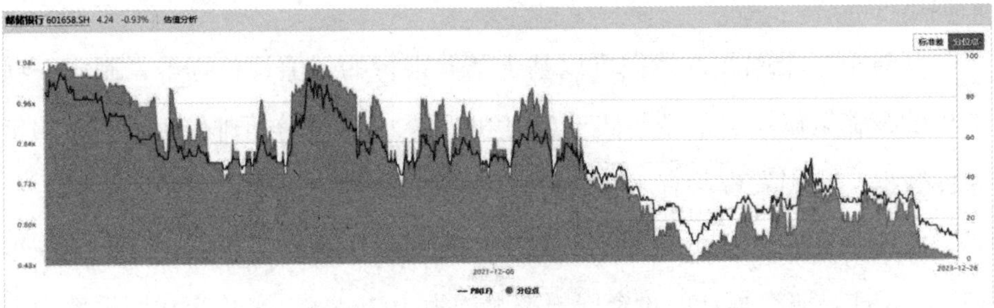

图4-11　2019年12月—2023年12月邮储银行市净率变化情况

当前，我们面临两个核心问题。

（1）如何衡量邮储银行未来的估值水平？

（2）如何证明邮储银行是一个值得信赖的银行股？

对于第一个问题，我们采用保守的策略，选择 2022 年 10 月 31 日至 2023 年 12 月 26 日的数据集作为评估邮储银行未来估值的标准参数（见图 4-12）。通过计算这一数据集的估值标准差，我们可以得出以下结论。

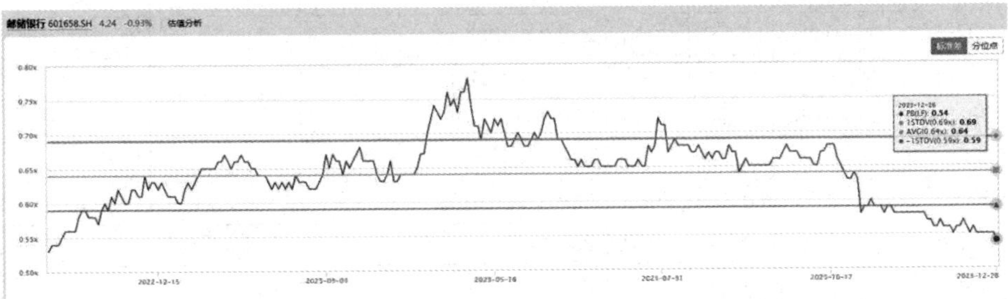

图4-12　2022年10月—2023年12月邮储银行市净率评估情况

（1）如果邮储银行未来的市净率超过 0.7 倍，那么它将进入相对危险的高估值区域。

（2）市净率为 0.65 倍，可视为一个相对公平的均值水平。

（3）市净率低于 0.6 倍，则可以认为邮储银行处于被低估的状态。

（4）截至 2023 年 12 月 26 日，邮储银行的市净率为 0.54 倍，处于低估值区间。

针对第二个问题，我们可以基于邮储银行的估值评价标准，制定一项简单的投资策略：当市净率低于 0.6 倍时买入。通过分析邮储银行上市四年来的数据，我们发现共有 14 次符合这一买入条件的机会。

假设我们在这些低估时期，每次固定投入 1000 元，并持有至 2023 年 12 月 26 日，那么累计的投资回报率大约为 102.68%，平均年化回报率则大约为 2.26%（见表 4-12）。

表4–12　2022年10月—2023年12月邮储银行策略投资的情况

截止日期	市净率（%）	股价（元）	投入（元）	股数	股息	投资回报率（%）	平均年化回报率（%）
2022-10-21	0.58	3.89	1000	257.0694087			
2022-10-28	0.54	3.75	1000	266.6666667			
2022-11-04	0.55	3.84	1000	260.4166667			
2022-11-11	0.58	4.04	1000	247.5247525			
2022-11-18	0.58	4.01	1000	249.3765586	每股0.258		
2023-11-03	0.59	4.64	1000	215.5172414			
2023-11-10	0.59	4.57	1000	218.8183807			
2023-11-17	0.58	4.50	1000	222.2222222			
2023-11-24	0.58	4.54	1000	220.2643172			
2023-12-01	0.57	4.42	1000	226.2443439			
2023-12-08	0.56	4.37	1000	228.8329519			
2023-12-15	0.56	4.34	1000	230.4147465			
2023-12-22	0.55	4.29	1000	233.1002331			
2023-12-26	0.54	4.24	1000	235.8490566			

为了评估邮储银行的投资效率，我们选择了两个参照物进行同期对比：银行板块指数和沪深 300 指数。我们假设这两个投资标的的买入时点

与邮储银行相同，并持续持有至2023年12月26日，它们的投资表现如下。

（1）银行板块指数从 2022 年 10 月 21 日至 2023 年 12 月 26 日的投资回报率为 100.88%，平均年化回报率为 0.74%。

（2）沪深 300 指数在同一时期的投资回报率为 93.64%，平均年化回报率为 –5.4%。

通过比较我们可以看出，在同期内，邮储银行的投资效率不仅超过了银行板块指数，也明显高于作为市场基准的沪深 300 指数。

三、全国性股份制银行的代表——招商银行

招商银行作为国内首家完全由企业法人持股的股份制商业银行，是国家银行业改革的先行试点。近年来，招商银行致力于实施“移动优先”战略，专注于金融科技及“金融 + 移动互联网”的融合创新。其手机银行和掌上生活两大 App 的月活跃用户稳居金融行业前十，招商银行也因这些成就连续多年获得“中国最佳零售银行”“中国最佳私人银行”“中国最佳交易银行”等殊荣。

为了深入理解招商银行为何值得关注，我们将通过六大指标进行详细分析。

1. 不良贷款占比

在 2018 年至 2022 年的五年期间，招商银行的不良贷款占比为 1.09%，而同期 A 股银行业不良贷款占比的平均值为 1.35%。尽管招商银行在这一指标上的表现略逊于邮储银行，但其不良贷款占比仅为行业平均水平的 80.7%，显示出其在风险控制方面的相对优势（见图 4-13）。

2. 关注类贷款占比

在过去五年中，招商银行的关注类贷款占比平均值稳定在 1.11% 左

右，而同期 A 股银行业的均值大约为 2%。招商银行的这一比例仅占行业平均水平的 55%，表明其在资产质量控制方面的卓越（见图 4-14）。

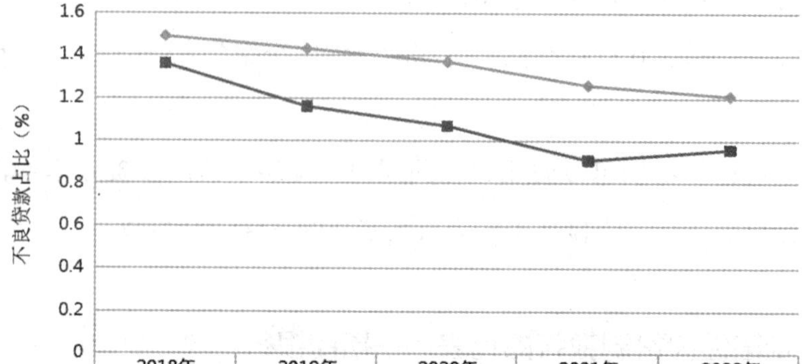

	2018年	2019年	2020年	2021年	2022年
A股平均值	1.49	1.43	1.37	1.26	1.21
招商银行	1.3600	1.1600	1.0700	0.9100	0.9600

图 4-13　2018 年—2022 年招商银行与 A 股银行业不良贷款占比对比情况

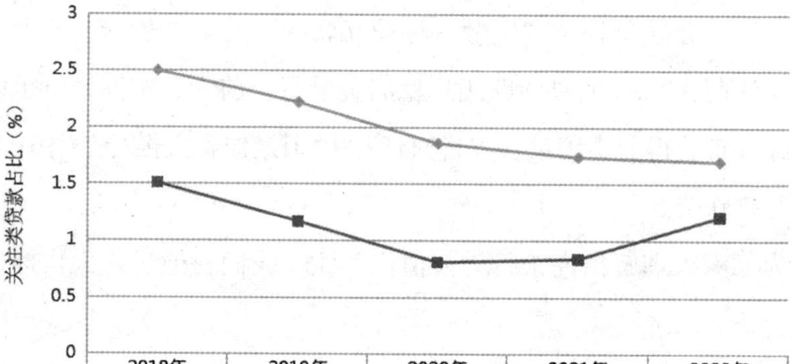

	2018年	2019年	2020年	2021年	2022年
A股平均值	2.5	2.22	1.86	1.74	1.7
招商银行	1.5100	1.1700	0.8100	0.8400	1.2100

图 4-14　2018 年—2022 年招商银行与 A 股银行业关注类贷款占比对比情况

3. 不良贷款拨备覆盖率

招商银行在不良贷款拨备覆盖率这一关键指标上，明显超越了银行业的平均水平。2018 年至 2022 年期间，招商银行的不良贷款拨备覆盖率稳定在 350% ～ 480%，平均值为 431%，显著高于银行业平均水平 275%。深入分析银行财务指标后我们发现，虽然高不良贷款拨备覆盖率可以增强银行抵御风险的能力，但同时也可能限制银行的盈利增长，因为拨备资金不能用于日常运营。

上市银行通常会在确保资本安全的前提下，适度调整不良贷款拨备覆盖率，以满足当前金融市场对于自身财报数据的预期。招商银行的高不良贷款拨备覆盖率不仅凸显了其对资产安全性的重视，也展现了其对盈利能力的自信，以及在风险管理和盈利增长之间寻求平衡的极致追求（见图 4-15）。

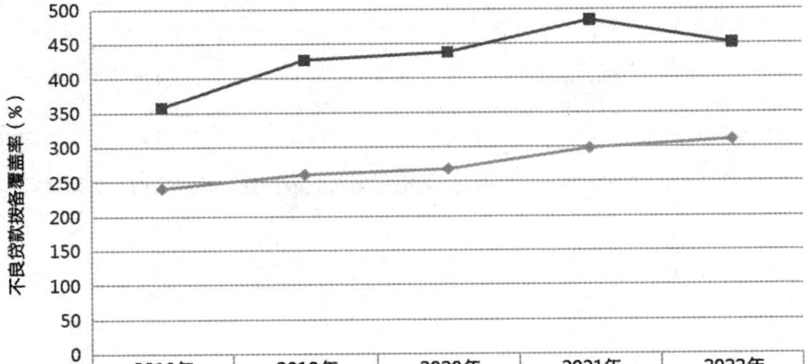

	2018年	2019年	2020年	2021年	2022年
A股平均值	240.49	260.55	268.04	298.01	310.11
招商银行	358.1800	426.7800	437.6800	483.8700	450.7900

图4-15　2018年—2022年招商银行与A股银行业不良贷款拨备覆盖率对比情况

4. 净资产收益率

招商银行在净资产收益率方面表现卓越。在过去五年中，该指标不仅始终超过银行业的平均水平，而且平均值达到了 15.39%，比行业平均水平高出近 5 个百分点。这一显著的领先优势证明了招商银行在资产管理和运营效率方面十分优异（见图 4-16）。

5. 归母净利润同比增长率

尽管高不良贷款拨备覆盖率可能会对归母净利润同比增长率造成影

响，但招商银行的表现仍超越了行业平均水平。在2018年至2022年的五年期间，招商银行的归母净利润同比增长率达到了14.64%，明显高于银行业9.23%的均值（见图4-17）。

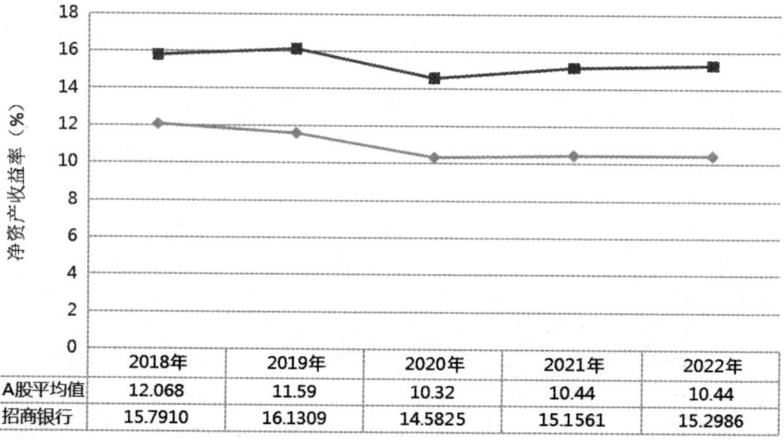

	2018年	2019年	2020年	2021年	2022年
A股平均值	12.068	11.59	10.32	10.44	10.44
招商银行	15.7910	16.1309	14.5825	15.1561	15.2986

图4-16　2018年—2022年招商银行与A股银行业净资产收益率对比情况

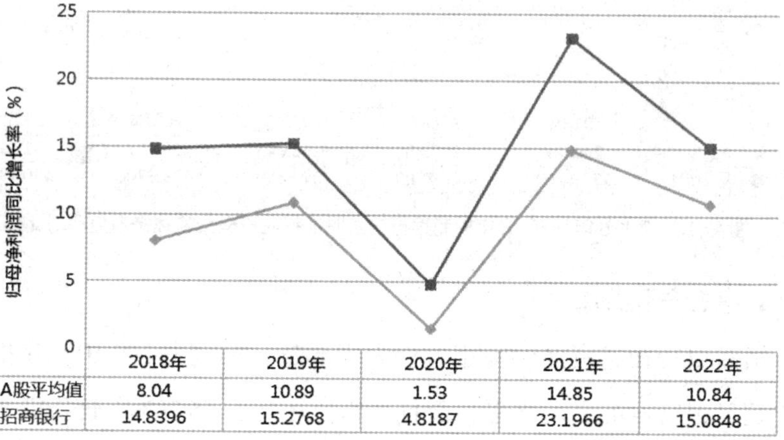

	2018年	2019年	2020年	2021年	2022年
A股平均值	8.04	10.89	1.53	14.85	10.84
招商银行	14.8396	15.2768	4.8187	23.1966	15.0848

图4-17　2018年—2022年招商银行与A股银行业归母净利润同比增长率对比情况

6. 净息差

最后是净息差，过去5年招商银行的净息差是2.5%，而A股银行业的均值为2.14%（见图4-18）。

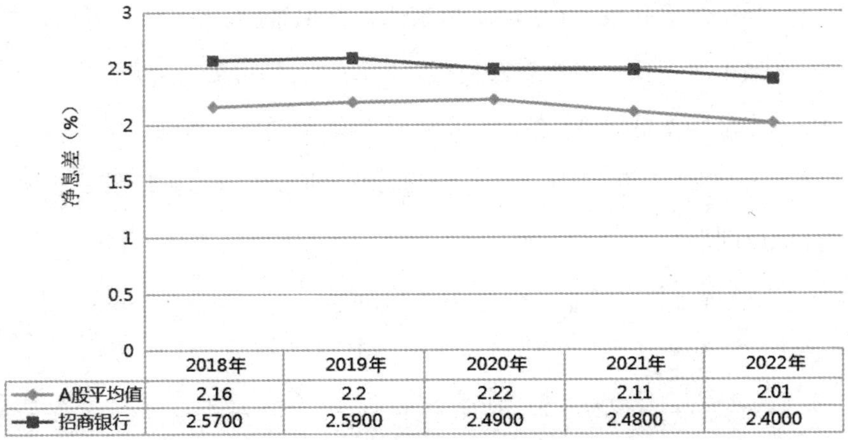

图4-18　2018年—2022年招商银行与A股银行业净息差对比情况

我们拿所有的全国性股份制银行做一个横向比较。毋庸置疑，招商银行在全部 6 个指标中，总得分排在了第一名（见表 4-13）。

表4-13　招商银行与其他全国性股份制银行在六大指标上的均值对比情况

证券简称	不良贷款占比（20%）	关注类贷款占比（20%）	不良贷款拨备覆盖率（20%）	净资产收益率（15%）	归母净利润同比增长率（15%）	净息差（10%）	总得分
招商银行	0.8	0.8	1	0.75	0.6	0.4	14.75
光大银行	0.4	0.6	0.6	0.75	0.3	0.3	11.35
平安银行	0.6	0.6	0.6	0.3	0.6	0.4	11.3
兴业银行	0.6	0.6	0.6	0.3	0.6	0.4	11.3
浙商银行	0.6	0.6	0.6	0.3	0.45	0.3	9.05
浦发银行	0.2	0.4	0.6	0.3	0.45	0.2	7.95
中信银行	0.4	0.6	0.4	0.15	0.45	0.3	7.9
华夏银行	0.2	0.2	0.2	0.15	0.3	0.3	6.75
民生银行	0.2	0.2	0.2	0.15	0.15	0.2	4.5

现在，让我们进入投资回测环节。截至 2023 年 12 月 26 日，招商银行的市净率为 0.77 倍。基于 2022 年 10 月 31 日至 2023 年 12 月 26 日的估值数据（见图 4-19），我们进行了标准差的计算，并得出以下结论。

（1）当市净率超过 1.1 倍时，可视为高估值区间。

（2）当市净率在 1 倍左右波动时，可以认为估值处于合理区间。

（3）当市净率低于 0.9 倍时，则可认为处于低估值区间。

（4）截至 2023 年 12 月 26 日，招商银行的市净率为 0.77 倍，表明其处于低估值区间。

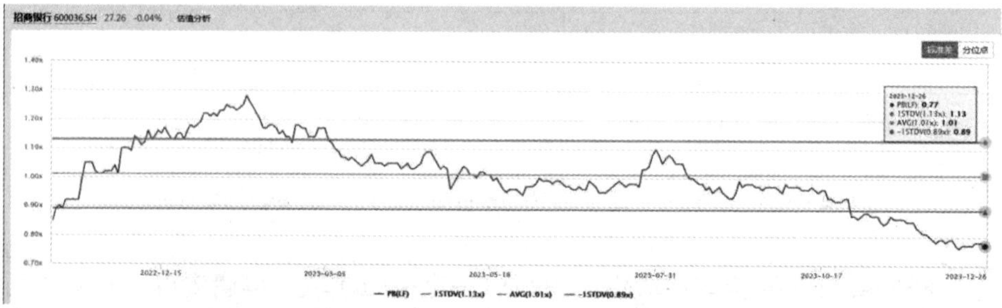

图4-19　2022年10月—2023年12月招商银行市净率评估情况

我们采取了一个简单的投资策略：当招商银行的市净率低于 0.9 倍时买入。招商银行在 2014 年经历了市场对银行业的悲观预期。通过分析 2014 年至 2023 年的数据，我们发现有 16 次符合这一策略的买入机会（见表4-14）。如果按照这一策略，每次投入 1000 元，并持有至 2023 年 12 月 26 日，最终的投资回报率大约为 287.53%，平均年化回报率约为 11.56%。

表4-14　2014年4月—2023年12月招商银行策略投资的情况

截止日期	市净率（%）	股价（元）	投入（元）	股数	股息	投资回报率（%）	平均年化回报率（%）
2014-04-30	0.89	6.87	1000	145.5604076			
2014-05-09	0.88	6.76	1000	147.9289941			
2014-05-16	0.89	6.84	1000	146.1988304			
2014-06-06	0.89	6.82	1000	146.627566			
2014-07-11	0.86	7.03	1000	142.2475107			
2014-07-18	0.87	7.11	1000	140.6469761	每股		
2014-11-07	0.88	7.67	1000	130.3780965	10.213		
2023-11-03	0.88	30.99	1000	32.2684737			

续表

截止日期	市净率（%）	股价（元）	投入（元）	股数	股息	投资回报率（%）	平均年化回报率（%）
2023-11-10	0.85	30.16	1000	33.15649867			
2023-11-17	0.86	30.33	1000	32.97065612			
2023-11-24	0.85	30	1000	33.33333333			
2023-12-01	0.8	28.26	1000	35.38570418			
2023-12-08	0.78	27.5	1000	36.36363636			
2023-12-15	0.77	27.23	1000	36.72420125			
2023-12-22	0.78	27.61	1000	36.21876132			
2023-12-26	0.77	27.27	1000	36.6703337			

为了进一步评估这一策略的效果，我们将银行板块指数和沪深 300 指数作为参照。从 2014 年 4 月 30 日至 2023 年 12 月 26 日，这两个参照物的投资表现如下。

（1）银行板块指数的投资回报率为150.48%，平均年化回报率为4.32%。

（2）沪深300指数的投资回报率为158.71%，平均年化回报率为4.9%。

长期来看，招商银行按照此策略产生的投资效率每年比银行板块指数高出约 7.2 个百分点，比沪深 300 指数高出约 6.5 个百分点。

四、区域性银行的代表——杭州银行

杭州银行自 1996 年成立以来，经过多年的发展，已经成为一家在全国范围内综合实力领先的股份制银行。它充分利用了浙江省改革开放后经济快速发展的机遇，实现了快速成长。随着最近二十年杭州经济的起势，特别是在 2000 年之后，杭州银行借助技术革命的浪潮，实现了业务的二次飞跃。近年来，该银行获得了包括“最佳城市商业银行”“最佳科技金融服务城商行”“全国支持中小企业发展十佳商业银行”等荣誉，与宁波银行一同被誉为资本市场城商行板块的“绝代双骄”。

接下来，我们将依照之前的分析方法，审视杭州银行在六大关键指标上的表现。

1. 不良贷款占比

在 2018 年至 2022 年的五年间，杭州银行的不良贷款占比为 1.038%，这一数值介于招商银行和邮储银行之间，并且低于 A 股银行业 1.35% 的平均水平。从 2020 年起，杭州银行的资产质量大幅改善，不良资产占比实现了显著降低，这一转变在图 4-20 中得到了直观展示。

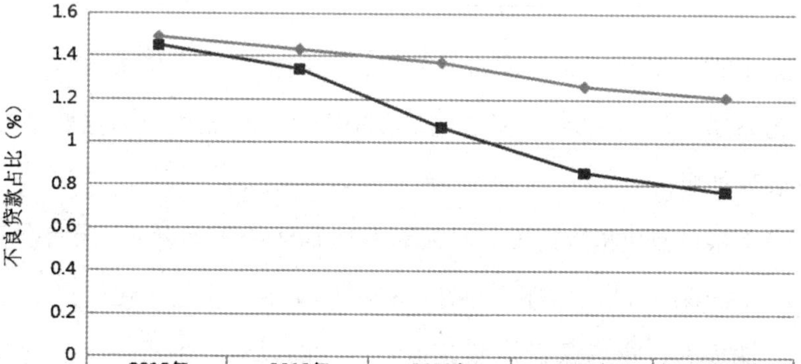

	2018年	2019年	2020年	2021年	2022年
A股平均值	1.49	1.43	1.37	1.26	1.21
杭州银行	1.4500	1.3400	1.0700	0.8600	0.7700

图 4-20　2018 年—2022 年杭州银行与 A 股银行业不良贷款占比对比情况

2. 关注类贷款占比

杭州银行在关注类贷款占比这一指标上，平均值大约为 0.71%，远低于 A 股银行业的平均水平 2%。杭州银行的这一指标仅为行业均值的 35.43%（见图 4-21）。

3. 不良贷款拨备覆盖率

自 2020 年起，杭州银行不仅显著降低了不良贷款占比，同时大幅度提升了不良贷款拨备覆盖率。在过去五年中，杭州银行的不良贷款拨备覆盖率平均达到了 435%，不仅超过了招商银行，更是 A 股银行业平均值 275% 的 1.58 倍（见图 4-22）。

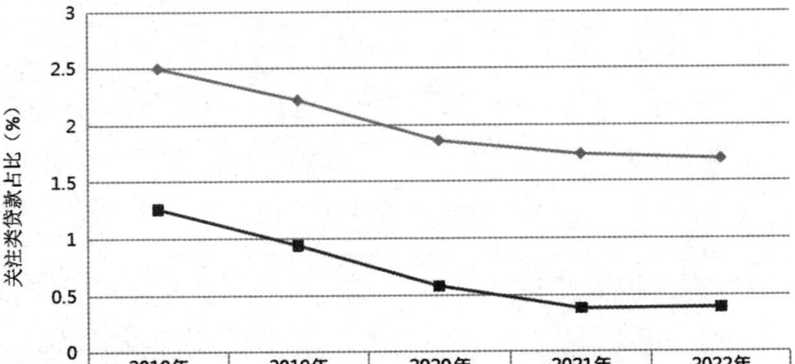

	2018年	2019年	2020年	2021年	2022年
A股平均值	2.5	2.22	1.86	1.74	1.7
杭州银行	1.2600	0.9400	0.5800	0.3800	0.3900

图4-21　2018年—2022年杭州银行与A股银行业关注类贷款占比对比情况

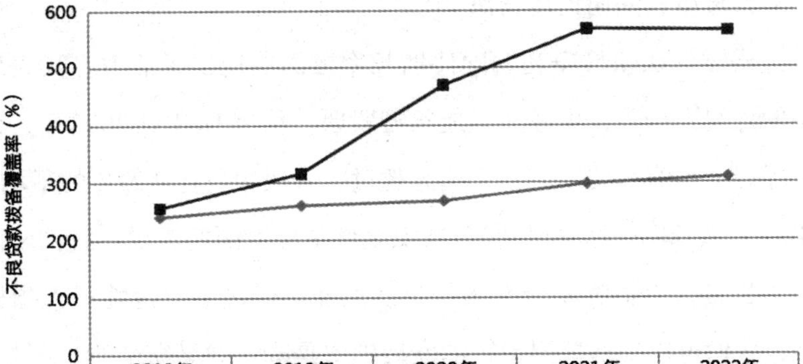

	2018年	2019年	2020年	2021年	2022年
A股平均值	240.49	260.55	268.04	298.01	310.11
杭州银行	256.0000	316.7100	469.5400	567.7100	565.1000

图4-22　2018年—2022年杭州银行与A股银行业不良贷款拨备覆盖率对比情况

4. 净资产收益率

杭州银行在净资产收益率方面的表现尚有提升空间。过去五年，杭州银行该指标的均值为 10.83%，略低于 A 股银行业的平均水平 10.97%。这一数据反映出杭州银行在资本运营和管理效率方面可进一步优化（见图 4-23）。

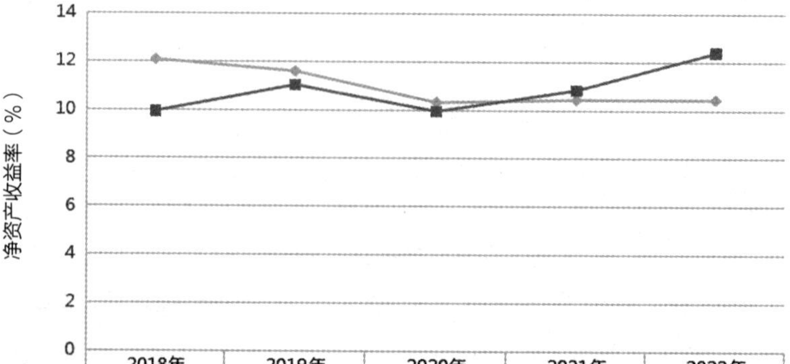

	2018年	2019年	2020年	2021年	2022年
A股平均值	12.068	11.59	10.32	10.44	10.44
杭州银行	9.9308	11.0303	9.9527	10.8358	12.3824

图4-23　2018年—2022年杭州银行与A股银行业净资产收益率对比情况

5. 归母净利润同比增长率

杭州银行在归母净利润同比增长率方面展现出了活力，其表现并不像典型的稳健银行股，更像一只成长型股票。从2018年到2022年，杭州银行该指标的平均值达到了21%，远远超过了A股银行业9.23%的平均水平（见图4-24）。如果不考虑杭州银行在安全性指标方面的表现，我们可能会怀疑其高增长是否以牺牲安全性为代价。然而，通过对安全性三大指标的细致分析，我们可以确认杭州银行的发展模式是既稳健又安全的。

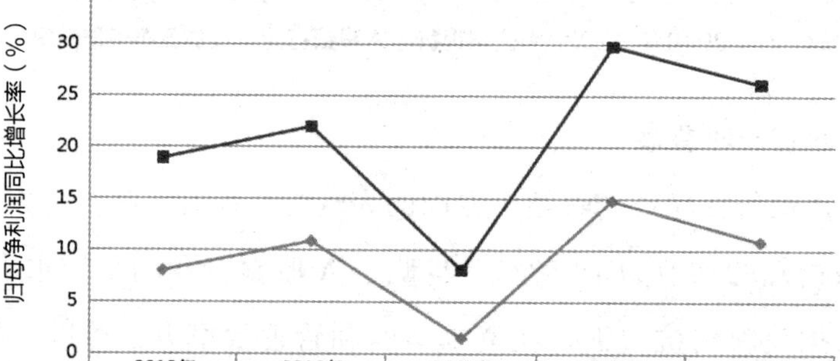

	2018年	2019年	2020年	2021年	2022年
A股平均值	8.04	10.89	1.53	14.85	10.84
杭州银行	18.9373	21.9886	8.0933	29.7707	26.1128

图4-24　2018年—2022年杭州银行与A股银行业归母净利润同比增长率对比情况

6. 净息差

在净息差这一指标上，杭州银行的表现未能超越行业平均水平。2018 年至 2022 年期间，杭州银行的净息差均值为 1.69%，低于 A 股银行业的平均水平 2.01%（见图 4-25）。尽管利润率仅达到行业均值的 84%，杭州银行的净利润增长速度却达到了行业均值的两倍。这一现象令人不得不对杭州乃至整个浙江省的经济发展速度表示赞叹。

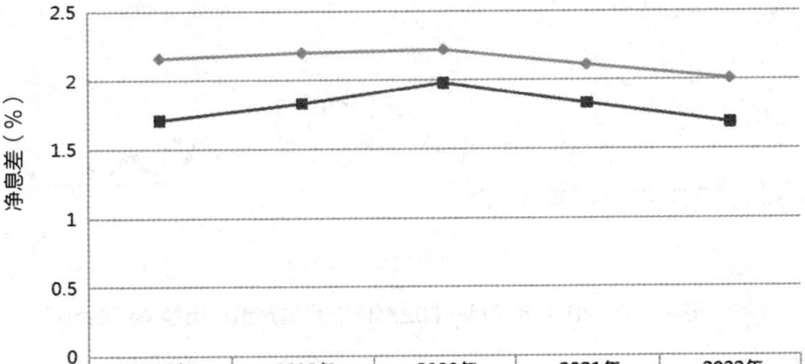

	2018年	2019年	2020年	2021年	2022年
A股平均值	2.16	2.2	2.22	2.11	2.01
杭州银行	1.7100	1.8300	1.9800	1.8300	1.6900

图 4-25　2018 年—2022 年杭州银行与 A 股银行业净息差对比情况

在上一节中，我们已经了解到杭州银行在所有 42 家上市银行中总得分居首位。现在，让我们回到估值层面，探讨未来杭州银行估值的标准。与邮储银行和招商银行不同，杭州银行的市净率数据需要一个更长的时间跨度作为样本基础。杭州银行自 2018 年 7 月 5 日以来，经历了两个完整的估值周期。因此，为了更准确地评估高估和低估的信号，我们需要将其放在过去 5 年多的背景下进行考量（见图 4-26）。

基于 2018 年 7 月 5 日至 2023 年 12 月 26 日杭州银行市净率的数据集合（见图 4-27），通过计算其标准差，我们得出以下估值结论。

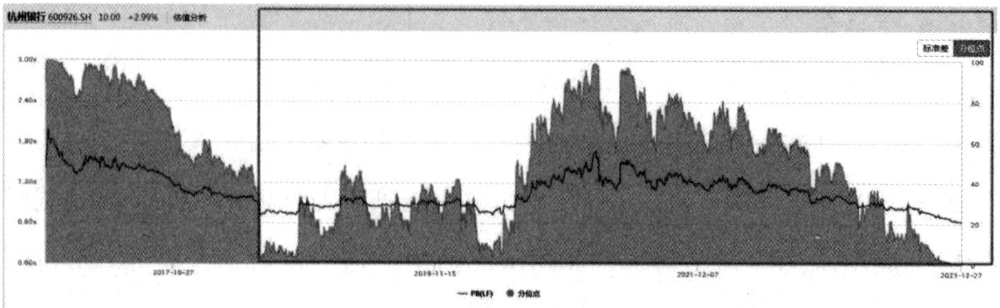

图4-26　2018年7月—2023年12月杭州银行估值走出了两个完整周期

图4-27　2018年7月—2023年12月杭州银行市净率评估情况

（1）当市净率超过1.2倍时，可以视为进入高估区间。

（2）当市净率为1倍时，代表处于合理估值范围，接近均值水平。

（3）当市净率低于0.8倍时，认为处于低估区间。

（4）截至2023年12月26日，杭州银行的市净率为0.63倍，表明其处于低估值状态。

采用相同的投资策略，即在市净率低于0.8倍时买入，我们发现在杭州银行的案例中，存在41次符合这一条件的买入机会。遵循这一策略，如果在杭州银行被低估时每次投入1000元，并持续持有至2023年12月26日，那么最终的投资回报率大约为130.37%，平均年化回报率大约为4.97%（见表4-15）。

表4-15　2018年7月—2023年12月杭州银行策略投资的情况

截止日期	股价（元）	投入（元）	股数	股息	投资回报率（%）	平均年化回报率（%）
2018-07-06	6.44	1000	155.2795031			
2018-07-13	6.63	1000	150.8295626			
2018-07-20	6.93	1000	144.3001443			
2018-07-27	7	1000	142.8571429			
2018-08-03	6.76	1000	147.9289941			
2018-08-10	6.97	1000	143.472023			
2018-08-17	6.68	1000	149.7005988			
2018-08-24	6.82	1000	146.627566			
2018-08-31	6.95	1000	143.8848921			
2018-09-07	6.74	1000	148.3679525			
2018-09-14	6.63	1000	150.8295626			
2018-09-21	6.72	1000	148.8095238			
2018-09-28	6.77	1000	147.7104874			
2018-10-12	6.59	1000	151.7450683			
2018-10-19	6.57	1000	152.2070015	每股		
2018-10-26	6.89	1000	145.137881	0.25		
2020-03-20	7.00	1000	142.8571429			
2020-03-27	7.01	1000	142.6533524			
2020-04-03	6.83	1000	146.4128843			
2020-04-10	6.96	1000	143.6781609			
2020-04-17	6.93	1000	144.3001443			
2020-04-24	6.68	1000	149.7005988			
2020-04-30	7.39	1000	135.3179973	每股		
2020-05-22	7.84	1000	127.5510204	1.45		
2023-09-01	11.41	1000	87.64241893			
2023-09-08	11.44	1000	87.41258741			
2023-09-15	11.31	1000	88.4173298			
2023-09-22	11.27	1000	88.73114463			
2023-09-28	11.16	1000	89.60573477			
2023-10-13	10.92	1000	91.57509158			
2023-10-20	10.68	1000	93.6329588			
2023-10-27	10.82	1000	92.42144177			
2023-11-03	10.70	1000	93.45794393			

续表

截止日期	股价（元）	投入（元）	股数	股息	投资回报率（%）	平均年化回报率（%）
2023-11-10	10.58	1000	94.51795841			
2023-11-17	10.48	1000	95.41984733			
2023-11-24	10.44	1000	95.78544061			
2023-12-01	9.97	1000	100.3009027			
2023-12-08	9.82	1000	101.8329939			
2023-12-15	9.71	1000	102.9866117			
2023-12-22	9.67	1000	103.4126163			
2023-12-26	9.59	1000	104.2752868			

不要小看杭州银行在过去五年多时间里实现约5%的平均年化回报率。作为对照，我们考察了银行板块指数和沪深300指数的表现。

（1）银行板块指数从2018年7月6日至2023年12月26日，投资回报率为103.83%，平均年化回报率为0.69%。

（2）沪深300指数从2014年4月30日至2023年12月26日，投资回报率为94.9%，平均年化回报率为–0.95%。

根据回测数据，长期采用低估值策略投资杭州银行，其投资效果优于投资银行板块指数和沪深300指数。

最后，总结一下本节的主要内容。

在A股市场中，银行作为一级行业，细分为三个子板块：大型国有银行、全国性股份制银行和区域性银行。在上一节中，我选取了每个子板块中综合得分最高的银行进行深入分析，它们是邮储银行、招商银行和杭州银行。

本节着重于六大关键指标——不良贷款占比、关注类贷款占比、不良贷款拨备覆盖率、净资产收益率、归母净利润同比增长率和净息差，并从安全性和增长性两大维度出发，深入剖析了这三家银行的基本面。此外，通过估值分位数法，我们为这三家银行未来的估值建立了初步的标准。

1. 邮储银行

（1）市净率高于 0.7 倍视为高估；

（2）市净率在 0.7 倍至 0.6 倍为合理区间，0.65 倍为均值；

（3）市净率低于 0.6 倍则为低估。

根据“市净率低于 0.6 倍时买入”的策略，邮储银行自上市以来有 14 次买入机会，若在机会出现时每次投入 1000 元并持有至 2023 年 12 月 26 日，最终投资回报率约为 102.68%，平均年化回报率约为 2.26%。

2. 招商银行

（1）市净率高于 1.1 倍视为高估；

（2）市净率在 1.1 倍至 0.9 倍为合理区间，1 倍为均值；

（3）市净率低于 0.9 倍则为低估。

遵循“市净率低于 0.9 倍时买入”的策略，过去十年招商银行共出现 16 次买入机会，若在机会出现时每次投入 1000 元并持有至 2023 年 12 月 26 日，最终投资回报率约为 287.53%，平均年化回报率约为 11.56%。

3. 杭州银行

（1）市净率高于 1.2 倍视为高估；

（2）市净率在 1.2 倍至 0.8 倍为合理区间，1 倍为均值；

（3）市净率低于 0.8 倍则为低估。

按照“市净率低于 0.8 倍时买入”的策略，杭州银行自上市以来共出现 41 次买入机会，若在机会出现时每次投入 1000 元并持有至 2023 年 12 月 26 日，最终投资回报率约为 130.37%，平均年化回报率约为 4.97%。

在同期对比中，邮储银行、招商银行和杭州银行的投资回报率均超越了银行板块指数和沪深 300 指数，彰显根据基本面分析和估值策略进行投资的潜在优势。

第5章

蕴含着巨大财富的传统行业

第1节
大基建，常年被人低估的价值洼地板块（上）

一、各国央行外汇储备的结构发生了显著变化

1971年8月15日，美国总统尼克松宣布了一项重大政策调整，即暂停美元兑换黄金，这标志着布雷顿森林体系的终结。随着体系的崩溃，人们不禁要问：美国政府发行的纸币的价值如何得到保证？

1974年7月，美国与沙特阿拉伯达成了一项关键性协议，即“石油美元协议”。根据协议，美国承诺向沙特阿拉伯提供军事支持，而作为交换，沙特阿拉伯将美元定为石油交易的唯一计价货币。沙特阿拉伯作为石油输出国组织（OPEC）中的主要成员，其决策对其他成员方有重大影响。这项决策使OPEC成员方纷纷采用美元进行石油交易。这也使得美元与石油紧密相连，美元的价值得以重新定义，从“美元＝黄金”转变为“美元＝石油”。

随着美国经济的波动，美联储随即采取了相应的货币政策。在经济放缓时，美联储实施货币宽松政策，提供低成本的美元流动性，为全球实体经济和金融市场注入活力；而在经济复苏时，美联储则收紧货币政策，促使美元流动性回流至美国，寻求更高的回报。这种政策的周期性调整，导致新兴市场国家经常面临资本流动的剧烈波动。

这种“美元潮汐”对全球经济产生了深远影响。在过去的二十多年里，全球贸易和各国央行的外汇储备中，美元资产的比重逐渐下降，反映出国际社会对美元地位进行重新评估，以及对于多元化货币体系的探索。

二、“基建出海”将助力我国提升海外影响力

我们把视角从货币，切换到基础设施的建设上来。基础设施是国家发展的基石，具有显著的正外部性。优秀的基础设施能够提高生产效率，降低服务成本。同时，它还能改善生活环境，增加居民的实际收入，对经济增长具有显著的“乘数效应”。全球基础设施中心表示，基础设施投资平均可以带来 1.5 倍的经济增长。

中国企业在大型基础设施建设方面具有明显优势，包括丰富的项目经验、较强成本控制能力和投融资体系支持。2021 年，中国企业中有 79 家入选《工程新闻纪录》评选的“全球最大 250 家国际承包商”榜单，数量超过美国、土耳其、意大利、日本和韩国。当年这些中国企业在国际市场上完成的营业额达到 1130 亿美元，占全球市场的 28%（见图 5-1）。

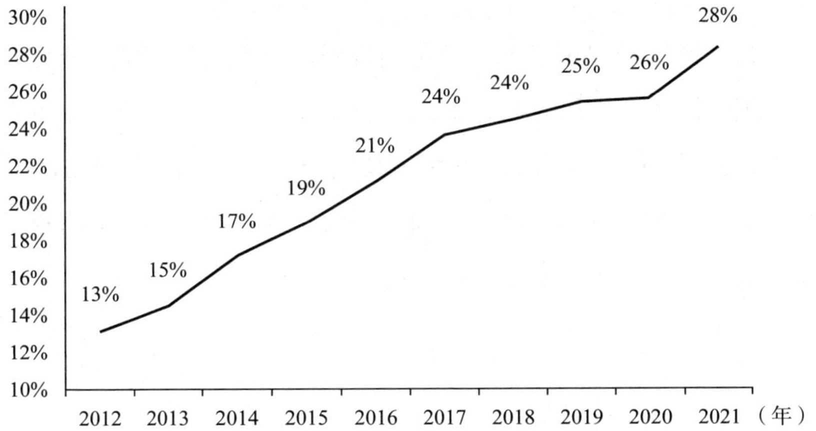

图 5-1　2012 年—2021 年中国企业占全球 TOP 250 建筑公司总营收比例的变化

在亚洲、非洲和中东市场，中国企业具有较强的竞争力，市场份额分别达到59%、55%和40%。然而，在欧洲和美洲市场，中国企业的市场份额较低，分别只有26%和25%，远低于欧美承包商的74%和75%。

2021年，中国“一带一路”承包工程新签约额为1340亿美元，占全国对外承包工程新签约总额的52%。同年，中国对“一带一路”国家的直接投资为242亿美元，占当年中国对外投资总量的14%。过去十年，无论对外签约还是投资，均实现了7%～9%的较快复合增长。

近几年中国的工程建设力量在世界范围内不断增强，其背后的逻辑有三。

逻辑一：国内基建领域竞争激烈

近年来，中国建筑企业总收入增速放缓，从2010年前的20%以上降至不足10%。同时，建筑企业数量快速增加，竞争压力增大，毛利率下滑严重。在此背景下，企业纷纷加大海外业务布局力度，扩展海外业务的意愿不断增强。

逻辑二：“一带一路”沿线国家有迫切提升本国基建水平的诉求

“一带一路”沿线国家基础设施建设滞后，本地投资能力有限，对外来基建的需求迫切。未来亚洲基础设施投资需求高，预计年度投资额将从2022年的1.6万亿美元增长到2030年的近2.1万亿美元。非洲虽然需求总量较小，但资金需求缺口较大，预计2030年资金缺口将占GDP总和的1.44%，远高于世界其他地区（见图5-2）。

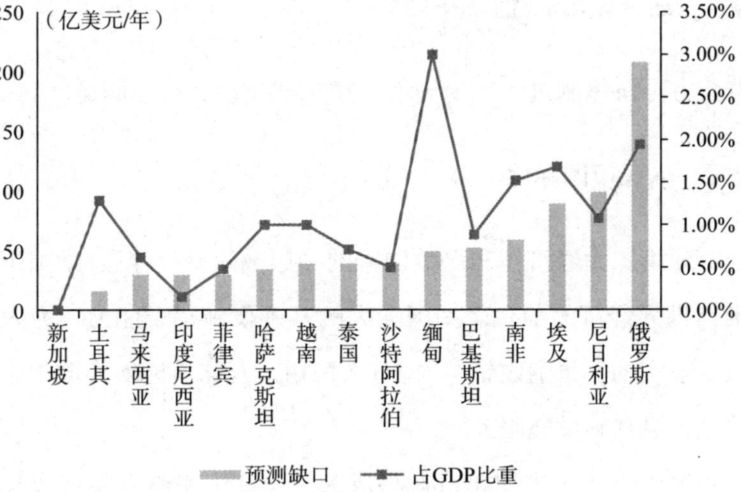

图5-2 预计2030年部分国家基建投资缺口

逻辑三："基建出海"将成为人民币国际化的"价值之锚"

在当前逆全球化的大背景下，中国作为基建大国，有意愿也有必要向外输出强大的工程基建能力。中国已形成全产业链优势，无论电力装机量、高速公路里程还是高铁运营里程均居世界前列。中国的水泥和粗钢等主要原材料产能也居全球第一。结合全球贸易及各国央行外汇储备中的去美元化趋势，人民币完全可以借助"基建出海"，形成"人民币＝基建"的价值闭环。

综上所述，未来全球经济的三大趋势已经日益凸显。

趋势一：去美元化趋势

多国政府、市场参与者和民众正逐步摆脱对美元的过度依赖，转向一个多元化的全球货币体系。这一进程虽然缓慢，但方向坚定，预示着未来世界经济将不再由单一货币主导。

趋势二：逆全球化浪潮

随着西方经济体制进入衰退周期，逆全球化趋势日益明显。

趋势三：人民币国际化

作为全球第二大经济体和多数国家的“第一贸易伙伴”，中国正逐步将人民币推向世界经济的前台。中国强大的基础设施建设能力，为人民币国际化提供了坚实的“价值之锚”。持有人民币，意味着能够换取中国建筑企业提供的世界级基础设施服务。

在这一背景下，中国建筑行业将成为一个在未来具有稳定成长潜力的行业。对于普通投资者而言，中国的建筑行业值得更多关注。随着中国建筑企业在国际市场上的竞争力不断提升，以及“一带一路”倡议的推进，中国建筑行业有望迎来更广阔的发展空间和更多投资机会。

三、如何关注和投资中国建筑板块

当将视角转向金融市场，我们可能会立刻面临两个问题。

问题一，如何关注中国的建筑板块？

问题二，如何投资中国的建筑板块？

2024 年初，A 股市场经历了过去两年的大幅调整。截至 2024 年 2 月，建筑行业的市净率为 1.44 倍，十年分位数仅为 7.06%。这意味着在过去十年中，超过 90% 的时间里，建筑行业的估值都高于当前水平（见图 5-3）。

这一估值水平为投资者提供了一个相对较低的入市点，同时也表明建筑行业的投资价值可能被市场低估。投资者可以通过以下方式关注中国的建筑板块。

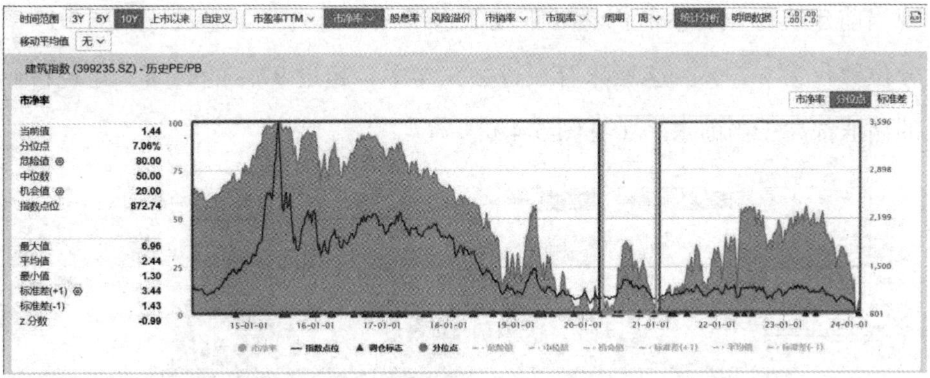

图5-3 2014年1月—2024年1月建筑指数走势及分位点情况

（1）关注行业动态，通过行业报告、新闻和市场分析，了解建筑行业的最新趋势。

（2）研究公司基本面，深入研究建筑行业各公司的财务状况、管理团队、业务模式和增长潜力。

（3）分散投资，考虑投资于建筑行业的不同子板块，如住宅建设、基础设施建设、工程承包等，以分散风险。

（4）利用指数基金，通过投资于跟踪建筑行业指数的基金，可以便捷地了解行业整体表现。

（5）长期投资视角，考虑到建筑行业的周期性和长期增长潜力，采取长期投资策略可能会带来更稳定的回报。

如果我们深入探讨具体的投资之法，通过观察历史数据，就可以发现过去十年建筑行业的估值经历了三个明显的周期。

第一周期：从 2014 年 1 月开始，持续到 2020 年 4 月；

第二周期：从 2020 年 4 月开始，持续到 2021 年 2 月；

第三周期：从 2021 年 2 月开始，一直持续到 2024 年 2 月。

保守起见，我们以第三周期作为当前市净率的参考数据集合，便可发现当前建筑行业的估值仍然处于较低水平——过去三年建筑行业的市净率分位数仅为 2.73%。这意味着在过去三年中，超过 97% 的时间，建筑行业的估值都高于当前水平（见图 5-4）。

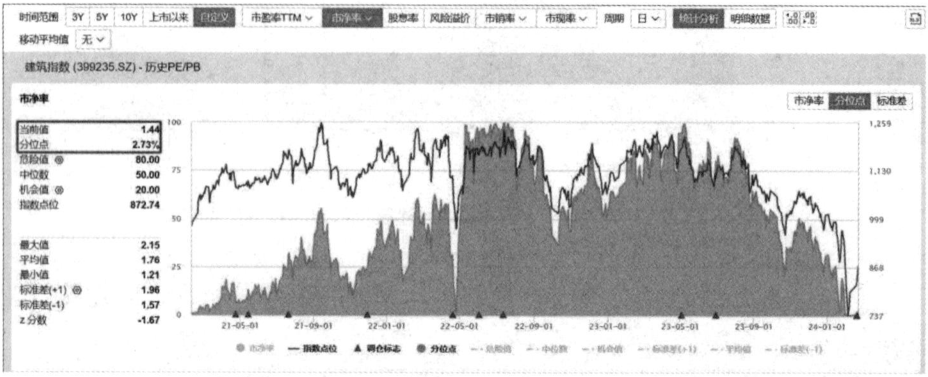

图5-4　2021年2月—2024年2月建筑指数走势及分位点情况

基于对建筑板块估值——市净率的历史数据收集与分析，以及对分位数的观察，我们可以得出结论：当前建筑行业整体处于估值的低谷区间。这一现象表明，建筑行业可能为投资者提供了一个具有吸引力的投资机会，值得投资者密切关注并考虑适时介入。

在探讨如何投资中国建筑板块的问题时，我们可以考虑两种主要方式。首先，我们来讨论一种相对保守且安全的方法——投资被动指数基金。

截至 2024 年 2 月，市场上共有 6 只与基建相关的被动指数基金，按照基金规模从大到小排列如下（见图 5-5）。

① 广发中证基建工程 ETF（代码：516970.OF）

② 银华中证基建 ETF（代码：516950.OF）

③ 中信保诚中证基建工程 A（代码：165525.OF）

④ 华夏中证基建 ETF（代码：159635.OF）

⑤ 华安中证基建指数 A（代码：016908.OF）

⑥ 国泰中证基建联接 A（代码：016836.OF）

基金代码	基金名称	收益率（%）	年化收益率（%）（成立至今）	最大回撤	规模（亿元）	成立年限	基金经理	管理人
516970.OF	广发中证基建工程ETF	2.63	0.98	-34.9229	40.70	2.6712	霍华明	广发基金
516950.OF	银华中证基建ETF	-2.30	-0.82	-31.223	7.91	2.8219	王帅	银华基金
165525.OF	中信保诚中证基建工程A	-30.72	-4.73	-54.4453	4.65	7.5808	黄稚	中信保诚基金
159635.OF	华夏中证基建ETF	-5.36	-3.27	-30.5233	1.15	1.6575	严筱娴	华夏基金
016908.OF	华安中证基建指数A	2.87	2.25	-28.9892	0.15	1.274	刘璇子	华安基金
016836.OF	国泰中证基建联接A	6.43	4.66	-27.7829	0.13	1.3671	苗梦羽	国泰基金

图5-5　截至2024年2月A股基建题材被动指数基金及其情况

然而，观察这些基金的长期投资回报，我们可以发现它们的整体表现并不十分理想。以成立时间最长的中信保诚中证基建工程 A 为例，自成立以来其平均年化收益率仅为 –4.73%。

因此，如果投资者希望参与建筑板块的投资，建议参考第二章第 4 节介绍的估值分位数投资法。

估值分位数投资法是一种基于估值水平来决定买入和卖出的投资策略。该策略的核心在于识别低估信号和高估信号，以确定交易的最佳时机。为了确定这些信号，我们可以采用过去十年中国建筑行业的第三周期作为参考时段，即从 2021 年 2 月至 2024 年 2 月（见图 5-6）。通过分析这一时期建筑指数市净率的数据，我们可以得出以下结论。

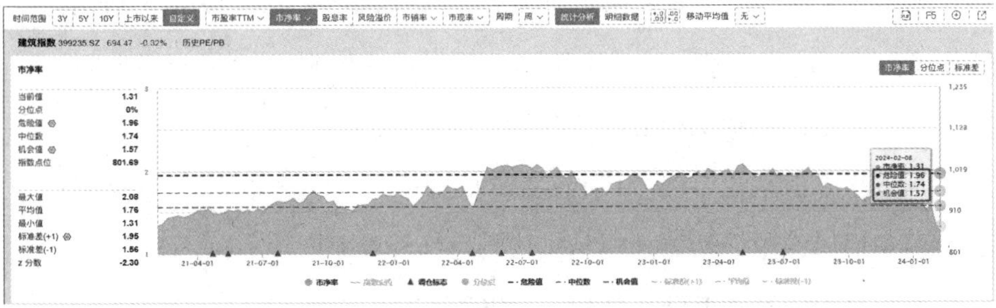

图5-6　2021年2月—2024年2月A股建筑指数市净率走势情况

（1）低估信号。当市净率低于 1.5 倍时，这可能是一个“低估时刻”。在这种情况下，投资者可以考虑关注建筑题材的 ETF，因为它们可能被市场低估。

（2）高估信号。当市净率高于 2 倍时，这可能是一个需要警惕的“高估时刻”。在这种情况下，投资者可能需要考虑卖出或避免买入建筑题材的 ETF，因为它们可能被市场高估。

通过这种方法，投资者可以利用历史估值数据来指导自己的投资行为。值得注意的是，就建筑板块被动指数的历史投资业绩来看，建筑类的估值分位数投资法并不是一种保证盈利的策略。投资者在采用这一策略时，应谨慎行事，并根据自身的投资目标和风险偏好来调整投资策略。

最后总结一下本节的主要内容。

我们从全球货币格局的变迁谈起，分析了去美元化趋势及其背后的多元化央行外汇储备的逻辑。我们探讨了如何证明本国货币的价值，以及中国作为全球第二大经济体，在逆全球化背景下，推动人民币国际化的战略意义。

得出的结论是：中国的基建能力是人民币国际化的重要支撑。因此，中国的建筑行业在长期视角下，具有较高的投资价值。通过分析市净率这一估值指标，我们发现截至 2024 年 2 月，建筑行业估值处于历史低位，为投资者提供了一个关注的机会。

在投资策略方面，我们建议采取较为保守的方法——投资 A 股市场中的基建主题被动指数基金。目前市场上共有 6 只相关的 ETF，分别为：

① 广发中证基建工程 ETF（代码：516970.OF）

② 银华中证基建 ETF（代码：516950.OF）

③ 中信保诚中证基建工程 A（代码：165525.OF）

④ 华夏中证基建 ETF（代码：159635.OF）

⑤ 华安中证基建指数 A（代码：016908.OF）

⑥ 国泰中证基建联接 A（代码：016836.OF）

尽管这些基金的历史投资回报并不理想，但建议投资者可以采取估值分位数投资法——“行业低估时刻”为建筑行业市净率≤ 1.5 倍的时候；“行业高估时刻”为建筑行业市净率≥ 2 倍的时候。投资者可在这两个估值区间选择性参与建筑行业 ETF 的投资，以期获得较好的投资回报。

第2节 大基建，常年被人低估的价值洼地板块（下）

一、采用估值分位数投资法投资基建ETF可能会失准

在上一节中，我们探讨了中国建筑行业的未来前景，并自然地转向了如何从行业整体角度进行投资，即通过投资被动指数基金，进而获取稳定且长期的回报。然而，经过细致分析，我们发现投资基础设施板块的ETF可能不会带来特别显著的回报。尽管如此，投资者可以考虑采用之前详细介绍的估值分位数投资法去尝试接触相关行业的具体ETF。

不过，将这种策略应用于基础设施ETF时，其效果可能与应用于宽基ETF和食品饮料ETF有所不同。这是因为估值分位数投资法的成立基于一个假设，即过去的情况在未来可以重现。这需要指数的“估值衡量标准”保持一致，同时指数所在的环境和行业生态也需要保持高度稳定。

A股的宽基指数反映的是中国的经济情况，而食品饮料指数则与14亿人的基本生活需求紧密相关。从长远来看，这两个领域的稳定性和持续增长性毋庸置疑。然而，中国的基础设施板块正面临全球格局的剧烈变化，而且只有将中国的基建能力推向国际市场，行业才能实现长期发展。尽管我坚信中国建筑行业将长期蓬勃发展，但在变革时代，估值衡量体系可能

会发生变化，这也将导致估值分位数投资法出现偏差，从而影响最终的投资回报。

二、中国建筑，作为板块龙头值得关注

既然我们乐观地预见中国建筑板块的发展前景，那么我们不妨将视野进一步聚焦，通过深入研究具体企业来寻找价值投资的机会。这里，大家可以做一个假设：在相对成熟和传统的行业中，总市值最高的企业往往是行业中的佼佼者。毕竟，经过长期的观察、测试和市场博弈，资本倾向于持续投资那些表现出色的公司。因此，我们查看了中信证券“建筑”一级行业的成分股列表，并按照总市值从高到低进行排序，发现建筑行业内总市值最大的企业是中国建筑（见图 5-7）。

序号	证券代码	证券简称	上市日期	总市值1 [交易日期] 最新收盘日 [单位] 亿元↓	市盈率PE [交易日期] 最新 [财务数据匹配规则] 最新年报(LYR) [单位] 倍	市盈率分位数 [交易日期] 最新收盘日 [起始交易日期] 2013-01-01 [截止交易日期] 最新收盘日 [单位] %	市净率PB(LF) [交易日期] 最新收盘日 [单位] 倍	市净率分位数 [交易日期] 最新收盘日 [起始交易日期] 2013-01-01 [截止交易日期] 最新收盘日 [单位] %
1	601668.SH	中国建筑	2009-07-29	2,225.9262	4.3688	21.1830	0.5466	2.8835
2	601390.SH	中国中铁	2007-12-03	1,433.7837	4.9622	9.6488	0.5684	4.6950
3	601800.SH	中国交建	2012-03-09	1,149.6911	7.1669	33.4196	0.5352	8.9094
4	601186.SH	中国铁建	2008-03-10	1,067.3327	4.3223	13.0499	0.4706	4.8799
5	601669.SH	中国电建	2011-10-18	868.1984	7.5922	14.6580	0.6832	8.9649
6	600039.SH	四川路桥	2003-03-25	704.2187	6.2804	3.4011	1.5842	57.7819
7	601618.SH	中国中冶	2009-09-21	621.6794	6.5566	2.3935	0.6867	3.3272
8	601117.SH	中国化学	2010-01-07	416.6659	7.6944	2.9575	0.7479	2.1072
9	600970.SH	中材国际	2005-04-12	289.8622	13.2112	35.1309	1.5970	38.1885
10	000628.SZ	高新发展	1996-11-18	222.9932	112.0174	52.4658	11.1885	96.4880
11	600170.SH	上海建工	1998-06-23	214.1511	15.7965	23.5860	0.7010	0.9612
12	601611.SH	中国核建	2016-06-06	211.6229	12.0613	2.9333	1.1546	2.8800
13	600820.SH	隧道股份	1994-01-28	188.9602	6.7265	5.1017	0.6924	12.0702
14	002060.SZ	广东建工	2006-08-10	159.5617	40.8157	5.6932	1.2948	38.4104
15	600248.SH	陕建股份	2000-06-22	151.8860	4.2286	7.0240	0.7150	1.3678
16	300492.SZ	华图山鼎	2015-12-23	134.9373	1,234.6124	99.8489	45.3024	99.8489
17	601068.SH	中铝国际	2018-08-31	125.0393	121.5122		3.1901	88.6586
18	603300.SH	华铁应急	2015-05-29	123.7327	19.2943	8.2582	2.3460	35.6706
19	002541.SZ	鸿路钢构	2011-01-18	120.8210	10.3916	5.9150	1.3918	30.4251
20	000065.SZ	北方国际	1998-06-05	110.2193	17.3299	38.4473	1.3517	27.7264
21	002761.SZ	浙江建投	2015-06-10	100.9972	10.4220	38.5193	1.5293	7.4162
22	002051.SZ	中工国际	2006-06-19	96.8891	29.0074	76.4981	0.8608	12.8466
23	002061.SZ	浙江交科	2006-08-16	96.1681	6.0935	13.4393	0.7066	1.2939

图 5-7　中信证券“建筑”一级行业成分股一览表

中国建筑，作为全球领先的工程承包商和投资建设集团，在世界五百强中排名第九，中国五百强中位列第三，并且位居“中国承包商 250 强”之首。公司业务遍及一百多个国家和地区，覆盖城市建设的各个领域和项目建设的各个环节。中国建筑的控股股东是中建集团，实际控制人为国务

院国资委，是中央直管的53家国有重点骨干企业之一，也是建筑领域唯一由中央直接管理的国有重要骨干企业，享有“国家队”背景带来的独特竞争优势。

1. 中国建筑的组织架构和业务构成

中国建筑旗下已有7家子公司成功上市。中国建筑的二级公司职责分明，其中多家子公司在各自细分领域处于领先地位。在境内子公司方面，西部建设和中建环能分别于2009年11月和2015年2月在深圳证券交易所上市。在境外子公司方面，中国建筑国际主要从事建筑业务，中国建筑兴业专注于专业化业务，中国海外发展和中国海外宏洋集团致力于房地产开发业务，中海物业提供物业管理服务，这些公司都已上市。至于其他非上市子公司，包括中建三局、中建八局、中建地产等知名优质品牌，以及中建设计院、中建西南院等大型甲级设计院也是业内各自细分领域中的翘楚。截至2023年底，中国建筑共拥有42家特级资质企业和8家工程设计综合甲级资质企业，彰显了其在行业内的强大实力和专业能力（见图5-8）。

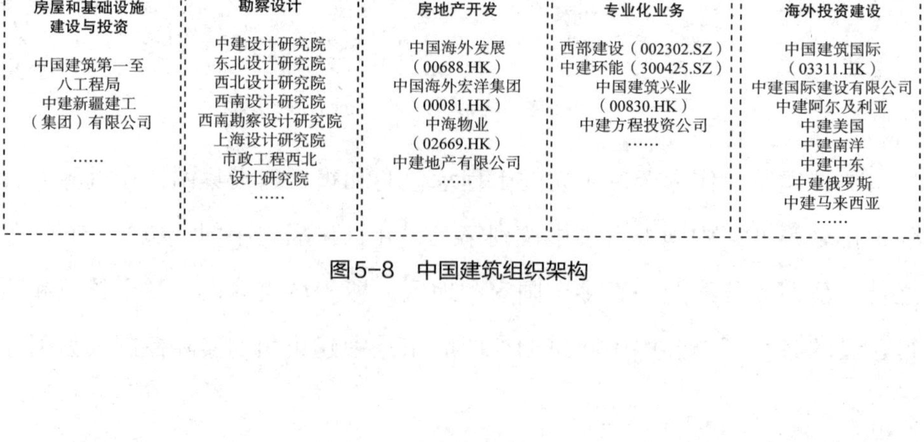

图5-8　中国建筑组织架构

在业务层面，中国建筑涵盖了房屋建筑工程、基础设施建设与投资、房地产投资与开发、勘察设计等板块。公司致力于构建一个集规划设计、投资开发、基础设施建设和房屋建筑工程于一体的商业模式，为城市建设提供全方位的一站式服务。此外，中国建筑还高度重视海外业务的拓展，以及建筑科技、电子商务、水务环保和金融业务等新领域的开发，被誉为国内建筑行业的“航空母舰”（见图 5-9）。

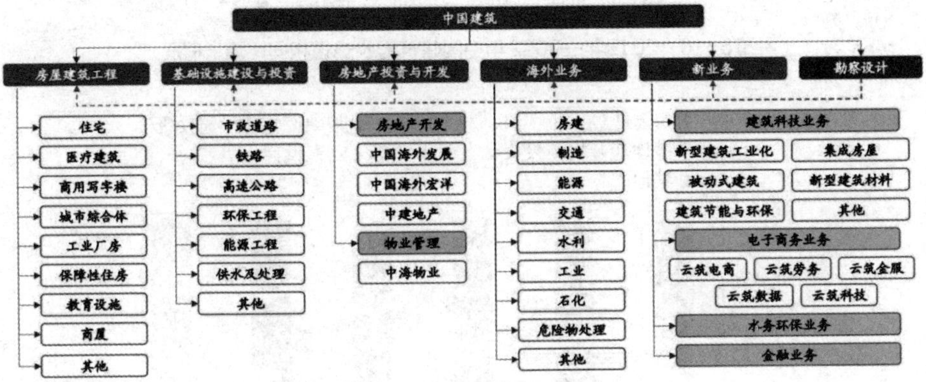

图5-9　中国建筑所涉及的业务类别

2. 中国建筑关键财务指标情况

在业绩方面，中国建筑展现出两个显著特点：一是营收的稳健增长性；二是毛利率的稳定性。由于在截稿前 2023 年全年的正式财报尚未发布，我们以 2022 年的数据为例。2022 年，中国建筑实现营收 20551 亿元，同比增长 8.7%（见图 5-10），毛利规模达到 2149 亿元，毛利率为 10.5%。历史数据显示，中国建筑的毛利率基本保持在 10% 至 12% 的区间。

进一步分析 2022 年的业绩构成，房屋建设工程的营收为 12651 亿元，占总营收的 62%；基础设施建设与投资的营收为 4935 亿元，占比 24%；房地产开发与投资实现营收 2820 亿元，占比 14%（见图 5-11）。

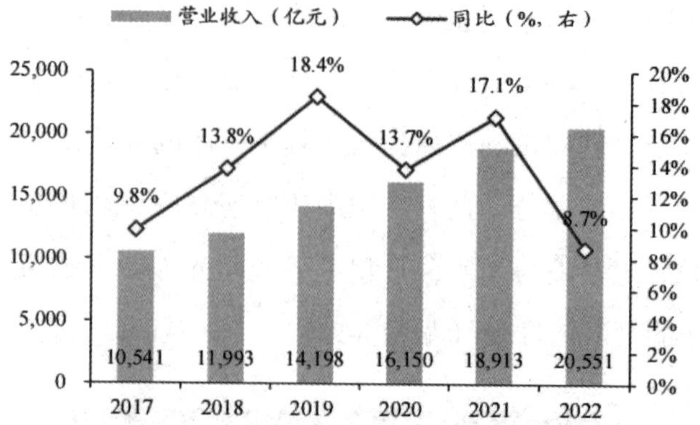

图5-10　2017年—2022年中国建筑营收规模和同比增长情况

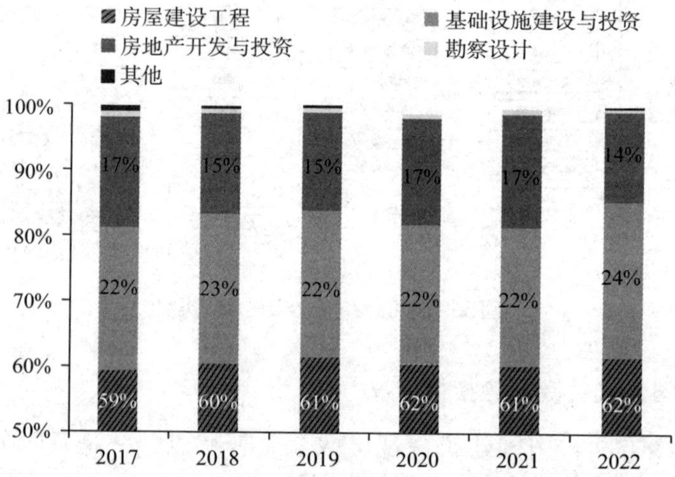

图5-11　2017年—2022年中国建筑业务营收占比情况

在2019年之前，中国建筑的房地产开发与投资业务毛利率高达30%，对集团利润的贡献超出了其营收占比。然而自2020年起，受政策调控加强和行业景气度下降的影响，公司房地产业务的毛利率从31.1%下降至19%。面对这一挑战，中国建筑采取了降低成本、加强工程承包项目成本控制的措施，并积极完善工程智慧建设系统。2022年，房建业务的毛利率提升至7.96%，基础设施建设业务的毛利率提升至10.46%，这在一定程度上减轻了房地产业务毛利率下降带来的业绩压力（见图5-12）。

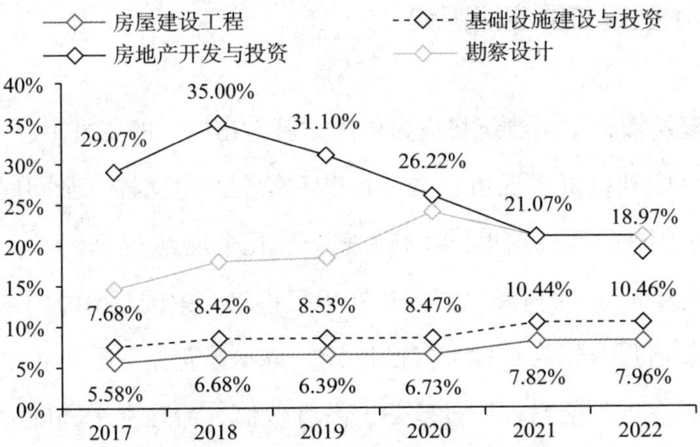

图5-12　2017年—2022年中国建筑细分业务毛利率情况

与行业内其他领先企业相比，2022 年中国建筑实现经营活动净现金流 38.3 亿元，收现比和付现比分别为 1.04 和 0.94。这意味着，中国建筑在完成每 1 元的工程时，实际收到 1.04 元的工程款；而在向下游材料商支付货款时，每应支付 1 元的时候，中国建筑实际都只支付了 0.94 元。

这种收支差额的“占便宜”策略，使公司的经营活动净现金流连续三年保持正值，且收现比常年高于付现比，这显示出公司对现金流的卓越管理能力。还有一个关键指标是净资产收益率，2022 年中国建筑的净资产收益率达到 14%，在八大建筑央企中位居首位（见图 5-13）。

	2015	2016	2017	2018	2019	2020	2021	2022
中国建筑	*17.0%*	*16.7%*	*16.3%*	*16.7%*	*16.1%*	*15.6%*	*16.0%*	*14.0%*
中国铁建	12.5%	11.5%	11.4%	11.2%	10.6%	9.6%	9.4%	9.5%
中国交建	11.9%	10.9%	12.1%	10.4%	9.4%	6.8%	7.1%	7.0%
中国电建	11.0%	11.6%	10.5%	9.3%	7.5%	7.1%	7.1%	8.3%
中国能建	11.6%	9.9%	11.1%	9.4%	9.4%	7.4%	8.0%	8.0%
中国中铁	10.7%	9.2%	10.9%	9.9%	11.5%	10.6%	10.4%	10.9%
中国中冶	8.9%	8.2%	7.9%	7.7%	7.3%	8.0%	8.2%	9.0%
中国化学	11.4%	6.6%	5.6%	6.3%	9.0%	10.1%	10.8%	10.7%

图5-13　2015年—2022年建筑行业主要公司净资产收益率情况

三、投资中国建筑的底层逻辑

1. 宏观层面，中国建筑将成为中国“基建出海”的主力军

如果回归到投资者视角，大家心里不免会产生这样一个问题：为什么我要选择中国建筑呢？这里，我和大家分享几个观点。

宏观维度，“一带一路”倡议正在积极推进，中国与沿线国家的基础设施合作显著增强。作为首批“建设世界一流示范企业”的央企之一，中国建筑致力于在创新能力、质量效益、品牌价值、治理水平和国际影响力等方面保持领先地位。因此，公司获得了大量资源，以加快建设具有全球竞争力的一流企业。

作为中国最早“走出去”的企业之一，中国建筑在“一带一路”沿线地区设立了多个分支机构，不断扩大其在全球基础设施市场的份额。公司参与了包括埃及新首都中央商务区、莫斯科中国贸易中心、泰国曼谷素万那普机场和中国政府援助柬埔寨的体育场等一系列标志性项目，并连续多年位居全球承包商250强之首。近年来，公司一直在推动业务转型，从普通房屋建筑转向高端房屋建筑和基础设施领域，并坚持实施海外高质量发展战略。

随着全球宏观经济环境的稳定和疫情影响的减弱，中国建筑的海外业务逐渐复苏。2022年，公司在海外地区实现了1080亿元的收入，同比增长20.9%（见图5-14），新签合同额达到1656亿元，同比增长1.2%。公司的海外业务构成是：房屋建筑占70%，基础设施占22%，房地产仅占8%。

随着“一带一路”倡议的推动，作为中国建筑行业的领军企业，中国建筑的海外业务有望进一步开拓。

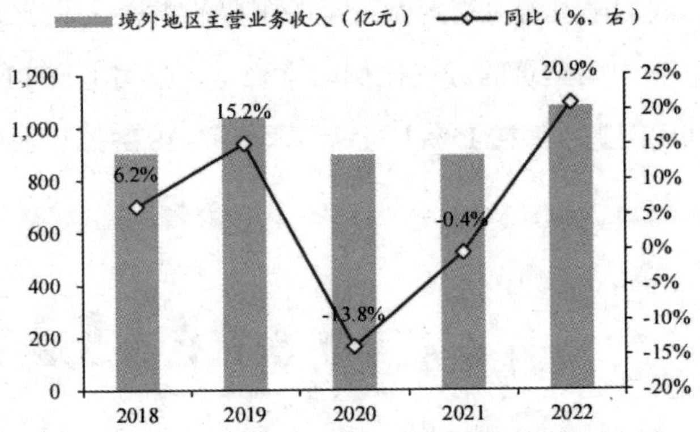

图5-14　2018年—2022年中国建筑海外营收及同比增速情况

2. 微观层面，中国建筑具备高分红和低估值的特质

微观维度，截至 2024 年 2 月，我认为中国建筑在其公司基本面上具有两大优势。

一是长期稳定派息的能力和传统；二是当前相对较低的估值水平。

首先，我们来谈谈中国建筑的长期稳定派息习惯。一般来说，一家公司能够长期稳定地派发股息，主要是因为它能够长期稳定地盈利。那么，中国建筑的盈利状况究竟如何呢?

我们来看一项非常严格的指标——扣非净利润同比增长。在过去 13 年中，中国建筑的净利润增长了 5.22 倍，年均复合增长率达到 13.56%。如果我们仔细分析数据，会发现除了 2017 年、2020 年、2022 年及 2023 年，其他几年公司的净利润增速都超过了 10%。再加上宏观经济层面对中国建筑未来发展的长期看好，市场预计未来五到十年，公司的净利润增速能够保持在 5% ～ 10% 的区间（见图 5-15）。

中国建筑 601668.SH 0.00 0.00%　财务摘要　最新财务评分71分　智能写作报告: 公司深度 / 业绩点评　年报预计披露日期: 2025-04-30　单位：亿元，CNY

报告期 报告类型	2023-12-31 年报 合并报表	2022-12-31 年报 合并报表	2021-12-31 年报 合并报表	2020-12-31 年报 合并报表	2019-12-31 年报 合并报表	2018-12-31 年报 合并报表	2017-12-31 年报 合并报表	2016-12-31 年报 合并报表	2015-12-31 年报 合并报表
归属母公司股东的净利润	542.64	509.50	514.08	449.44	418.81	382.41	329.42	298.70	260.62
同比(%)	6.50	-1.16	14.43	7.31	9.52	16.09	10.28	14.61	15.47
非经常性损益	57.26	57.16	19.17	22.59	-6.10	7.06	11.18	7.78	9.54
扣非后归属母公司股东的净利润	485.39	452.34	494.90	426.86	424.92	375.36	318.24	290.92	251.08
同比(%)	7.30	-8.70	16.00	0.50	13.20	17.90	9.40	15.90	19.90

图5-15　2010年1月—2023年10月中国建筑扣非净利润及其增长情况

接下来，我们来看看对稳定派息至关重要的指标——分红比例。我们感受到的是——中国建筑的分红比例非常稳定。公司上市 14 年，分红 14 年，而且分红比例基本都在 15% 以上，平均值为 18.23%（见图 5-16）。

中国建筑 601668.SH 5.17 -0.19% | 分红统计

上市以来分红统计

	单位(万元)
上市年	2009年
上市以来已实施现金分红	14
上市以来累计实现净利润	44,715,939.70
上市以来累计现金分红	8,153,153.29
上市以来分红率	18.23%
近三年平均净利润	4,910,073.73
近三年累计现金分红(含回购)	3,008,831.75
近三年累计分红占比(含回购) ⑦	61.28%

图 5-16　2009 年—2022 年中国建筑分红统计情况

在过去 11 年中，中国建筑的分红比例基本保持在 20% 左右（见图 5-17）。再加上中国建筑作为央企龙头，当前市场预计公司未来的分红比例也将长期维持在 20% 左右。

历年分红明细

年度	归母净利润(万元)	现金分红总额(万元)	期末未分配利润(万元)	股利支付率(%)	收益留存率(%)	ROIC(%)	每股股利(元)	股息率(%)
2023-09-30	4,365,288.30	--	--	--	--	4.53	--	--
2022-12-31	5,095,030.10	1,059,683.12	30,757,414.50	20.80	79.20	6.15	0.25	4.65
2021-12-31	5,140,766.10	1,048,521.47	27,008,150.10	20.40	79.60	7.48	0.25	5.00
2020-12-31	4,494,425.00	900,627.16	23,195,322.80	20.04	79.96	7.58	0.21	4.32
2019-12-31	4,188,139.90	776,353.82	19,754,141.10	18.54	81.46	7.54	0.18	3.29
2018-12-31	3,824,132.40	705,285.26	16,562,820.70	18.44	81.56	7.73	0.17	2.95
2017-12-31	3,294,179.90	644,772.32	13,810,207.50	19.57	80.43	7.42	0.21	2.38
2016-12-31	2,987,010.40	644,910.13	11,321,160.80	21.59	78.41	8.03	0.21	2.43
2015-12-31	2,606,189.80	600,000.00	9,270,578.00	23.02	76.98	8.64	0.20	3.15
2014-12-31	2,256,996.70	516,000.00	7,375,286.70	22.86	77.14	9.48	0.17	2.36
2013-12-31	2,039,851.20	429,000.00	5,617,806.70	21.03	78.97	9.81	0.14	4.55
2012-12-31	1,573,523.60	315,000.00	3,955,683.20	20.02	79.98	9.08	0.11	2.69
2011-12-31	1,353,697.10	240,000.00	2,737,102.80	17.73	82.27	9.33	0.08	2.75
2010-12-31	923,729.30	186,000.00	1,606,810.90	20.14	79.86	8.85	0.06	1.81
2009-12-31	572,979.90	87,000.00	831,848.70	15.18	84.82	8.04	0.03	0.61

图 5-17　2009 年—2022 年中国建筑分红占比情况

我们再来看看中国建筑的估值。作为一家传统的建筑公司，我们不仅要看企业的市盈率，还要看市净率。截至 2024 年 2 月底，中国建筑的市盈率为 4.25 倍，过去十年的分位数约为 19%；市净率为 0.53 倍，过去十年分位数为 2.51%（见图 5-18）。简而言之，无论采用哪种估值体系来衡量，当前的中国建筑都属于“便宜区间”。

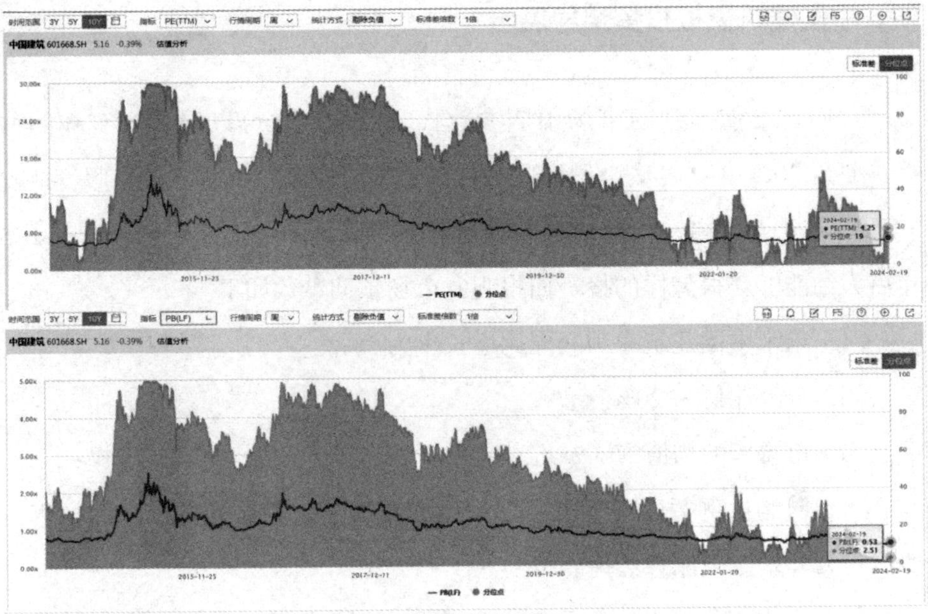

图5-18　2014年—2024年中国建筑市盈率和市净率走势及分位数情况

3. 稳定型传统企业投资回报率预测公式

我们特别强调扣非净利润同比增长、分红比例和估值这三个指标，是为了与大家分享在金融市场中，专业投资人预测某个投资标的物有可能获得投资回报的一种方法。这种方法虽然无法直接帮助你得出准确的投资策略，但可以为大家做出理性的投资决策提供参考。这种方法被称为“股息增长模拟投资法”。

其基本原理是：投资股票收益率主要受四个因素影响，即公司盈利增长、股息率、股本变化和估值变化。而股息率通过公式的推导，可以拆解为分红比例除以市盈率。最终模拟投资回报率公式为：

$$模拟投资回报率=盈利增长情况+（分红比例/市盈率）+回购比例+估值变化率\times 100\%$$

四、中国建筑模拟投资结果展示

我们将之前提到的市场预期参数代入公式中，可以做一个有趣的估算：截至 2024 年 2 月底，假设此时你投资中国建筑并长期持有（假设持有 5 年）。在这 5 年内，中国建筑顺利运营，且股价的估值回归均值，那么 5 年后大约能够获得怎样的投资回报呢？市场预期参数如下。

（1）未来中国建筑净利润同比增长率为 5%。

（2）分红比例为 20%。

（3）市盈率的均值为 4.25 倍。

（4）回购比例暂不考虑——如果有回购行为，只会提升投资回报率，所以设为 0 是一个保守估计。

（5）估值变化率，这里我们选择关注中国建筑的市净率。基于保守原则，我们将 2021 年 11 月开始的两个新周期作为未来估值变化率的参考样本（见图 5-19）。

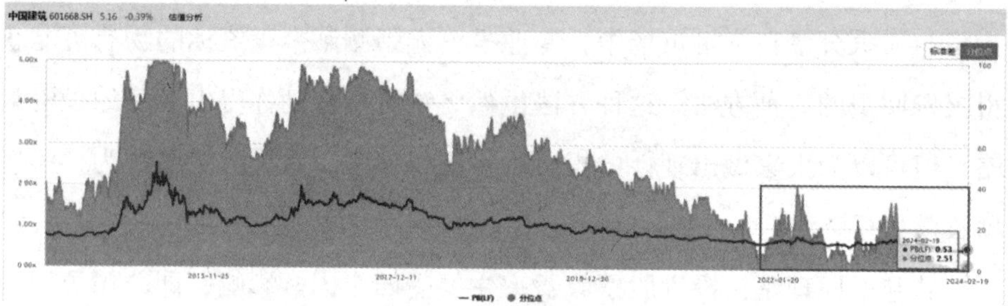

图5-19　2014年—2024年中国建筑市净率走势及分位数情况

从 2021 年 11 月开始观察，中国建筑的市净率平均值为 0.63，正的一个标准差为 0.7 倍，即相对高估的水平；负的一个标准差为 0.57 倍，即相对低估的水平。当前的估值为 0.55 倍，几乎接近负的一个标准差，显示当前估值处于较低水平。我们假设中国建筑未来 5 年的市净率估值将大概率回归至均值水平，即市净率为 0.63 倍（见图 5-20）。

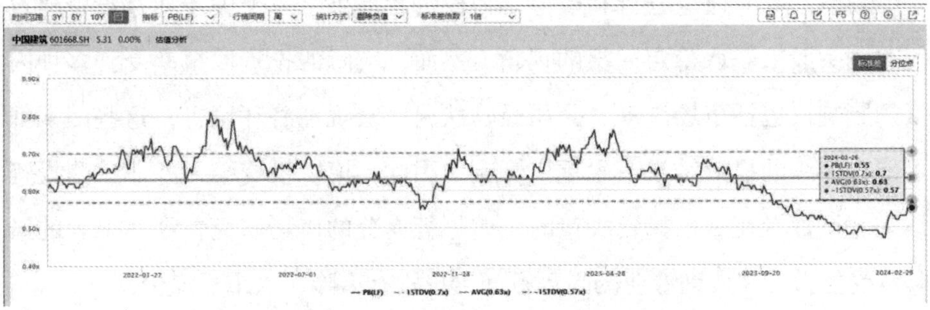

图5-20　2021年11月—2024年2月中国建筑市净率走势及正负标准差情况

我们将所有的参数代进公式，结果是这样的。

模拟投资回报率＝0.05+（0.2/4.25）+[（0.63-0.55）/0.55]/5 × 100%

≈ 12.6%

也就是说，如果于 2024 年模拟投资中国建筑，加上它的股息分红，5 年中每年大约的回报率是 10% ～ 12%。

最后总结一下本节的内容。

本节是上一节内容的续篇，主要探讨了如何通过投资建筑行业龙头股——中国建筑来获取稳定回报的策略。本节从以下几个方面对中国建筑进行了深入分析。

（1）公司概览。介绍了中国建筑的基本情况，包括子公司组织结构和业务构成。

（2）财务表现。分析了中国建筑的财务报表和业绩。

（3）行业对比。将中国建筑与其他建筑行业头部企业进行了横向比较。

（4）投资理由。从宏观和微观两个层面阐述了看好中国建筑的原因。

宏观层面：中国建筑作为国务院国资委直管的央企，在“一带一路”倡议下，其海外业务有望带来业绩增长。

微观层面：中国建筑分红稳定且当前估值低，通过计算可知，未来五年每年的投资回报率可达 10% ～ 12%。

最后，本节通过分析和模拟，为投资者提供了一个关于通过投资建筑行业龙头股来获取稳定回报的视角。然而，实际的投资回报率受到多种因素的影响，包括市场波动、公司经营状况、宏观经济环境等，这些因素都可能对最终的投资结果产生重大影响。因此，模拟投资结果并非预测投资结果。投资者在做出投资决策时，应进行充分的市场研究，评估个人的风险承受能力，并咨询专业的财务顾问。投资有风险，入市需谨慎。

第3节
铁路公路，在变化中拥抱确定性的财富

一、公路铁路板块值得投资者关注

过去二十年，中国的公路铁路事业取得了令人瞩目的进步。首先，我们来看看公路方面的发展。2005 年底，全国公路总里程只有 193.05 万公里，高速公路里程只有 4.09 万公里。时至今日，根据公开发布的信息，2023 年全国公路总里程约为 544.1 万公里，其中高速公路总里程约为 18.4 万公里，年均增长率分别为 5.32% 和 7.81%。

接下来，我们再来看看铁路事业的发展情况。2005 年底，中国的铁路总里程为 7.5 万公里。到了 2023 年底，全国铁路营业里程已经猛增到 15.9 万公里，这充分表明中国的铁路网络在过去的十几年里得到了极大扩展。

特别值得一提的是，到 2023 年底，中国的高铁里程已经达到了惊人的 4.5 万公里，这使得中国拥有了世界上最为庞大的高铁网络。近年来，新的铁路线路还在不断地开工和建成。仅在 2023 年，全国铁路就完成了固定资产投资 7645 亿元，投产了新线 3637 公里，其中高铁线路就有 2776 公里。

我们如果将国家比作一家公司，那么政府所投建的公路和铁路，无疑是这家公司的重要净资产。在过去二十年里，这些基础设施的规模不断扩大，不仅为公司的资产负债表带来了正面增长，而且还显著提升了生产效率，推动了经济的快速发展。更为关键的是这些基础设施的建设，符合大众对财富的直观理解——它们是实实在在、可见可感的。

这就形成了一条有趣的“价值链条”：中国的公路和铁路作为国家的净资产，正在为社会经济的腾飞提供动力。随着经济的持续增长，现有的交通系统不仅能够实现丰厚的收益，同时也激发了社会对于更先进、更发达的交通基础设施的需求。

公路板块在这几年进入了强劲成长的“快车道”，这主要得益于两个关键因素：首先是政策的优化，使得客车流量持续增长——与 2019 年相比增加了 20% 以上；其次在经济复苏的背景下，公路板块作为防御性资产，其充沛的现金流及高分红的特性，受到了市场的重视。

说回铁路。在 2023 年，铁路的客运和货运均显示出积极的增长势头。根据交通运输部的数据，铁路客运量在 1 月至 8 月累计同比增长了 4%，且较 2019 年的同期水平有所提高。从 2023 年 3 月开始，月度客运量不仅超过了 2019 年同期，而且增幅还在持续扩大。7 月和 8 月的客运量分别较 2019 年增长了 15% 和 13.1%。货运方面，尽管受到经济波动的影响，铁路货运量在 1 月至 8 月累计同比增长了 0.5%，实现了微幅增长。

展望未来，我对中国公路铁路板块的业绩持乐观态度，预计它们将持续稳健增长。铁路方面，随着经济的进一步恢复和发展，加之“公转铁”政策的积极推进，铁路货运量有望在未来实现个位数的增长。同时，铁路客运在恢复到常态化运行后，预计未来的同比增长将达到高个位数区间。此外，高铁作为铁路客运的重要组成部分，其市场份额有望得到进一步提升，为铁路客运市场的增长贡献更多力量。

公路方面，社会经济的持续发展，以及私家车流量的增长，将是驱动公路板块上市公司业绩稳健增长的最底层的两大动力。2023 年上半年，中国汽车保有量同比增长了 5.8%，预计这一趋势将为客车流量带来正面影响。同时，尽管 2023 年经济复苏较弱，货车流量表现相对平稳，但随着中国经济继续恢复，预计货车流量将带来额外的增长。

在越来越不确定的宏观经济波动中，公路和铁路能够产生较为稳定的现金流，因此可能受到金融市场更多的青睐，并享受更高的溢价。这一点可借鉴日本 1990 年至 2022 年的经验，在这期间高股息策略的年化收益率跑赢了大盘 4.2 个百分点。回到 A 股，相关规律也有迹可循。截至 2024 年 6 月 6 日，中信公路指数在过去三年里累计上涨了 42.96%，这一表现显著超过了沪深 300 和上证 50 指数，领先幅度达到了 74 个百分点（见图 5-21）。此外，中国货币市场的持续流动性宽松和无风险利率的下降，将进一步降低投资者对股息率的要求，进而提升这类资产的估值。

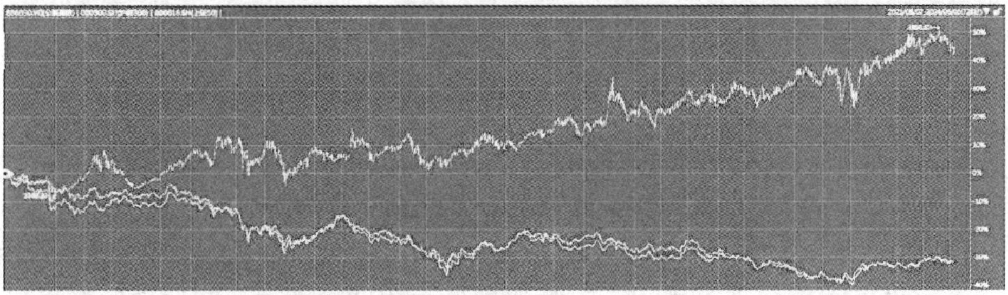

图5-21　2021年6月—2024年6月中信公路指数、沪深300和上证50指数走势对比情况

简而言之，那些能够稳定产生现金流且慷慨派息的公路和铁路资产，将吸引原本寻求稳定储蓄收益的资本。这将导致公路和铁路板块的投资标的受到更多资本的追捧，进而推动其股票估值的上升。过去市场普遍认为，1 倍左右的市净率是这类资产的合理估值。然而，随着市场环境的变化，这一合理估值区间有望逐渐上调至 1.1 倍至 1.2 倍（见图 5-22）。

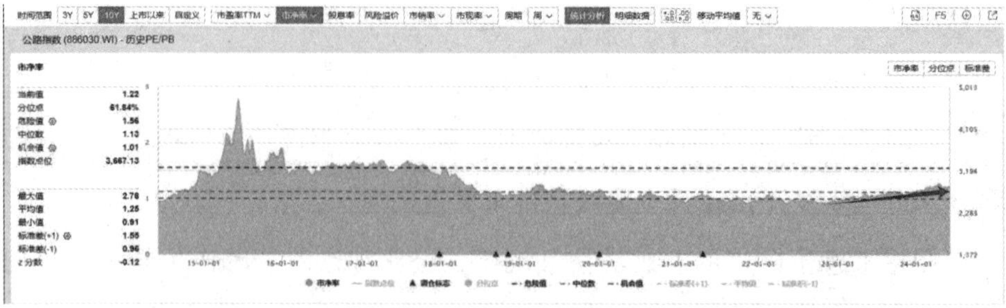

图5-22　2014年6月—2024年6月中信公路指数市净率中枢上升趋势

二、如何参与公路铁路板块的投资？

作为一名投资者，如何参与到中国公路铁路板块的财富增长当中呢？基于保守原则，很多人会考虑通过投资 ETF 来实现这一目的。通过筛选，我们发现当前市面上存在 8 只与交通运输板块相关的 ETF（见图 5-23）。

基金代码	基金名称	类型	收益率	同类排名	年化收益率	最大回撤	规模(亿)	成立年限	基金经理	管理人	综合评级
159766.OF	富国中证旅游主题ETF	被动指数	-31.82%	1996/2441	-12.39%	-45.02%	24.03	2.90	[illegible]	富国基金	--
562510.OF	华夏中证旅游主题ETF	被动指数	-31.12%	1980/2441	-14.06%	-44.80%	6.73	2.46	[illegible]	华夏基金	--
516910.OF	富国中证现代物流ETF	被动指数	1.92%	816/2441	0.63%	-30.23%	1.04	3.01	[illegible]	富国基金	--
561320.OF	国泰中证内地运输主题ETF	被动指数	-6.41%	1151/2441	-4.27%	-21.04%	0.66	1.52	吴中昊	国泰基金	--
159662.OF	南方国证交通运输行业ETF	被动指数	-1.96%	1019/2441	-1.29%	-21.44%	0.77	1.54	崔蕾	南方基金	--
159666.OF	华夏中证全指运输ETF	被动指数	-6.35%	1179/2441	-4.09%	-22.12%	0.75	1.40	[illegible]	华夏基金	--
516530.OF	银华中证现代物流ETF	被动指数	-12.28%	1368/2441	-5.27%	-29.70%	0.71	2.42	[illegible]	银华基金	--
159683.OF	嘉实中证内地运输主题ETF	被动指数	-5.32%	1138/2441	-3.73%	-21.10%	0.30	1.44	[illegible]	嘉实基金	--

图5-23　截至2024年6月A股涉及交通运输板块的相关ETF

经过进一步筛选，剔除了旅游和物流主题的标的后，我们最终锁定以下 4 只 ETF。

561320.OF 国泰中证内地运输主题 ETF

159662.OF 南方国证交通运输行业 ETF

159666.OF 华夏中证全指运输 ETF

159683.OF 嘉实中证内地运输主题 ETF

然而，从资金规模、成立年限及年化收益率等角度来看，这些 ETF 并不符合我们的投资期望。有些读者可能会认为：作为跟踪指数的 ETF，其长期的投资表现会与所跟踪的指数同步。因此如果对交通运输板块的前景保持乐观，就应该信任这些 ETF。但我认为这种观点将问题简化了。

交通运输板块作为一级行业，其下细分为公路铁路、物流、航运港口和航空机场等四个二级行业。从 2023 年 4 月之后的指数走势图来看，物流指数和航空机场指数与公路铁路指数和航运港口指数的走势出现了明显的分化。到了 2024 年 2 月，公路铁路指数与航运港口指数也出现了走势分化（见图 5-24）。因此，如果 ETF 跟踪的是中信一级行业交通运输指数，那么由于所跟踪标的的涨跌分化，可能会影响 ETF 的整体最终收益率。

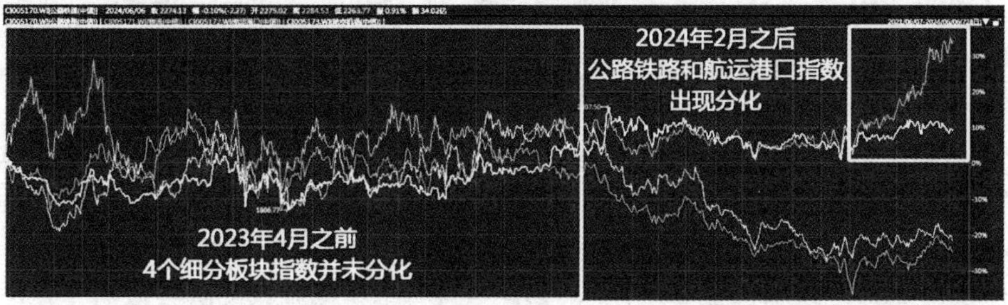

图 5-24　2021 年 6 月—2024 年 6 月公路铁路、物流、航运港口和航空机场指数相关走势情况

从基本面看，无论物流还是航运港口，它们在应对经济周期波动方面，都不如公路铁路稳妥。因此，作为理性的投资者，我们应该像剥竹笋一样，去除不必要的部分，只关注核心价值。遗憾的是，目前市场上并没有专门跟踪公路铁路的 ETF。这就需要我们将注意力转向具体的个股。

在 A 股市场中，公路铁路板块共有 33 只成分股。面对众多选择，大家可能会感到困惑：如何筛选值得关注的优秀标的呢？这里我提供两个实用的筛选视角。

视角一：总市值筛选

资本关注公路铁路板块的重要原因之一，是其能够产生稳定的现金流。这些现金流源于公司的净资产，如高速公路或铁路干线，而且这些净资产能够供全市场随时查验。换句话说，净资产越多，价值越高，公司的总市值自然越高。因此，我们可以设定一个筛选标准：潜在投资对象的总市值不得低于 200 亿元。这一标准有助于我们快速聚焦于那些拥有大量优质资产、市值较高的公司。按照这一标准筛选后，33 家上市公司中只剩下 10 家符合条件，这大大缩小了筛选范围（见表 5-1）。

表5-1　截至2024年6月公路铁路板块总市值大于200亿元的公司一览表

序号	证券代码	证券简称	总市值1 [交易日期] 最新收盘日 [单位] 亿元↓	股息率(报告期) [交易日期] 最新收盘日 [报表年度] 2013 [单位] %	股息率(报告期) [交易日期] 最新收盘日 [报表年度] 2014 [单位] %	股息率(报告期) [交易日期] 最新收盘日 [报表年度] 2015 [单位] %	股息率(报告期) [交易日期] 最新收盘日 [报表年度] 2016 [单位] %	股息率(报告期) [交易日期] 最新收盘日 [报表年度] 2017 [单位] %	股息率(报告期) [交易日期] 最新收盘日 [报表年度] 2018 [单位] %
1	601816.SH	京沪高铁	2,533.8946						
2	601006.SH	大秦铁路	1,250.7146	6.0393	6.7606	6.3202	3.5112	6.6011	6.7416
3	001965.SZ	招商公路	807.5279					1.8497	2.1453
4	600377.SH	宁沪高速	546.2425	3.2040	3.2231	3.3727	3.5413	3.7099	3.8786
5	600350.SH	山东高速	438.5400	1.6667	2.1995	1.9757	2.1634	1.9647	2.4393
6	200429.SZ	粤高速B	222.7678	0.7734	1.5365	2.3201	5.1969	7.8264	8.6925
7	601333.SH	广深铁路	214.9370	2.4242	1.5015	2.4242	2.4242	2.4242	1.8182
8	600548.SH	深高速	204.5970	1.5123	4.2573	3.2136	2.0794	2.8355	6.7108
9	600012.SH	皖通高速	203.4667	1.5977	1.6679	1.6703	1.6703	1.6703	1.8155
10	000429.SZ	粤高速A	202.8546	0.4831	0.9766	1.4493	3.2464	4.8889	5.4300

视角二：股息率筛选

我们将常年股息率≥ 3% 作为另一个筛选条件。这一标准的选择基于投资性价比的考量：截至 2024 年 6 月，政府十年期国债的收益率为 2.28%（见图 5-25）。投资者可将此标准作为无风险收益率的对比标杆。如果投资标的的股息率高于这一水平，就可以认为在兼顾增长性和安全性的同时，投资者可以获得相对合理的回报。

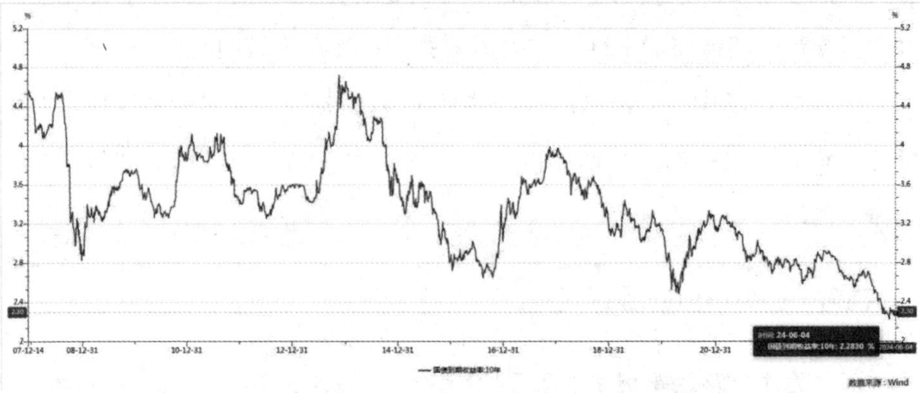

图5-25　2007年12月—2024年6月政府十年期国债收益率走势图

通过这两个维度的筛选，最终在公路铁路板块中，只剩下两家上市公司——宁沪高速代表了公路板块，大秦铁路代表了铁路板块。接下来，我们将从基本面和估值面两个角度，对这两家上市公司进行更为详尽的分析。

1. 宁沪高速

宁沪高速成立于 1992 年 8 月，现为江苏交通控股有限公司的重要直属企业。其主要业务涵盖收费路桥的投资、建设、运营及管理。公司的核心资产——沪宁高速公路江苏段，连接上海和南京，是长三角地区的关键交通干线。该高速公路段也凭借这一区位优势，为公司带来了稳定的通行费收入，从而确保了其持续的盈利能力。目前，宁沪高速管理的公路里程已突破 900 公里。

最近两年，宁沪高速以其股价的持续增长、稳定的财务表现和长期的高分红举措，成为投资者关注的焦点。自 2008 年起，公司维持了 60% 至 70% 的股利支付率，股息率过去十余年始终没有下过 4%，展现出其作为投资标的的吸引力（见表 5-2、表 5-3）。面对这样的优质企业，投资者应如何制定投资策略？

表 5-2　2010 年—2023 年宁沪高速利润表摘要情况

宁沪高速 600377.SH 0.00 0.00%　财务摘要　最新财务评分91分　智能写作报告：公司深度 / 业绩点评　年报预计披露日期：2025-03-27　单位：亿元，CNY

报告期	2023-12-31	2022-12-31	2021-12-31	2020-12-31	2019-12-31	2018-12-31	2017-12-31	2016-12-31	2015-12-31
	年报	年报	年报	年报	年报	年报	年报	年报	年报
报告类型	合并报表	合并报表	合并报表	合并报表	合并报表	合并报表	合并报表	合并报表	合并报表
利润表摘要									
营业总收入	151.92	132.56	137.93	80.32	100.78	99.69	94.56	92.01	87.61
同比(%)	14.61	-7.05	71.71	-20.30	1.10	5.43	2.76	5.02	-0.79
营业总成本	110.54	104.13	100.81	54.79	54.31	55.17	53.20	52.69	57.00
营业利润	56.98	46.20	54.35	32.39	55.42	56.61	47.24	44.03	35.12
同比(%)	23.32	-17.24	67.82	-41.56	-2.10	19.82	7.38	25.38	12.71
利润总额	56.72	45.81	54.20	32.34	55.22	56.53	47.14	44.17	28.95
同比(%)	23.82	-17.70	67.60	-41.44	-2.32	19.92	6.71	52.58	-6.73
净利润	46.10	37.48	41.33	25.19	43.00	44.76	36.85	34.37	25.90
同比(%)	22.99	-12.36	64.08	-41.43	-3.92	21.46	7.21	32.71	12.79
归属母公司股东的净利润	44.13	37.24	41.79	24.64	42.00	43.77	35.88	33.46	25.07
同比(%)	18.51	-12.99	69.58	-41.32	-4.04	21.98	7.23	33.49	12.51
非经常性损益	2.39	3.00	5.00	1.24	0.13	5.23	0.22	0.30	-1.86
扣非后归属母公司股东的净利润	41.75	34.24	36.79	23.40	41.86	38.54	35.66	33.16	26.93
同比(%)	21.93	-9.02	57.21	-44.10	8.63	8.08	7.51	23.15	20.86
研发支出									
EBIT	52.75	39.64	45.23	30.31	51.19	49.78	48.36	44.35	38.40
EBITDA	78.07	60.12	64.91	46.66	66.85	64.44	62.55	57.35	51.99

表5-3　2008年—2023年宁沪高速股利支付率和股息率情况

历年分红明细

年度	归母净利润(亿	现金分红总额(...	期末未分配母公司利润(亿元)	股利支付率⑦	收益留存率⑦	ROIC(%)⑦	每股股利(元)	股息率(%)⑦
2024-09-30	41.20	--	105.46	--	--	6.52	--	--
2023-12-31	44.13	23.68	89.82	53.65	46.35	7.39	0.47	4.59
2022-12-31	37.24	23.17	77.37	62.23	37.77	6.75	0.46	5.60
2021-12-31	41.79	23.17	70.18	55.46	44.54	7.81	0.46	5.34
2020-12-31	24.64	23.17	58.59	94.04	5.96	5.21	0.46	4.99
2019-12-31	42.00	23.17	73.89	55.18	44.82	9.56	0.46	4.10
2018-12-31	43.77	23.17	66.02	52.95	47.05	11.39	0.46	4.69
2017-12-31	35.88	22.17	59.99	61.78	38.22	10.95	0.44	4.47
2016-12-31	33.46	21.16	51.56	63.23	36.77	11.13	0.42	4.91
2015-12-31	25.07	20.15	43.67	80.39	19.61	10.70	0.40	4.57
2014-12-31	25.75	19.14	41.17	74.35	25.65	11.13	0.38	5.21
2013-12-31	27.08	19.14	35.89	70.70	29.30	11.86	0.38	6.81
2012-12-31	23.33	18.14	32.35	77.72	22.28	10.70	0.36	6.91
2011-12-31	24.30	18.14	30.05	74.64	25.36	11.21	0.36	6.33
2010-12-31	24.84	18.14	26.47	73.00	27.00	11.41	0.36	5.42
2009-12-31	20.11	15.62	20.51	77.66	22.34	9.61	0.31	4.34
2008-12-31	15.54	13.60	16.96	87.53	12.47	8.28	0.27	4.96
2007-12-31	16.01	13.60	17.03	84.97	15.03	8.12	0.27	2.57

在股票估值方面，作为重资产企业的宁沪高速，市净率是评估其市场估值，以及辅助判断股价高低的重要指标。通过分析宁沪高速过去十年的市净率走势，我们注意到自2022年11月以来，市场对其估值的看法有了重大转变（见图5-26）。

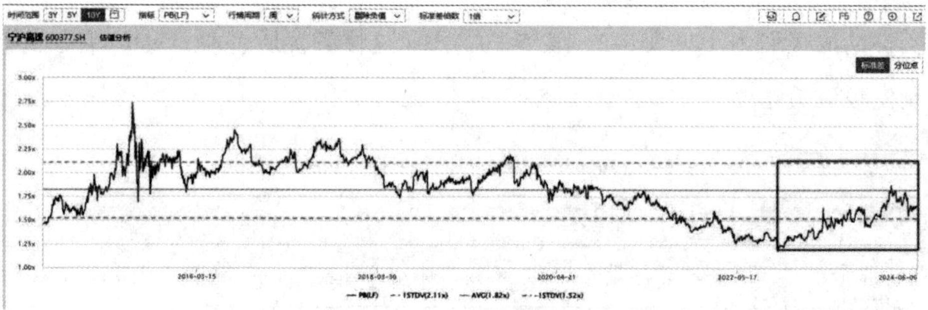

图5-26　2014年—2024年宁沪高速市净率走势图

截至2024年6月6日，宁沪高速的市净率为1.66倍，接近我们设定的阶段性估值的警戒线。过去两年，公司市净率的均值为1.5倍，而更具吸引力的买入机会值则在1.35倍左右。鉴于宁沪高速估值中枢的上升趋势，建议投资者在市净率处于1.5倍以下时，开始考虑将宁沪高速作为潜在标的的投资机会（见图5-27）。

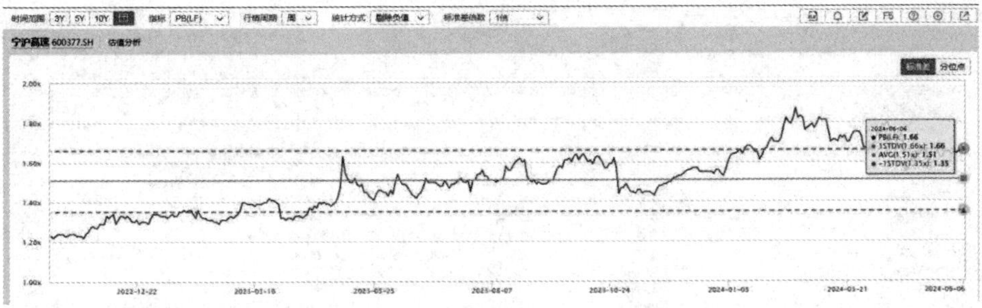

图5-27　2022年11月—2024年6月宁沪高速市净率走势图

2. 大秦铁路

大秦铁路是中国首家以路网核心主干线为主体的铁路运输公司。该公司由原北京铁路局牵头，联合其他六家企业于2004年10月26日共同创立，之后控股股东变更为太原铁路局。大秦铁路主要运营包括大秦线、北同蒲线、南同蒲线在内的多条铁路线，线路营业里程达数千公里，覆盖多个省份，承担着重要的客货运输任务。其中，煤炭运输量约占全国铁路煤运量的三分之一。

大秦铁路除了煤炭运输，还涉足了其他货物和旅客运输业务，其业务范围广泛且多元化。随着中国经济的增长和能源需求的上升，大秦铁路在过去几年里不断提升运输能力和运营效率。尽管过去十年间，公司的归母净利润似乎没有显著增长，但财务状况依然稳健。2023 年，大秦铁路实现了数百亿元的营业收入。此外，公司财年期末的现金余额持续增长，这一现象反映了其在管理和运营方面的卓越能力（见图 5-28、图 5-29）。

大秦铁路也是以慷慨分红著称的企业。尽管 2016 年受到煤炭低迷周期的影响，公司当年净利润表现不佳。但从长期来看，大秦铁路每年的归母净利润稳定在 110 亿元至 120 亿元之间。公司维持着 50% 至 60% 的股利支付率，并且长期保持 5% 以上的股息率，显示出其对股东的持续回报能力（见图 5-30）。

大秦铁路 601006.SH 7.12 +0.28% 财务摘要 最新财务评分71分 单位：亿元，

报告期 报告类型	2023-12-31 年报 合并报表	2022-12-31 年报 合并报表	2021-12-31 年报 合并报表	2020-12-31 年报 合并报表	2019-12-31 年报 合并报表	2018-12-31 年报 合并报表	2017-12-31 年报 合并报表	2016-12-31 年报 合并报表	2015-12-31 年报 合并报表	2014-12-31 年报 合并报表	2013-12-31 年报 合并报表
利润表摘要											
营业总收入	810.20	757.58	786.82	723.22	799.17	783.45	556.36	446.25	525.31	539.71	513.43
同比(%)	6.95	-3.72	8.28	-9.50	2.01	35.45	24.68	-15.05	-2.67	5.12	11.13
营业总成本	658.12	619.25	631.48	593.52	630.62	602.36	418.91	383.90	381.94	383.53	378.41
营业利润	178.72	169.01	182.12	157.50	199.75	213.11	169.87	89.12	164.36	181.58	161.94
同比(%)	5.75	-7.20	16.84	-21.15	-6.27	16.53	90.60	-45.78	-9.48	12.12	9.50
利润总额	177.27	168.00	181.03	156.59	197.91	207.06	167.98	87.88	163.55	180.69	160.71
同比(%)	5.52	-7.20	16.84	-20.88	-4.42	14.41	91.15	-46.27	-9.49	12.44	9.28
净利润	135.59	128.53	137.72	122.97	151.71	161.47	130.98	70.78	126.55	141.89	126.95
同比(%)	5.49	-6.68	13.52	-18.94	-6.04	15.45	85.07	-44.07	-10.81	11.77	10.34
归属母公司股东的净利润	119.30	111.96	121.81	108.96	136.69	145.44	133.50	71.68	126.48	141.85	126.92
同比(%)	6.55	-8.09	13.14	-20.29	-6.02	8.99	86.23	-43.32	-10.84	11.77	10.32
非经常性损益	-0.28	0.66	-0.26	0.37	-0.70	-1.21	-0.59	-0.93	-0.60	-0.66	-0.85
扣非后归属母公司股东的净利润	119.58	111.31	122.07	108.59	137.40	146.65	134.08	72.62	127.08	142.51	127.77
同比(%)	7.43	-8.82	12.42	-20.97	-6.31	10.84	84.64	-42.86	-10.83	11.54	10.49
研发支出	0.11	0.17	0.07	0.06	0.09	0.07					
EBIT	154.93	143.50	156.03	131.46	170.76	183.52	145.95	67.70	145.57	160.96	141.65
EBITDA	208.23	196.32	206.99	201.96	244.08	255.07	202.01	120.08	197.27	210.63	190.17

图5-28　2013年—2023年大秦铁路利润表摘要情况

现金流量表摘要											
销售商品提供劳务收到的现金	581.90	538.30	573.91	488.77	542.19	552.84	464.74	332.99	457.57	494.34	436.76
经营活动现金净流量	172.46	161.02	188.98	125.29	150.23	178.88	174.94	62.75	141.18	173.13	147.60
购建固定无形长期资产支付的...	72.92	71.23	36.09	19.40	52.56	67.17	43.68	30.75	58.12	55.15	47.38
投资支付的现金	0.92	0.00	0.04	0.04	59.90	0.35		0.03	1.17	1.99	2.45
投资活动现金净流量	-33.54	-28.78	-33.33	14.88	-79.58	-32.77	-28.52	-30.09	-56.49	-41.71	-34.98
吸收投资收到的现金	0.90	0.00	0.03	0.05	0.00	0.00	0.11	0.05	0.03		0.00
取得借款收到的现金	7.94	12.02	12.31	2.28	2.48	12.17	3.00	1.60	7.17	3.33	6.86
筹资活动现金净流量	-91.80	-100.37	-82.36	226.96	-101.93	-79.19	-151.80	1.35	-101.00	-122.88	-103.14
现金净增加额	47.12	31.87	73.29	367.13	-31.29	66.92	-5.38	34.00	-16.31	8.53	9.48
期末现金余额	673.16	626.03	594.16	520.59	153.46	184.76	111.00	116.38	82.38	96.39	87.85
折旧与摊销	53.30	52.82	50.97	70.50	73.32	71.55	56.07	52.39	51.70	49.67	48.52

图5-29　2013年—2023年大秦铁路现金流量表摘要情况

历年分红明细

年度	归母净利润(亿元)	现金分红总额(亿元)	期末未分配利润(...	股利支付率(%)	收益留存率(%)	ROIC(%)	每股股利(元)	股息率(%)
2024-03-31	30.46	--	746.03	--	--	1.74	--	--
2023-12-31	119.30	69.29	715.85	58.08	41.92	7.30	0.44	6.10
2022-12-31	111.96	72.80	682.57	65.02	34.98	7.13	0.48	7.19
2021-12-31	121.81	71.36	657.19	58.58	41.42	8.06	0.48	7.50
2020-12-31	108.96	71.36	631.41	65.49	34.51	8.21	0.48	7.43
2019-12-31	136.69	71.36	603.91	52.21	47.79	11.81	0.48	5.85
2018-12-31	145.44	71.36	550.79	49.06	50.94	13.91	0.48	5.83
2017-12-31	133.50	69.87	500.27	52.34	47.66	12.47	0.47	5.18
2016-12-31	71.68	37.17	411.01	51.85	48.15	7.06	0.25	3.53
2015-12-31	126.48	66.90	411.16	52.90	47.10	13.25	0.45	5.22
2014-12-31	141.85	71.36	361.47	50.31	49.69	15.87	0.48	4.50
2013-12-31	126.92	63.93	296.37	50.37	49.63	14.83	0.43	5.82
2012-12-31	115.03	57.98	240.11	50.41	49.59	14.49	0.39	5.77
2011-12-31	116.99	57.98	194.59	49.56	50.44	15.36	0.39	5.23
2010-12-31	104.11	52.03	141.35	49.98	50.02	15.75	0.35	4.48
2009-12-31	65.30	38.93	93.75	59.61	40.39	13.75	0.30	2.91
2008-12-31	66.80	38.93	--	58.28	41.72	17.45	0.30	3.74
2007-12-31	61.09	38.93	--	63.72	36.28	16.68	0.30	1.17
2006-12-31	44.15	38.93	--	88.17	11.83	12.95	0.30	3.70

图5-30　2006年—2023年大秦铁路归母净利润、股利支付率、股息率情况

在讨论股票估值时，我们注意到与宁沪高速相似的情况：自2022年11月以来，大秦铁路的估值进入一个全新的市场共识阶段。因此，评估大秦

铁路当前股票估值的高低，应以 2022 年 11 月作为参考的起始时间点。目前，大秦铁路的市净率为 0.83 倍，略低于该时期市净率的均值 0.85 倍，显示出其处于相对低估的状态。在这个估值区间内，市净率的机会值为 0.8 倍，而危险值则为 0.9 倍（见图 5-31）。

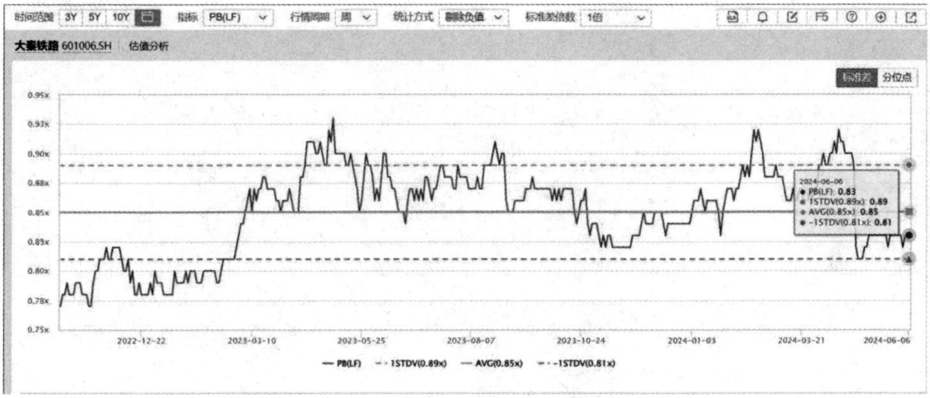

图 5-31　2022 年 11 月—2024 年 6 月大秦铁路市净率走势图

最后，总结一下本节的主要内容。

过去二十年，中国在公路和铁路基础设施方面取得了巨大发展。基础设施的发展不仅增加了国家的净资产，而且显著提升了生产效率。

当前投资者将中国的公路和铁路视为优质资产，预期它们能带来稳定且可观的投资回报。中信公路指数在过去三年累计上涨了 42.96%，超过沪深 300 和上证 50 指数 74 个百分点，反映了市场对公路板块的高度认可。

然而，尽管交通运输板块前景好，但目前市场上没有专门跟踪公路铁路的 ETF，投资者需要关注具体个股。通过总市值和股息率筛选，宁沪高速和大秦铁路分别成为公路板块和铁路板块的代表性公司。

宁沪高速是江苏省重要的高速公路运营商，管理的公路里程超过 900 公里。公司过去十余年维持高股息率，成为投资者关注的焦点。大秦铁路作为中国首家以路网核心主干线为主体的铁路运输公司，运营多条重要铁路线，煤炭运输量约占全国铁路煤运量的三分之一。

在估值方面，宁沪高速和大秦铁路的市净率分别为 1.66 倍和 0.83 倍，宁沪高速略显高估，而大秦铁路略显低估。投资者可考虑在市净率更具吸引力时，将这些公司视为价值标的，把握来之不易的投资机会。

第4节 煤炭，黝黑外表下散发着真金白银的光芒

一、当前世界能源格局的大概情况

2021 年，全球光伏产业迎来了显著增长，新增装机容量达到 175 吉瓦，累计装机容量高达 942 吉瓦。进入 2022 年，这一增长势头更为强劲，新增装机容量飙升至 230 吉瓦，同比增长 35.3%，累计装机容量随之攀升至 1156 吉瓦。

在中国，光伏产业的迅猛发展尤为突出。2022 年，光伏组件出口量达到 153.6 吉瓦，同比增长 55.8%，创下了历史新高。

为了帮助大家更好地理解 1 吉瓦的规模，我们可以这样比喻：一个家用热水壶的功率大约是 1 千瓦，而 1 吉瓦相当于一百万千瓦。在标准阳光下，1 吉瓦的光伏板 1 小时产生的电量完全可以满足一个大型城市或一个小型国家的日常用电需求。

相比之下，传统能源行业——尤其是煤炭行业的日子可没那么好过了。首先，从环保角度来看，煤炭燃烧产生的二氧化碳是主要温室气体之一，对环境产生了严重影响。其次，随着全球对可再生能源关注度的不断

提高，煤炭行业面临越来越大的市场压力。最后，煤炭资源的有限性也是一个不可忽视的问题。据统计，全球煤炭储量正在逐渐减少，而新能源的崛起使得煤炭行业的地位进一步受到挑战。

二、煤炭行业的韧性十足

煤炭行业是否正走向衰落？在这个问题上，我们不应盲目认同他人的观点，而应深入分析社会的供需关系。供需关系是市场最根本的驱动力。如果一个行业长期处于供大于求的状态，那么它可能确实面临着衰退的风险，值得我们重新评估。相反，如果一个行业持续供不应求，这不仅表明它具有强劲的市场需求，也意味着其中可能蕴藏着巨大的潜力和机会，值得我们密切关注。

1. 国内煤炭新增供给有限

国内供给方面，2020 年新批煤矿项目的数量大幅减少。随着“碳中和”的提出，煤炭企业对新矿井的投资意愿进一步减弱，资本开支更多地用于现有矿井的维护和机械化、智能化更新。新建矿井通常需要三年左右的时间才能投产，这意味着短期内难以实现产量的显著增加。尽管新疆地区的新批复产能有所增加，但由于疆煤大多就地消化，所以对市场的供给影响相对有限。此外，2022 年国家发展和改革委员会（下文简称“发改委”）已经集中推进了煤矿产能核增，未来再核增的空间已经不大（见图 5-32）。

安全监管方面，2023 年以来矿难频发，国家矿山安全监察局加强了对煤矿的安全专项整治，特别是在山西省实施了严格的“查三超”政策，2024 年一季度原煤产量出现了明显下滑。山西省政府预估，2024 年全省煤炭产量将降至约 13 亿吨，比 2023 年减少 7800 万吨。

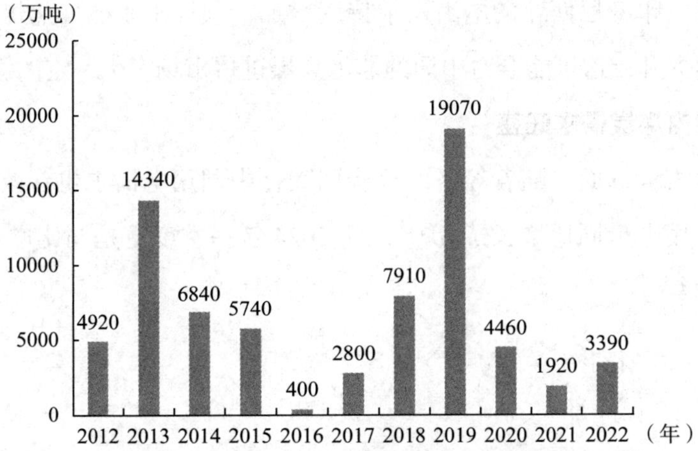

图 5-32　2012 年—2020 年发改委新批煤矿产能情况

2. 海外煤炭的供需对国内影响逐渐减少

我们将目光转向海外市场。2023 年之后，海外煤炭新增产能显著减少。IEA 的数据显示，2023 年—2026 年海外新增煤矿投产产能逐年递减，特别是对亚洲市场供给影响较大的俄罗斯，其新增产能呈现递减趋势。

印度尼西亚作为煤炭产量大国，2023 年产量同比增加了 13%，达到 7.75 亿吨，2024 年的目标产量为 7.1 亿吨，低于前一年，且印度尼西亚还需继续执行 DMO 政策，显示出短期内供给可能已达到极限（见图 5-33）。

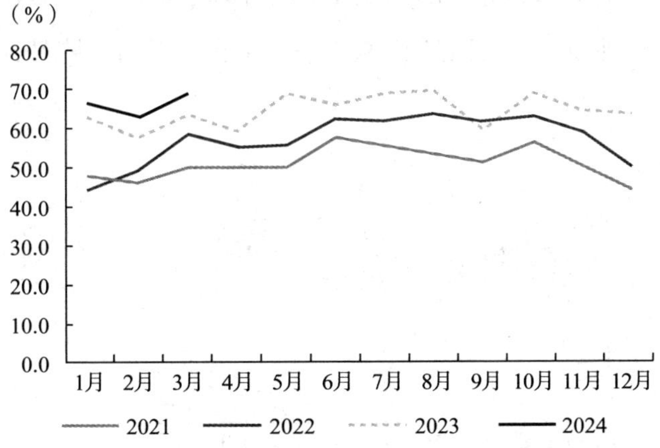

图 5-33　2021 年—2024 年印度尼西亚煤炭产能增速情况

同时，印度尼西亚的电力需求持续增加，预计未来非炼焦煤的进口需求将继续提升，这可能会对中国的非炼焦煤进口市场产生一定的影响。

3. 国内煤炭需求旺盛

国内需求方面，随着经济的逐步回暖，中国用电需求也在改善。2023年全社会用电量同比增长了6.7%，而2024年一季度更是同比增长了9.8%（见图5-34）。

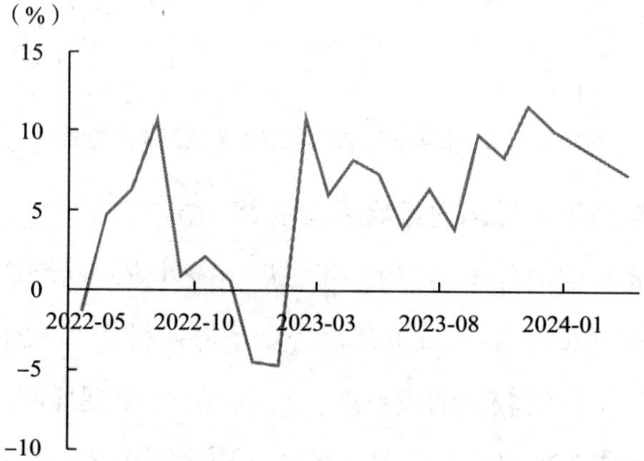

图5-34　2022年5月—2024年1月中国全社会用电量增长情况

水电的供给不确定性较大，火电则成为经济复苏的电力供应支柱，其需求有望保持增长。此外，电厂的高库存将成为常态，但港口库存低于同期，随着夏季的临近，可能会对煤炭价格产生积极影响（见图5-35）。

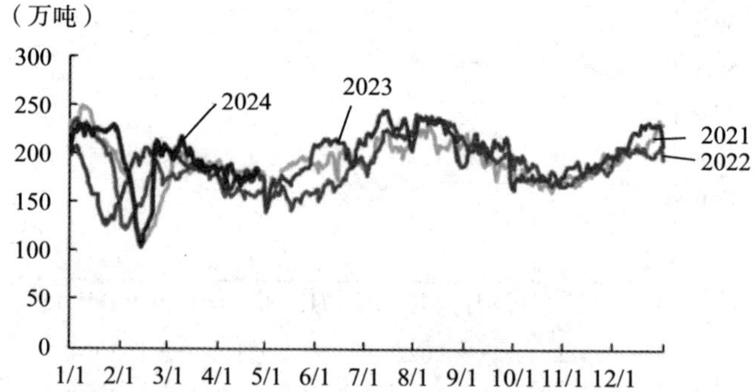

图5-35　中国电厂煤炭日耗情况

非煤电需求方面，供热、建材、化工等行业的需求增长显著。煤化工行业的开工率受益于经济复苏和煤油价差的扩大，呈现明显上升之势。冶金和水泥行业的需求因稳增长政策而得到增加。值得注意的是，冶金行业除了使用焦炭，还会使用动力煤进行高炉加热，这一需求与铁水产量正相关。随着钢铁需求的增长，冶金加热用动力煤的需求量也在增加（见图 5-36）。

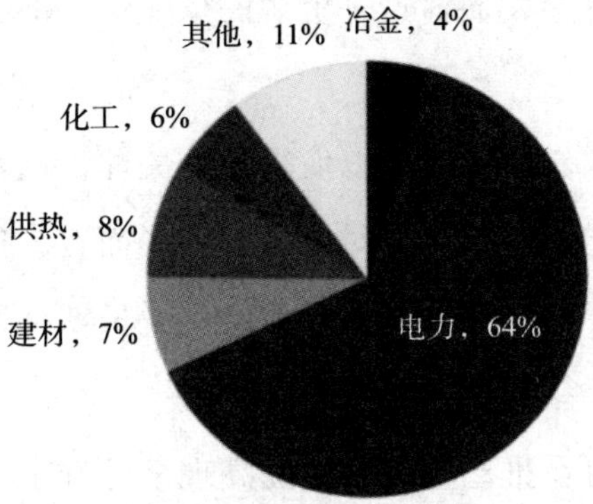

图5-36 2023年中国煤炭使用量各产业占比情况

总体来看，通过深入探究煤炭行业的供需动态，我们可以发现煤炭市场的实际情况并不像许多人想象中的那样悲观。通过分析中信煤炭指数的财务数据，我们可以看到自 21 世纪初以来，尽管中国煤炭行业的增长速度有所放缓，但仍然展现出了 5 至 7 年为一周期的波动特征（见图 5-37）。更重要的是，煤炭行业依旧保持着强盈利能力，这一点令人印象深刻。正如老话所说："老兵不死，只是凋零。"

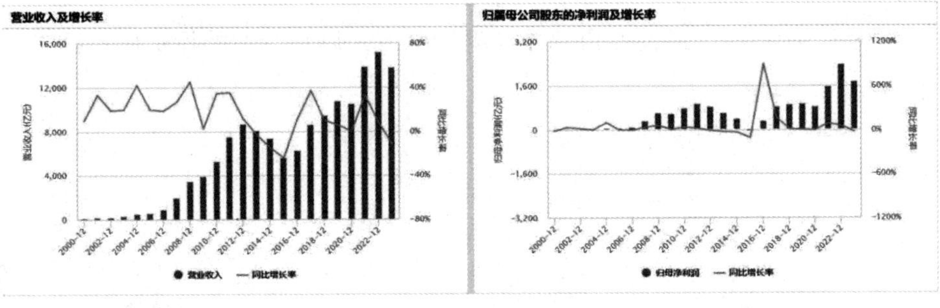

图5-37 2000年—2022年中国煤炭行业营收和归母净利润增长情况

三、煤炭板块具备高分红的属性

作为一名普通投资者，最关心的是所选行业的前景是否够好。历史告诉我们，即使是曾经辉煌的房地产行业，当面临资本集体远离的时候，我们在微观层面的精打细算也会显得微不足道。然而，对于煤炭板块，只要我们认识到短期内社会发展对这一资源的依赖性，那么就不必在宏观层面上过于担心。

在微观层面，煤炭行业之所以值得我们关注，甚至投资，是因为它能够提供持续的、稳定的高股息。对普通投资者而言，投资的首要目的是获取收益。股市中除了通过股票买卖赚取差价，长期持有股票所带来的稳定股息回报也是一个不容忽视的获利途径。

政府近年来一直在推动上市公司提高现金分红水平，以此作为回报投资者和提升企业透明度的重要手段。从 2020 年国务院发布的《关于进一步提高上市公司质量的意见》，到 2021 年国务院办公厅发布的《要素市场化配置综合改革试点总体方案》，再到 2024 年国务院国有资产监督管理委员会和国务院的一系列政策，都体现了监管层对提升上市公司质量和保护投资者权益的坚定决心。

这些政策不仅为投资者提供了更加稳定的回报机制，而且也为煤炭行业带来了积极的影响。以中国神华为例，即便在悲观的煤价假设下，其股息率依然能够保持在 5%，其他几家煤炭企业的股息率甚至超过了 9%（见图 5-38）。这表明，即使在市场波动的情况下，煤炭行业的投资依然具有吸引力。

证券代码	上市公司	股价（元）2024/5/7	市值（亿元）2024/5/7	归母净利润 2023	（亿元）2024E	PE 2023	PB 2024/5/7	2023 年分红比例	2023 股息率	2024 年假设分红比例	2024 预测股息率
601088.SH	中国神华	39.93	7624.6	596.9	546.2	13.29	1.86	75.2%	5.5%	75.2%	5.2%
601699.SH	潞安环能	22.07	660.2	79.2	60.6	8.33	1.32	60.0%	7.2%	60.0%	5.5%
000983.SZ	山西焦煤	10.68	606.3	67.7	67.7	8.95	1.56	67.1%	7.1%	67.1%	7.5%
601666.SH	平煤股份	13.48	333.8	40.0	40.0	8.34	1.31	60.6%	4.2%	60.0%	7.2%
600546.SH	山煤国际	14.76	292.6	42.6	36.9	6.87	1.79	30.3%	9.3%	30.3%	3.8%
600985.SH	淮北矿业	19.44	523.6	62.2	62.2	8.41	1.25	42.6%	4.4%	42.6%	5.1%
600188.SH	兖矿能源	23.75	1556.3	201.4	187.4	8.77	2.97	85.3%	8.0%	85.3%	9.0%
601898.SH	中煤能源	12.16	1417.2	195.3	174.5	8.25	1.08	30.0%	3.6%	30.0%	3.2%
600348.SH	华阳股份	9.69	349.6	51.8	37.8	6.75	1.21	30.0%	4.4%	30.0%	3.2%

图 5-38　2023 年和 2024 年中国煤炭板块成分股分红情况

四、如何投资中国的煤炭行业

当深入理解煤炭行业在社会经济发展中的关键作用，以及其在金融市场中的稳定分红特性之后，投资者面临的主要问题便可以简化为两个：如何选择投资标的？如何进行投资？

1. 如何选择投资标的？

对于普通投资者而言，如果你对某个行业的未来发展持乐观态度，建议关注相关的被动基金，尤其是 ETF。这样做可以最大限度地减少人为操作所带来的交易成本，确保从行业增长中最大限度地获得正向回报。在考虑煤炭行业的 ETF 之前，我们需要确认这个行业是否具有长期发展的潜力，并且是否能够带来持续的正收益。有人会说，无论从宏观层面，还是从微观层面，我们都清楚地了解到煤炭行业非常不错，难道这样的分析和判断还不够吗？

显然，还不够！被动基金ETF跟踪的是特定领域的指数，因此我们需要从定量角度验证定性判断。通过分析过去24年的中信煤炭指数走势（见图5-39），我们可以得出以下结论。

（1）煤炭行业指数显示出明显的周期性波动特征。

（2）每次周期性回调的最低点都高于前一次的最低点。

（3）从长期来看，煤炭指数呈现明显的上升趋势，且单位时间内的平均涨幅在扩大。

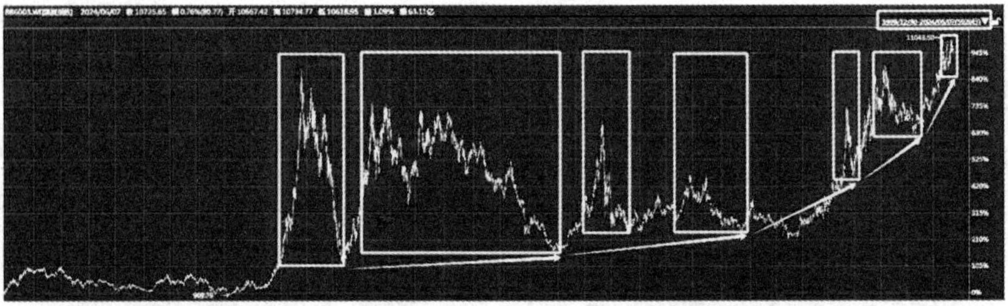

图5-39　2000年1月—2024年6月中信煤炭指数走势情况

有了这些定量数据的支持，我们可以更加自信地说：煤炭是一个值得长期关注的优质板块，其ETF是普通投资者的理想选择。接下来，我们需要考虑的是，市面上有哪些煤炭主题的ETF值得关注。

截至2024年6月，市场上只有一只煤炭ETF，即国泰中证煤炭ETF（515220.OF）。这只ETF跟踪煤炭指数，规模约为28亿元，成立于2020年。其年均复合回报率达到了26.76%，四年多的总投资回报率高达182.99%。自成立以来，无论总体回报还是年化回报，该基金都大幅超越沪深300指数这一投资业绩的衡量基准，并且ETF净值整体呈现震荡上升的趋势（见图5-40）。

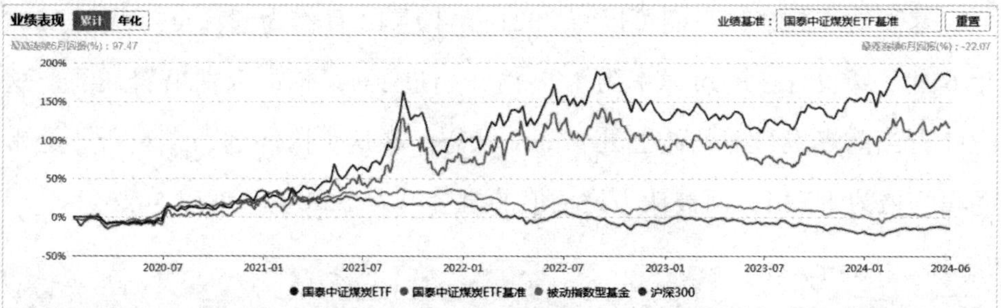

	YTD	近六月	近一年	近两年	近三年	近五年	总回报(4.4年)	年化回报
● 国泰中证煤炭ETF	13.01%	14.10%	32.70%	10.06%	74.23%	--	182.99%	26.76%
● 国泰中证煤炭ETF基准	12.25%	13.32%	23.79%	-1.51%	50.26%	--	99.81%	17.09%
● 被动指数型基金	-2.27%	-1.77%	-10.18%	-14.99%	-22.57%	--	4.91%	1.10%
● 沪深300	4.17%	5.39%	-5.68%	-14.48%	-32.28%	--	-13.98%	-3.37%
同类排名	197/2147	197/2110	2/1889	147/1563	3/1017	--	1/726	1/726

图 5-40　2020 年—2024 年国泰中证煤炭 ETF 投资回报情况汇总

2. 如何进行投资？

当我们面对国泰中证煤炭 ETF 这样的标的时，制定一个理性且专业的投资策略至关重要。这就需要我们深入理解煤炭行业的整体估值情况。煤炭行业作为资源型重资产行业，其上市公司的财务报表容易受到煤价波动的影响，而煤价本身又具有不规律的周期性。因此，在评估煤炭行业上市公司的股价时，市场普遍采用市净率作为评估工具。

我们可以通过观察煤炭行业过去十年的市净率走势来了解其估值变化的情况。自 2021 年 8 月以来，煤炭行业的市净率一直高于过去十年的均值 1.3 倍，这表明市场对煤炭行业的估值体系在过去三年左右的时间里进行了重新调整，并形成了一种新的市场共识（见图 5-41）。

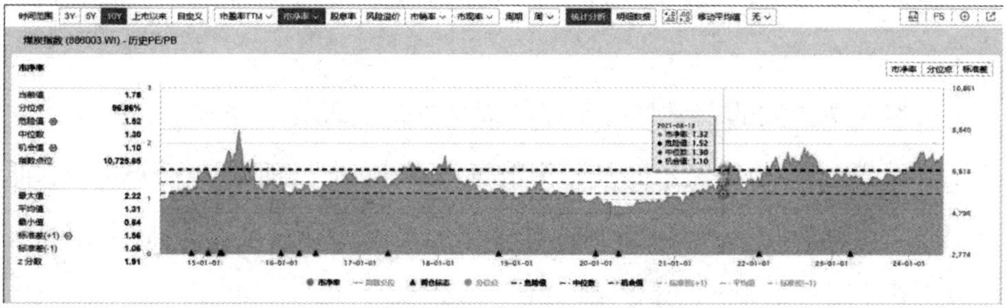

图 5-41　2014 年—2024 年中信煤炭指数市净率走势情况

基于这一观察，我们可以将 2021 年 8 月 13 日作为起算点。截至 2024 年 6 月，煤炭行业的市净率为 1.78 倍，超过了 1.7 倍的高估值警戒线。这意味着当前煤炭行业整体上处于高估状态。在这个区间内，煤炭行业的市净率均值为 1.5 倍，而被认为是估值的机会值为 1.35 倍（见图 5-42）。

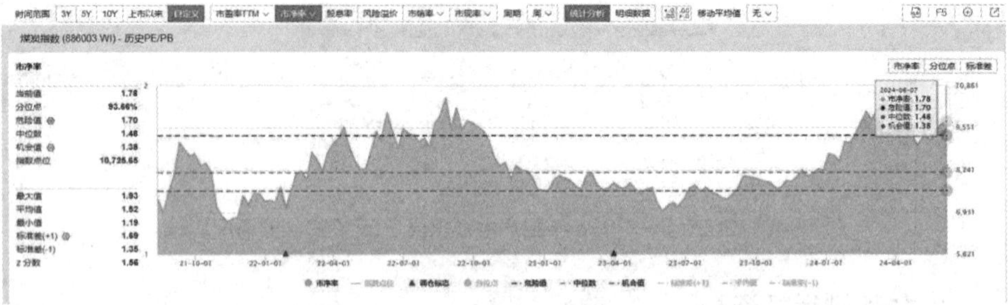

图5-42　2021年8月—2024年6月中信煤炭指数市净率走势情况

因此，如果投资者发现煤炭行业的市净率处于 1.35 倍到 1.5 倍之间，这通常被视为一个合理的估值区间，普通投资者可以开始关注该板块后续的发展。如果市净率低于 1.35 倍，则可能表明煤炭行业处于低估状态，这相当于给投资者提供了一个潜在的买入机会。这时你可以考虑自己是否有相关能力投资之前所说的国泰中证煤炭 ETF。

不过，建议普通投资者采取一种更为保守的投资策略。具体来说，就是在市净率低于 1.35 倍时，才考虑买入国泰中证煤炭 ETF。一旦买入，就不再根据估值高点来决定卖出时机。这是因为煤炭行业的上市公司普遍具有稳定派息的习惯，这些股息会不断累积到 ETF 的净值中，成为推动其净值增长的重要动能。

虽然煤炭指数的走势具有明显的周期性，表现为"涨多了会回调，跌多了会反弹"。但值得注意的是，指数每个周期的低点都比上一个周期的低点要高。因此，在煤炭行业的估值低点买入，并保持耐心，大概率能够实现以下两个目标。

（1）每年投资者大概率能够稳定地获得股息，享受高分红回报。

（2）通过长期持有，获得行业增长带来的相对确定的成长收益。

从当前情况来看，煤炭行业 ETF 在未来很可能会持续保持上述的两个特点。通过采取“只买不卖”策略，我们有望获得远超短期交易带来的收益。这种投资方式既简单又有效，何乐而不为呢？

最后总结一下本节的主要内容。

全球光伏产业在 2021 年和 2022 年经历了显著增长。与此同时，传统能源行业尤其是煤炭行业面临诸多挑战。尽管如此，煤炭行业的未来并非一片悲观。国内供给方面，2020 年新批煤矿项目数量大幅减少，煤炭企业对新矿井的投资意愿减弱。安全监管方面，对煤矿的安全专项整治加强，现有矿山开工率低于以往。

海外市场，产煤大国印度尼西亚短期内供给可能已达到瓶颈。印度尼西亚的电力需求持续高涨，可能对中国的非炼焦煤进口市场产生影响。国内需求方面，随着经济逐步回暖，煤电需求改善，非煤电需求因稳增长政策而得到增加。

总体来看，煤炭行业依旧保持着其在能源市场中的重要地位，展现出巨大潜力。

通过分析中信煤炭指数过去 24 年的走势，可以看出煤炭行业指数表现出周期性波动，且长期呈上升趋势。如果投资者考虑投资煤炭板块 ETF，可关注国泰中证煤炭 ETF。

在制定投资策略时，投资者需要深入理解煤炭行业的估值情况，尤其是市净率。自 2021 年 8 月以来，市场对煤炭行业的估值体系进行了重新调整。因此，投资者可在市净率低于 1.35 倍时考虑买入煤炭板块 ETF，并采取“只买不卖”策略，以享受股息回报和行业增长带来的收益。

第6章

真实历史大揭秘

第1节 普通人如何判断熊市？

我的父亲是一位退伍军人，曾以公务员的身份勤勉工作。2007年，受朋友影响，他毅然投身股市，希望能有所作为。那时，我还在攻读研究生，对家中的经济状况知之甚少。起初，我注意到一向节俭的父亲开始变得大方，不仅愿意下馆子，连衣着也讲究起来。然而，好景不长,2009年，父亲突然显得苍老许多，终日愁眉不展，也正是那一年，他被诊断出患有肝硬化。

另一件事发生在2015年，我小姨当时特别喜欢来我家串门。听我妈说，小姨炒股挣了钱。我问我妈："你不会也进股市了吧？"我妈摇摇头说："钱宁愿存银行，也不愿买股票。"毕竟我父亲治病还得用钱。不过2016年，我小姨也销声匿迹了——虽然她的房子还在，不过原来的汽车不开了，改骑自行车。

这些故事，是许多有着十年以上股龄的老股民的缩影，股灾（见图6-1）改变了他们的人生。有人可能会说，懂得何时卖比懂得何时买更为重要。他们认为，在A股市场，长期投资似乎并不可行，唯有投机才是生存之道。但真的是这样吗？在股市中，除了投机，就没有其他的生存之道了吗？

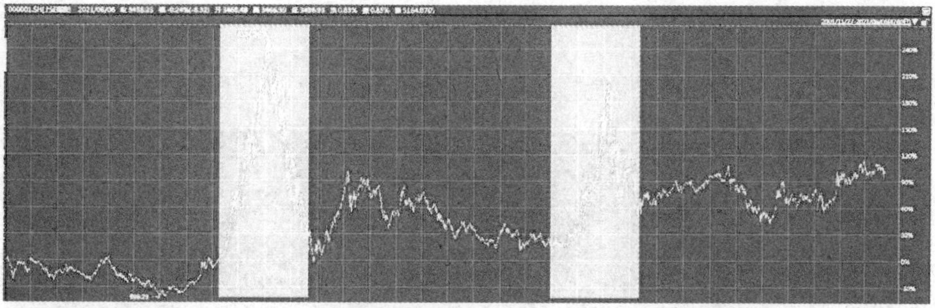

图6-1　2008年和2016年A股经历的两次股灾

其实在中国股市的跌宕起伏中，有些股票能够穿越周期，成为投资者心中那颗最闪耀的星。让我们以贵州茅台为例，2007 年 10 月 16 日，当上证指数达到 6124 点的历史高点时，茅台的股价仅为每股 107 元。市场经历了多次波动，16 年后的今天，茅台的股价已经上涨了 15 倍，平均每年翻倍，这还不包括丰厚的分红（见图 6-2）。

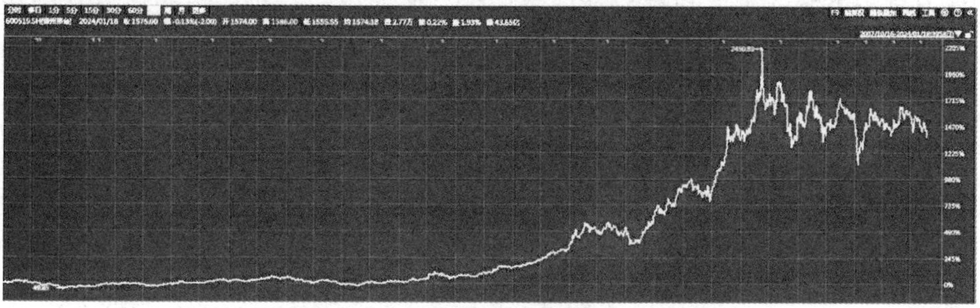

图6-2　2007年—2024年贵州茅台股价的走势情况

有人可能会说：茅台是个特例，谁能预料到它今天的辉煌？那么，让我们再来看看中国银行。2007 年同一天，以 3.08 元的价格买入中国银行的股票，16年后，股价虽然只小幅上涨到3.92元，但累计分红达到了每股2.776 元，总回报率高达 217%。如果投资者用分红再投资，收益将更加可观（见图 6-3）。

更为精明的投资者如果在 2008 年 11 月的熊市低点买入中国银行的股

票，16 年后股价涨幅达到 2.7 倍，加上股息收益，整体回报高达 4.5 倍。虽然不及贵州茅台的表现惊人，但这样的长期投资成果同样令人瞩目。

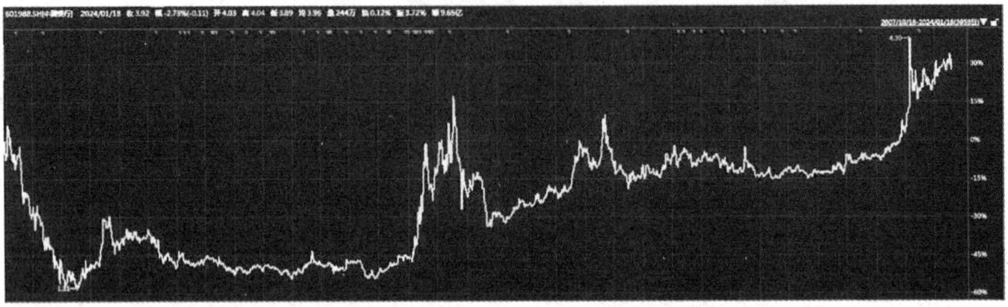

图6-3　2007 年—2024 年中国银行股价的走势情况

这些案例告诉我们，即使在股市波动中，长期投资依然能够带来可观的回报。那么，如何判断何时是熊市，何时是入市的好时机呢？如果我们认同中国 A 股市场的周期性特点，那么“熊市买入，牛市卖出”无疑是一种明智的策略。本节将探讨如何理性地判断熊市的到来，帮助投资者把握市场节奏，实现长期价值投资。

自 2005 年以来，A 股市场有 8 次“底部”情况（见图 6-4），分别出现在 2008 年 10 月 30 日、2012 年 11 月 30 日、2013 年 7 月 2 日、2016 年 1 月 26 日、2019 年 1 月 7 日、2020 年 3 月 24 日、2022 年 4 月 22 日和 2024 年 2 月 5 日。下面将通过市盈率、破净个股占比和股债收益差三个维度，分析熊市的特征。

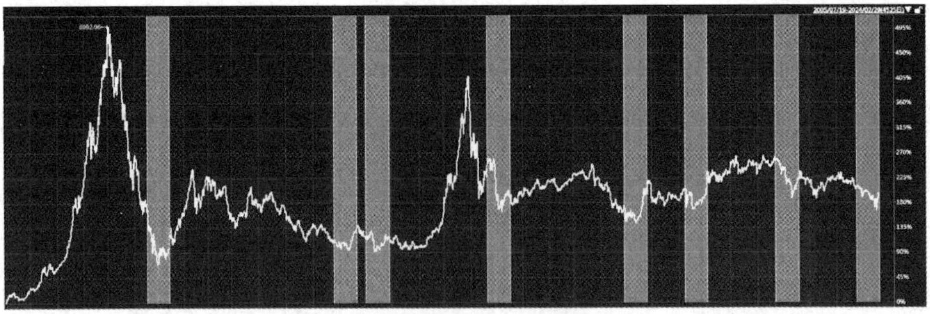

图6-4　2005 年—2024 年中国 A 股所经历的 8 次“底部”情况

一、市盈率

市盈率是衡量股票市场估值的基本指标。通过对历史上 8 次“底部”的市盈率进行分析（见表 6-1），我们得到以下结论。

表6–1　中国A股8次“底部”各宽基指数的市盈率情况

序号	证券代码	证券简称	市盈率 [交易日期] 2008-10-30	市盈率 [交易日期] 2012-11-30	市盈率 [交易日期] 2013-07-02	市盈率 [交易日期] 2016-01-26	市盈率 [交易日期] 2019-01-07	市盈率 [交易日期] 2020-03-24	市盈率 [交易日期] 2022-04-22	市盈率 [交易日期] 2024-02-05
1	881001.WI	万得全A	14.7281	11.9144	12.7414	18.2628	14.5113	16.7725	16.7578	14.3458
2	881003.WI	万得全A（除金融、石油石化）	16.0215	17.7621	22.7251	36.4108	20.5188	26.5891	26.2484	21.3150
3	000001.SH	上证指数	14.4134	10.3191	10.2270	13.0392	12.1068	12.2942	12.1709	11.6819
4	000016.SH	上证50	13.4595	9.0425	8.1855	8.5103	9.3498	9.1173	10.0571	9.0675
5	000300.SH	沪深300	13.6415	9.7931	9.4052	11.3004	11.1933	11.6694	12.0134	10.6991
6	000905.SH	中证500	18.5216	20.9587	28.7510	39.0413	18.2698	22.3134	17.2558	16.6766
7	399006.SZ	创业板指		28.6033	52.6902	74.5636	32.3907	61.4035	47.4711	24.5760

万得全 A 的市盈率均值为 15 倍，中位数为 14.43 倍；

万得全 A（除金融、石油石化）的市盈率均值为 23.49 倍，中位数为 21.62 倍；

上证指数的市盈率均值为 12.03 倍，中位数为 12.14 倍；

上证 50 的市盈率均值为 9.6 倍，中位数为 9.09 倍；

沪深 300 的市盈率均值为 11.21 倍，中位数为 11.43 倍；

中证 500 的市盈率均值为 22.73 倍，中位数为 19.61 倍；

创业板指的市盈率均值为 40.21 倍，中位数为 47.47 倍。

根据这些数据，我们可以初步判断，当市盈率达到或者低于上述区间时，市场可能处于熊市。

二、破净个股占比

破净个股，即市净率小于 1 的股票，反映了市场价值与企业实际价值的背离。历史数据显示，当 A 股市场的破净个股比例超过 8% 时，这通常意味着市场已经进入熊市（见表 6-2）。

表6-2 中国A股8次“底部”个股破净情况

A股熊市区间	A股总股数	破净+市盈率为负数的个股占比（%）	破净个股占比（%）
20081030	1456	0.14010989	0.118818681
20121130	2314	0.066119274	0.052290406
20130702	2327	0.07219596	0.06231199
20160126	2739	0.024096386	0.018619934
20190107	3610	0.109418283	0.106371191
20200324	3873	0.112316034	0.106119287
20220422	4845	0.077399381	0.07120743
20240205	5348	0.163986537	0.157442034

三、股债收益差

股债收益差是衡量投资性价比的重要指标。通过比较股息率和债息率，我们可以判断在特定时期，投资股票相对于债券的吸引力（见表6-3）。

表6-3 中国A股8次“底部”各宽基指数的股债收益差情况

万得全A熊市区间	股息率（%）	债息率（%）	股债收益差（%）	股债收益差过去三年分位数（%）
20081030	2.09	3.3	−1.21	83.22
20121130	2.39	3.54	−1.15	97.37
20130702	2.08	3.51	−1.43	80.26
20160126	1.44	2.76	−1.32	96.75
20190107	2.17	3.13	−0.96	100
20200324	1.79	2.7	−0.91	100
20220422	1.76	2.83	−1.07	87.99
20240205	2.51	2.43	0.08	100

续表

万得全 A（除金融、石油石化）熊市区间	股息率（%）	债息率（%）	股债收益差（%）	股债收益差过去三年分位数（%）
20081030	1.65	3.3	−1.65	64.43
20121130	1.59	3.54	−1.95	95.72
20130702	1.49	3.51	−2.02	92.11
20160126	0.89	2.76	−1.87	99.35
20190107	1.72	3.13	−1.41	100
20200324	1.38	2.7	−1.32	100
20220422	1.31	2.83	−1.52	86.79
20240205	2.02	2.43	−0.41	100
上证指数熊市区间	股息率（%）	债息率（%）	股债收益差（%）	股债收益差过去三年分位数（%）
20081030	2.21	3.3	−1.09	83.22
20121130	2.85	3.54	−0.69	96.05
20130702	2.56	3.51	−0.95	82.24
20160126	2.09	2.76	−0.67	96.1
20190107	2.67	3.13	−0.46	100
20200324	2.39	2.7	−0.31	100
20220422	2.29	2.83	−0.54	88.31
20240205	3.08	2.43	0.65	100
上证 50 熊市区间	股息率（%）	债息率（%）	股债收益差（%）	股债收益差过去三年分位数（%）
20081030	2.58	3.3	−0.72	78.52
20121130	3.62	3.54	0.08	93.09
20130702	3.07	3.51	−0.44	68.75
20160126	3.38	2.76	0.62	98.7
20190107	3.48	3.13	0.35	79.93
20200324	3.24	2.7	0.54	99.34
20220422	2.87	2.83	0.04	82.47
20240205	4.25	2.43	1.82	98.03
沪深 300 熊市区间	股息率（%）	债息率（%）	股债收益差（%）	股债收益差过去三年分位数（%）
20081030	2.4	3.3	−0.9	79.87
20121130	2.99	3.54	−0.55	97.37
20130702	3.05	3.51	−0.46	100
20160126	2.41	2.76	−0.35	99.35
20190107	2.87	3.13	−0.26	99.34
20200324	2.52	2.7	−0.18	100
20220422	2.30	2.83	−0.53	86.36
20240205	3.31	2.43	0.88	100

续表

中证 500 熊市区间	股息率（%）	债息率（%）	股债收益差（%）	股债收益差过去三年分位数（%）
20081030	1.28	3.3	-0.9	98.88
20121130	1.24	3.54	-0.55	94.74
20130702	1.14	3.51	-0.46	90.79
20160126	0.75	2.76	-0.35	99.35
20190107	1.57	3.13	-0.26	100
20200324	1.36	2.7	-0.18	100
20220422	1.8	2.83	-0.53	100
20240205	2.17	2.43	0.88	100
创业板指熊市区间	股息率（%）	债息率（%）	股债收益差（%）	股债收益差过去三年分位数（%）
20081030	—	—	—	—
20121130	1.22	3.54	-2.32	90.16
20130702	0.69	3.51	-2.82	48.36
20160126	0.25	2.76	-2.51	99.35
20190107	0.65	3.13	-2.48	85.53
20200324	0.55	2.7	-2.15	100
20220422	0.53	2.83	-2.3	87.66
20240205	1.15	2.43	-1.28	100

以下是对 7 个主要宽基指数的股债收益差分析。

万得全 A：股债收益差均值为 –1%，股债收益差过去三年分位数均值为 93.2%；

万得全 A（除金融、石油石化）：股债收益差均值为 –1.52%，股债收益差过去三年分位数均值为 92.3%；

上证指数：股债收益差均值为 –0.51%，股债收益差过去三年分位数均值为 93.24%；

上证 50：股债收益差均值为 0.29%，股债收益差过去三年分位数均值为 87.35%；

沪深 300：股债收益差均值为 –0.29%，股债收益差过去三年分位数均值为 95.29%；

中证 500：股债收益差均值为 –0.29%，股债收益差过去三年分位数均值为 97.97%；

创业板指：股债收益差均值为 –2.27%，股债收益差过去三年分位数均值为 87.29%。

这些数据表明，当股债收益差达到一定水平时，股票投资的性价比可能提高，市场可能转向熊市。

最后总结一下本节的全部内容。

在深入分析了 A 股市场过去 16 年的 8 次典型熊市“底部”后，我们可以根据市盈率、破净个股占比和股债收益差这三个关键指标，来评估市场是否处于熊市。以下是对这些指标的总结，帮助投资者快速把握市场。

第一，破净个股占比。当市场上“0＜市净率＜1”的股票占比超过8%时，这通常是一个熊市的初步信号。这里假设，某时期 A 股的破净个股占比达到或超过 8%，则得 1 分；未超过 8%，则得 0 分。

第二，市盈率。为了便于记忆，我根据各宽基指数的历史数据进行简化处理，最终得出市盈率的熊市阈值。

万得全 A：低于 15 倍

万得全 A（除金融、石油石化）：低于 23 倍

上证指数：低于 12 倍

上证 50：低于 9.5 倍

沪深 300：低于 11.5 倍

中证 500：低于 21 倍

创业板指：低于 44 倍

在这里我们假设某时期各个宽基指数均可得出独属于自己的市盈率均值。若市盈率均值低于阈值，则该宽基指数得 1 分；反之，则得 0 分。

第三，股债收益差。为了便于记忆，我简化了各宽基指数的历史数据，设定了股债收益差的熊市阈值。

万得全 A：大于 –1%

万得全 A（除金融、石油石化）：大于 –1.5%

上证指数：大于 –0.5%

上证 50：大于 0.3%

沪深 300：大于 –0.3%

中证 500：大于 –0.3%

创业板指：大于 –2.2%

同样，在这里我们假设某时期各个宽基指数均可得出独属于自己的股债收益差。若股债收益差大于阈值，则该宽基指数得 1 分；反之，则得 0 分。

为了更全面地评估当下的市场情绪，我们提出了一个综合评分公式，将上述所有的得分进行加权汇总。公式如下：

$$\text{得分}=0.3\times\text{破净个股占比得分}+0.057\times\sum\text{各个宽基指数市盈率得分}+0.043\times\sum\text{各个宽基指数股债收益差得分}$$

得分范围为 0 到 1，如果得分超过 0.5，表明市场可能处于熊市；如果得分超过 0.7，则可能是市场阶段性低点，投资者可考虑入场。

通过上述简化的熊市判断标准，投资者可以更直观地评估市场状况，做出更理性的投资决策。虽然数据分析可能较为枯燥，但这为理解市场提供了坚实的基础。

第 2 节
普通人如何判断牛市？

在上一节，我们深入挖掘了 A 股市场的熊市特征，用数据说话，不仅分析了市盈率、破净个股占比和股债收益差，还给出了一个实用的熊市判断公式。现在，让我们换个角度，聊聊牛市的那些事儿。

牛市常常让人心潮澎湃。但别忘了，它也可能带来风险。盲目跟风，高位接盘，这些都不是明智之举。打开上证指数的 K 线图，回顾过去 18 年里的牛市高点。阴影部分为五个显著的时点：2007 年 10 月 16 日、2009 年 8 月 4 日、2015 年 6 月 9 日、2018 年 1 月 24 日和 2021 年 9 月 10 日，这些时点基本代表了上证指数的区域性高点（见图 6-5）。

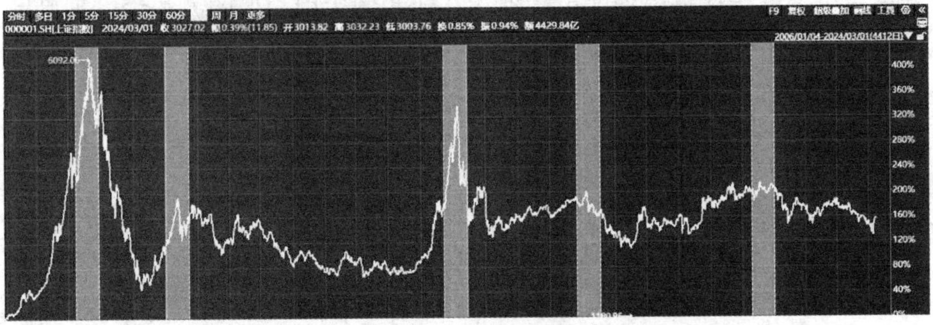

图 6-5　2006 年—2024 年中国 A 股所经历的 5 次“顶部”情况

我们以沪深 300ETF 作为投资回测对象，看看如果在这些高点分别买入 10000 元，并持有一年，投资回报如何。

2007 年 10 月 16 日，在 5891 点买入，一年后在 1833 点卖出，亏损 68.88%；

2009 年 8 月 4 日，在 3806 点买入，一年后在 2876 点卖出，亏损 24.44%；

2015 年 6 月 9 日，在 5380 点买入，一年后在 3066 点卖出，亏损 43.01%；

2018 年 1 月 24 日，在 4403 点买入，一年后在 3158 点卖出，亏损 28.28%；

2021 年 9 月 10 日，在 5013 点买入，一年后在 4093 点卖出，亏损 18.35%。

这些数据揭示了一个残酷的现实：即使选择相对稳妥的沪深 300ETF，在市场最热的时刻入市，一年内的亏损可能在 20% 到 55% 之间。那么，为什么普通人会在股市顶峰时入市呢？可能是受到环境的影响、亲朋好友的怂恿，或者是看到别人赚钱而心生羡慕。总之，市场高位入市是普通人炒股亏钱的重要原因之一。

在上一节中，我们学习了如何通过市盈率、破净个股占比和股债收益差这三个关键指标来识别熊市。现在，让我们运用相似的方法论，来判断市场是否过热。我们将聚焦于历史上的五个牛市高点，以及它们对应的七大主要宽基指数：万得全 A、万得全 A（除金融、石油石化）、上证指数、上证 50、沪深 300、中证 500 和创业板指。

（1）市盈率。当市盈率远高于其历史平均水平时，市场可能已经过热。我们需要比较当前市盈率与历史数据，看看是否存在显著偏离。

（2）破净个股占比。如果市场上破净个股占比异常低，这可能意味着投资者对股票的估值过于乐观，市场可能处于过热状态。

（3）股债收益差。当股票的预期收益远低于债券时，这可能表明股票市场的风险溢价不足，投资者可能过于追捧股票，导致市场过热。

总结来说，我们可以通过观察这些指标的表现，来学习如何识别市场的过热信号。这不仅可以帮助我们避免在高点入市，还能让我们更好地理解市场情绪和估值水平的变化。

一、市盈率

在牛市的热潮中，市盈率作为衡量股票价值的关键指标，往往会攀升至较高水平（见表6-4）。但究竟多高的市盈率才算“过高”？让我们通过分析历史上五大牛市时点的市盈率来一探究竟。

表6–4 中国A股5次“顶部”各宽基指数的市盈率情况

序号	证券代码	证券简称	市盈率 [交易日期] 2007-10-16 [财务数据匹配规则] 最新年报(LYR)	市盈率 [交易日期] 2009-08-04 [财务数据匹配规则] 最新年报(LYR)	市盈率 [交易日期] 2015-06-09 [财务数据匹配规则] 最新年报(LYR)	市盈率 [交易日期] 2018-01-24 [财务数据匹配规则] 最新年报(LYR)	市盈率 [交易日期] 2021-09-10 [财务数据匹配规则] 最新年报(LYR)
1	881001.WI	万得全A	74.6245	35.1016	31.3831	24.0288	24.0006
2	881003.WI	万得全A(除金融、石油石化)	88.2523	56.9396	64.5202	38.6431	41.3773
3	000001.SH	上证指数	70.7482	31.8558	22.9306	19.3719	16.7482
4	000016.SH	上证50	62.3587	25.9608	14.6720	14.5363	12.8888
5	000300.SH	沪深300	64.9213	29.5061	19.0374	17.6394	15.4728
6	000905.SH	中证500	100.0779	68.3750	77.9801	37.7959	28.4736
7	399006.SZ	创业板指			130.2020	42.0840	64.5065

（1）万得全A。平均市盈率为37.83倍，中位数为31.38倍。

（2）万得全A（除金融、石油石化）。平均市盈率高达57.95倍，中位数为56.94倍。

（3）上证指数。平均市盈率为32.33倍，中位数为22.93倍。

（4）上证50。平均市盈率为26.08倍，中位数显著较低，为14.67倍。

（5）沪深300。平均市盈率为29.32倍，中位数为19.03倍。

（6）中证500。平均市盈率为62.54倍，中位数更是高达66.37倍。

自2015年股灾之后，投资者对估值的看法变得更加谨慎。这种变化在牛市高点的市盈率数据中得到了体现，无论均值还是中位数，前后时点的差距都相当显著。根据历史数据，我们通过简化数据可以得出以下结论，同时这也是判断指数是否处于牛市区间的参考点。

（1）万得全A市盈率超过30倍。

（2）万得全A（除金融、石油石化）市盈率超过55倍。

（3）上证指数市盈率超过19倍。

（4）上证50市盈率超过13倍。

（5）沪深300市盈率超过17倍。

（6）中证500市盈率超过35倍。

由于创业板指较晚上市，且牛市样本较少，我们采用其上市以来的全部市盈率数据，并以超过正一个标准差，即60倍市盈率，作为判断其处于牛市状态的依据（见图6-6）。

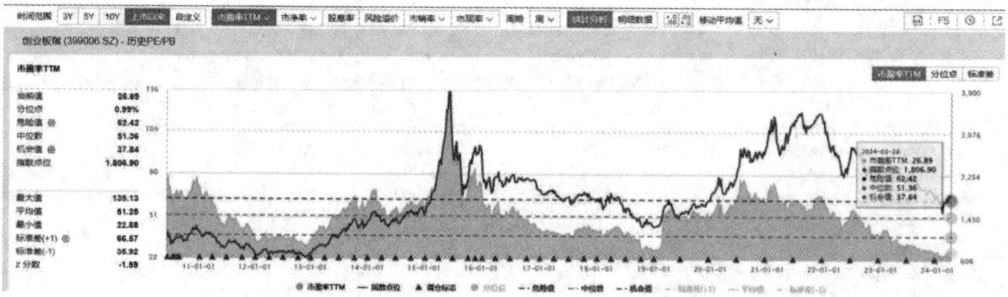

图6-6　2009年—2024年创业板指市盈率的走势情况

二、破净个股占比

在熊市期间，市场情绪普遍低迷，投资者纷纷撤资或转向更保守的投资渠道，以规避亏损或减少损失。这导致股市交易量下降，股票流动性减弱，进而引发股价下跌和市值缩水。

尽管股价与公司实际价值并非总是正相关，但有时公司的净资产价值可能超过其市值，这种现象被称为破净。从财务角度来看，购买破净公司的股票似乎是一项无风险的投资。然而，当破净现象普遍出现时，它反映了投资者的恐慌情绪压倒了理性的盈利追求，而破净个股占比也成为衡量市场牛熊状态的一个重要指标。

我们可以通过分析历史上的牛市高点来理解破净现象。以下是 2007 年 10 月 16 日、2009 年 8 月 4 日、2015 年 6 月 9 日、2018 年 1 月 24 日和 2021 年 9 月 10 日这五个时点的破净个股占比情况。

2007 年 10 月 16 日：全 A 股约 1346 只股票，破净个股占比为 0%；

2009 年 8 月 4 日：全 A 股约 1462 只股票，破净个股占比为 0%；

2015 年 6 月 9 日：全 A 股约 2615 只股票，破净个股占比为 0.11%；

2018 年 1 月 24 日：全 A 股约 3494 只股票，破净个股占比为 1.26%；

2021 年 9 月 10 日：全 A 股约 4594 只股票，破净个股占比为 5.57%。

截至 2024 年 5 月 2 日，全 A 股约有 5361 只股票。考虑到市场规模的扩大可能导致破净个股数量增加，结合历史上牛市的破净个股占比数据，我们可以得出结论：在牛市期间，破净个股占比通常在 0% 到 5% 之间（见表 6-5）。

表 6–5　中国 A 股 5 次“顶部”个股破净情况

A 股牛市区间	A 股总股数	破净个股数量	破净个股占比（%）
20071016	1346	0	0
20090804	1462	0	0
20150609	2615	3	0.114722753
20180124	3494	44	1.25930166
20210910	4594	256	5.572485851

三、股债收益差

在前一节中，我们探讨了股债收益差的重要性及其在判断市场熊市时的作用。现在，我们将深入分析这一指标，以万得全 A 等 7 个主要宽基指数为例，对比它们在历史上峰顶时点的十年期国债收益率，梳理出牛市下各指数的平均值和中位数。以下是对过去5次市场顶部区间数据的梳理（见表6-6）。

表6-6 中国A股5次“顶部”各宽基指数的股债收益差情况

万得全A牛市区间	股息率（%）	债息率（%）	股债收益差（%）	股债收益差过去三年分位数（%）
20071016	0.40	2.31	-1.91	0.00
20090804	1.04	3.58	-2.54	0.00
20150609	0.86	3.55	-2.69	0.14
20180124	1.33	3.94	-2.61	3.67
20210910	1.43	2.86	-1.43	46.37
万得全A（除金融、石油石化）牛市区间	**股息率（%）**	**债息率（%）**	**股债收益差（%）**	**股债收益差过去三年分位数（%）**
20071016	0.45	2.31	-1.85	0.00
20090804	0.67	3.58	-2.91	24.59
20150609	0.50	3.55	-3.05	15.09
20180124	1.04	3.94	-2.90	5.44
20210910	1.05	2.86	-1.82	45.83
上证指数牛市区间	**股息率（%）**	**债息率（%）**	**股债收益差（%）**	**股债收益差过去三年分位数（%）**
20071016	0.42	2.31	-1.89	0.00
20090804	1.17	3.58	-2.41	25.27
20150609	1.25	3.55	-2.30	0.27
20180124	1.71	3.94	-2.23	2.86
20210910	1.92	2.86	-0.95	45.28
上证50牛市区间	**股息率（%）**	**债息率（%）**	**股债收益差（%）**	**股债收益差过去三年分位数（%）**
20071016	0.44	2.31	-1.87	3.16
20090804	1.44	3.58	-2.14	25.41
20150609	2.14	3.55	-1.41	0.27
20180124	2.44	3.94	-1.51	0.96
20210910	2.63	2.86	-0.24	43.84
沪深300牛市区间	**股息率（%）**	**债息率（%）**	**股债收益差（%）**	**股债收益差过去三年分位数（%）**
20071016	0.47	2.31	-1.84	—
20090804	1.21	3.58	-2.37	25.07
20150609	1.49	3.55	-2.06	0.27
20180124	1.89	3.94	-2.06	1.10
20210910	2.04	2.86	-0.82	50.14

续表

中证 500 牛市区间	股息率（%）	债息率（%）	股债收益差（%）	股债收益差过去三年分位数（%）
20071016	0.36	2.31	-1.95	—
20090804	0.55	3.58	-3.03	—
20150609	0.39	3.55	-3.16	24.66
20180124	0.83	3.94	-3.11	6.17
20210910	1.30	2.86	-1.56	81.24
创业板指牛市区间	股息率（%）	债息率（%）	股债收益差（%）	股债收益差过去三年分位数（%）
20071016	—	—	—	—
20090804	—	—	—	—
20150609	0.17	3.55	-3.38	40.82
20180124	0.55	3.94	-3.39	3.42
20210910	0.41	2.86	-2.46	77.27

1. 万得全 A

股息率均值：1.01%

债息率均值：3.25%

股债收益差均值：–2.24%

股债收益差过去三年分位数均值：10.04%

2. 万得全 A（除金融、石油石化）

股息率均值：0.74%

债息率均值：3.25%

股债收益差均值：–2.51%

股债收益差过去三年分位数均值：18.19%

3. 上证指数

股息率均值：1.3%

债息率均值：3.25%

股债收益差均值：–1.96%

股债收益差过去三年分位数均值：14.74%

4. 上证 50

股息率均值：1.82%

债息率均值：3.25%

股债收益差均值：–1.43%

股债收益差过去三年分位数均值：14.73%

5. 沪深 300

股息率均值：1.42%

债息率均值：3.25%

股债收益差均值：–1.83%

股债收益差过去三年分位数均值：19.15%

6. 中证 500

股息率均值：0.69%

债息率均值：3.25%

股债收益差均值：–2.56%

股债收益差过去三年分位数均值：37.36%

7. 创业板指

股息率均值：0.38%

债息率均值：3.45%

股债收益差均值：–3.08%

股债收益差过去三年分位数均值：40.5%

通过对比股息率和债息率，我们发现在牛市中，股债收益差普遍为负，且多数情况下，过去三年分位数均值低于 50%，表明股票相对于债券的吸引力减弱。这些数据为我们提供了判断牛市状态的重要参考。

综上所述，我们可以依据以上数据，通过简化整理，大致得出相应的判断。

（1）万得全A。当股债收益差低于–2.5%，并且这一差值在过去三年的分位数低于25%时，可以认为处于牛市；

（2）万得全A（除金融、石油石化）。如果股债收益差低于–2.5%，且过去三年分位数低于25%，表明市场可能处于牛市；

（3）上证指数。股债收益差低于–2.5%，且过去三年分位数低于15%，可作为牛市的信号；

（4）上证50。对于更稳健的上证50指数，股债收益差低于–1.5%，且分位数低于15%，可能是牛市的迹象；

（5）沪深300。股债收益差低于–2%，且分位数低于25%，表明可能处于牛市；

（6）中证500。对于成长性更强的中证500，股债收益差低于–2.5%，且分位数低于25%，可以视为牛市的条件；

（7）创业板指。考虑到创业板的高波动性，股债收益差低于–3%，且分位数低于40%，可能是牛市的信号。

最后，我们总结一下本节的主要内容。

继上节之后，本节进一步探讨了如何通过三大维度——市盈率、破净个股占比和股债收益差来识别牛市。以下是根据2007年至2024年数据，得出的A股7大主流宽基指数的分析结论。

第一，市盈率。不同宽基指数的牛市市盈率阈值如下。

万得全A：大于30倍

万得全A（除金融、石油石化）：大于55倍

上证指数：大于19倍

上证50：大于13倍

沪深300：大于17倍

中证500：大于35倍

创业板指：由于样本较少，市盈率超过 60 倍可视为牛市状态。

第二，破净个股占比。当市场破净个股占比低于 5% 时，这可能是市场处于牛市的初步信号。

第三，股债收益差。结合市盈率，以下股债收益差阈值表明可能处于牛市状态。

万得全 A、万得全 A（除金融、石油石化）、上证指数、中证 500：股债收益差低于 –2.5%

上证 50：股债收益差低于 –1.5%

沪深 300：股债收益差低于 –2%

创业板指：股债收益差低于 –3%

这里和上节的内容一样，假设某时期各个宽基指数均可得出独属于自己的市盈率和股债收益差，也能够整理出当时的 A 股破净占比。若市盈率大于阈值或股债收益差、破净个股占比小于阈值，则得 1 分；反之，则得 0 分。

为了更全面地评估当下的市场情绪，我们提出了一个综合评分公式，将上述所有的得分进行加权汇总。公式如下：

$$得分=0.3\times 破净个股占比得分+0.057\times\sum 各个宽基指数市盈率得分+0.043\times\sum 各个宽基指数股债收益差得分$$

得分范围为 0 到 1，如果得分超过 0.5，表明市场可能处于牛市；如果得分超过 0.7，则可能是市场阶段性高点，投资者可考虑离场。

第3节 普通人如何规划投资回报率

说一个我身边的真事。

2023 年 11 月的一个秋日午后，我接到了一通意外的电话。电话那头是我尊敬的老领导，他曾是某千亿市值国企的董秘，如今退休享受着闲云野鹤的生活。简短寒暄后，他问我是否有空，想介绍一位朋友给我认识。

我立刻感受到了老领导的关怀，这不仅是对我的认可，也是一个结识新朋友的良机。我们约在一家古色古香的茶室见面，那里环境幽静，适合深入交谈。到了见面的日子，老领导带着一位中年男士走进了茶室。经过介绍，我得知这位男士是厦门知名的牛散，过去几年凭借自己的实力在 A 股市场崭露头角。

在茶话间，我们聊起了他的投资经历和当时的私募计划。我赞赏他的商业模式，随后，他表达了希望我能向身边的朋友推荐私募产品的意思。我知道初创私募的不容易，于是真诚地提供意见和相关资源。

当接近尾声的时候，我表示，选择在 A 股低谷期组建私募不仅需要勇气，也需要智慧。未来三五年，基金只要能够跑起来，每年 15% 的复合回报率应该没问题。然而，他的回答出乎我的意料，他先是对每年 15% 的回报率颇感不屑，认为这样的回报吸引不来资本，然后自信地表示，他的产品未来能够带来每年 50% 的回报率。

送别老领导和那位雄心勃勃的牛散后，我陷入了沉思，并对身边的朋友表达了我的担忧：过于乐观的预期往往伴随着急躁操作和对于风险的忽视，这在A股的投资中不可取。

有些朋友可能会对我的保守态度感到不解：那位牛散为何过于乐观？既然选择了投身股市，若预期回报率达不到50%，何必要冒如此巨大的风险？在他们眼中，定下高远的目标并非不切实际的幻想，而是一种勇气和决心的体现。如果回报率就停留在15%，对于渴望快速致富的他们来说，这显然是微不足道的。毕竟，如果要求稳，不如把资金直接投入国债。或者反其道而行之，将这笔钱用于享受生活。

身边的亲戚们也会经常谈论那些在股票圈的朋友，分享他们在牛市中一夜暴富的神奇故事。相比之下，一年15%的回报率，每月仅增长1%，对于怀揣着致富梦想的人来说，确实是太过寒酸了。

其实在股市投资的世界里，存在一个普遍的误区：认为将资金投入股市等同于承担极高的风险。因此就顺带衍生出了一个错误的认知：高风险的投资应当带来相应的高回报。

经过前面五章对投资的深入探讨，我们认识到"A股投资≠高风险投资"。实际上，如果你相信中国经济将持续发展，那么选择风险较低的宽基指数ETF，如沪深300ETF，就是一个明智的选择。通过每周定投，长期坚持，你甚至可以期望获得3.5%至7%的年均复合回报率。

进一步，如果你追求更多元化和更稳妥的投资配置，可以采用A股全天候投资组合。它不仅提供了平均6.56%的回报率，而且波动性相对较小，让你的投资之旅更加平稳。

这些投资策略的实施并不需要你深入地分析行业或研究公司，只需要对中国经济的长期发展保持信心。每周简单地关注一下沪深300或创业板指的市盈率分位数，按照既定策略进行投资，即可实现6%～7%的回报率。当然，投资过程中会有波动和风险，但更多的是市场波动的风险，而非本金损失的绝对风险。

当你建立起专业的投资框架并接受理性的投资理念后，如果还想探索更高回报的投资领域，可以关注中国庞大的消费市场。食品饮料板块，作为日常生活中不可或缺的部分，提供了大量投资机会。通过估值分位数策略定投法，长期投资于相关行业指数 ETF，你可以期待获得 10% 以上的回报率。

此外，银行业、建筑业、公路铁路业及煤炭业等关键行业，作为国家经济的支柱，同样值得关注。通过理性分析和谨慎投资，你可以在风险可控的情况下，安全地获得 7% ～ 10% 的回报率。

总之，“想在 A 股挣钱，是一件风险很大的事情”这一观点并不准确。实际上，大多数投资者亏损的原因，并非 A 股市场本身，而是由于缺乏专业知识、理性判断，以及对交易成本的忽视。通过建立正确的投资观念，A 股投资可以成为实现财富增长的稳健途径。

我相信有朋友这时心里会想：即便科学地投资 A 股，长期稳定获利的风险并不高，但回报率仅为 7% ～ 10%，效率太低。毕竟投入 1 万元，一年下来只挣不到 1000 元，没啥意思。

那么，每年稳定的 7% ～ 10% 的回报率，真的低吗？让我们暂时抛开金融界的争议，用普通人的视角来审视这个问题。想象一下，你会在篮球场上挑战勒布朗·詹姆斯，在拳击擂台上挑战迈克·泰森，在足球场上挑战利昂内尔·梅西，在田径场上挑战苏炳添吗？但凡稍有理性的人，都会回答：不会！原因很简单，这些运动员在他们各自的领域中几乎无人能敌。同理，普通人在金融市场上长期投资的成绩，能否超越专业的基金经理呢？我想所有人对于答案心知肚明。

那么，细心的朋友可能会问：优秀的基金经理，平均的投资回报率是多少呢？截至 2024 年 6 月 11 日，中国证券业协会登记的公募基金经理共有 3275 人，其中 2739 人的业绩可查。要知道，这些基金经理不仅包括股票基金经理，还有债券基金和另类基金的管理者。

我们以这些基金经理的从业年化回报率作为评价标准，从高到低进行排序。以排名前 20% 作为“优秀”等级的及格线。那么，排名在 550 名的基金经理，是嘉实基金的归凯（见图 6-7）。他从业 8.26 年，当前管理着 9 只基金，总规模达 208.47 亿元。尽管他从业至今的年均复合回报率仅为 5.5%，但这个成绩足以让他跻身中国优秀公募基金经理的行列。

基本资料	
性别	男
年龄	--岁
学历	硕士
证券从业日期	2006-10-01
投资经理年限	8.26年
历任管理基金数	10只
在任管理基金数	9只
在管基金总规模	208.47亿元
任基金经理的公司数	1家
任职期间基金获奖次数	10次
跳槽频率	--年/次

图6-7　嘉实基金基金经理归凯职业生涯基本履历

归凯的业绩在 8 年多的时间里，总体上跑赢了沪深 300。然而，如果细看最近三年、两年、一年、半年或三个月的表现，我们会发现他的基金业绩却明显落后于基准水平——沪深 300 的回报率（见图 6-8）。

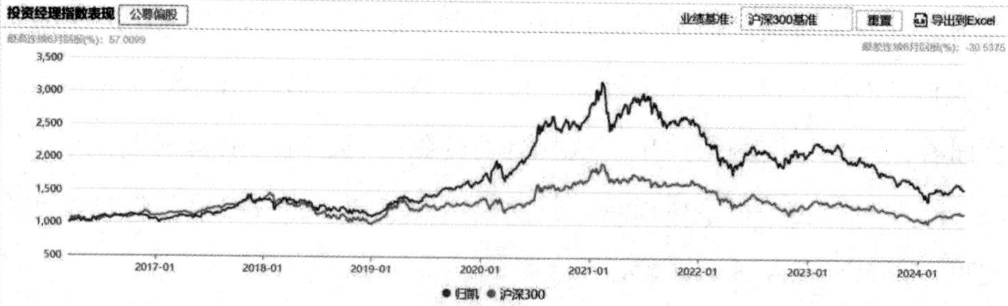

截止日期：2024-06-07

	YTD	近三月	近六月	近一年	近两年	近三年	总回报	年化回报
● 归凯	-4.68%	0.38%	-6.08%	-19.99%	-26.92%	-46.36%	55.50%	5.50%
● 沪深300	4.17%	1.26%	5.39%	-5.68%	-14.48%	-32.28%	18.62%	2.09%

图6-8　嘉实基金基金经理归凯职业生涯投资业绩情况

即使考虑到他管理的 9 只基金，其中表现最好的两只基金——嘉实增长和嘉实新兴产业——自 2018 年末成立以来的年均回报率也仅为 9%（见图 6-9）。这冷冰冰的数据，让我们意识到：作为普通人，如果将长期投资回报率定在年均 7% ～ 10%，这实际上已不算一个保守的目标。

投资经理历任基金 ☑ 只显示初始基金

管理公司	基金代码	产品名称	投资类型	任职日期	离任日期	任职回报	年化回报	回报排名	合计规模(亿元)
嘉实基金	000595.OF	嘉实泰和	灵活配置型	2016-03-10	--	70.55%	6.67%	267/830	29.70
	070002.OF	嘉实增长	偏股混合型	2016-12-04	--	62.48%	9.18%	278/597	22.36
	000751.OF	嘉实新兴产业	普通股票型	2018-12-04	--	58.94%	8.75%	179/314	54.64
	07A003.OF	嘉实石化战略龙头	股票型	2020-02-10	--	16.89%	3.66%	55/145	3.61
	009137.OF	嘉实瑞和两年持有期	偏股混合型	2020-04-09	--	-15.82%	-4.04%	824/962	9.67
	070022.OF	嘉实领先成长	偏股混合型	2020-06-03	--	-8.73%	-2.24%	649/1028	3.76
	001759.OF	嘉实成长增强	灵活配置型	2020-06-03	--	18.37%	4.28%	610/1808	5.99
	009795.OF	嘉实远见精选两年持有期	偏股混合型	2020-07-23	--	-41.74%	-12.97%	1008/1124	33.76
	010186.OF	嘉实核心成长A	偏股混合型	2020-10-28	--	-43.11%	-14.41%	1215/1322	44.97
	070003.OF	嘉实稳健	偏股混合型	2018-07-18	2019-08-01	10.81%	10.39%	142/550	16.44

图6-9 嘉实基金基金经理归凯所管理的基金投资业绩情况

许多人依然不甘心，总希望在金融市场寻求每年超过 10% 投资回报率的可能。

其实，投资的本质是权衡收益与成本。在成本可控的前提下，如果收益足够吸引人，我们自然会倾向于投资。然而，投资成功与否往往取决于成本的控制和收益的实现。所以在投资前，对成本的准确估计至关重要。以实际生活中投资朋友的实体生意为例，我们将面临如下五大成本：

资金成本——这是最直接的成本，即你投入的本金。

精力成本——即使你不直接参与经营，你仍需投入精力关注投资的进展。

时间成本——资金被占用期间，你失去了使用它的权利。

机会成本——你的资金如果投资于其他领域，可能会获得不同的回报。

风险成本——包括可能的亏损及资金的流动性风险。

投资金融市场的成本：

资金成本——需要投入本金。

精力成本——投资股市的精力成本通常低于实体生意，因为你可以更轻松地通过电子设备关注市场。

时间成本——资金被占用的时间成本与投资实体生意的相同。

机会成本——金融市场的高流动性让你更容易调整投资策略，降低了机会成本。

风险成本——金融市场的流动性优势降低了风险，尤其是选择大型、稳定的企业进行投资的时候，你所要承担“这家公司破产”的风险会低得多。大企业股票的流动性，又能使资金快进快出，进一步降低了风险成本。

金融市场的高流动性是其最大的优势之一。你可以迅速买卖股票，而不必像实体生意那样长时间等待股权的转让。这降低了机会成本和风险成本，使得金融市场的投资成本，在整体成本上低于实体生意。然而，许多人在投资实体生意的时候，却忽略了巨大的隐性成本，如管理上的挑战、合伙人关系的变动，以及生意失败的风险。投资金融市场，则能够避免这些隐性成本。

总结来说，金融市场投资在成本控制上具有明显优势，可能是普通人所能接触到的“最便宜的投资”——一件事既然较为容易，收益率自然会低。虽然实体生意可能在某些情况下回报更高，但往往伴随着更高的成本和风险。

所以，深入理解金融市场的运作原理，可以帮助我们调整期望，并深深地认识到即使是专业人士，实现每年 10% 的稳定收益已比较困难。如果我们能够通过策略性定投和精选高分红股票，达到 6% 至 8% 的年化收益率，这可以算是令人满意的成果（见图 6-10）。

最后，给朋友们分享一个实用的投资回报率评估方法：以 2024 年 6 月 11 日为例，当日十年期国债的收益率为 2.28%，这可以作为无风险收益的参考。普通投资者应将这一收益率的 3 倍，即 6.84%，作为自己投资的合理年化回报率目标。以此为基础，精心规划投资组合，将有助于你在投资旅途中稳健前行。

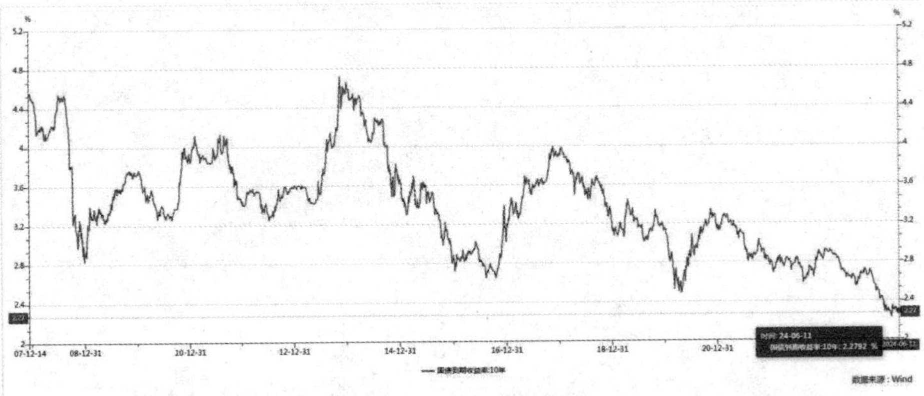

图6-10　被视为社会安全资产的政府十年期国债2007年—2024年收益率情况

本节的结尾，让我们总结一下主要内容。

通过分享亲身经历，我揭示了投资领域的一个常见误区：人们普遍认为股市投资风险巨大，因而期望获得高额回报。

然而，通过科学的投资策略和对专业投资者业绩的分析，我们可以得出结论：在中国金融市场中，如果采用谨慎的投资方法，风险是可控的。专业投资者的年化回报率优秀标准为 5.5%，这表明即使是专业人士，长期实现高回报也非易事。

因此，对于普通人来说，将年化投资回报率目标设定在 6% 到 8% 之间是更为合理的。其背后的底层逻辑是金融投资相比于实体生意，机会成本和风险成本都更低，因此其合理的回报率也不应过高。

最后，我分享了一个实用的投资回报率评估方法：以当前的十年期国债收益率为基础，将合理回报率定为其 3 倍。这种方法有助于投资者设定一个理性且可达成的收益目标，让投资更加顺利。